新・若手英語教師のための よい授業をつくる32章

Honda Toshiyuki
本多敏幸 著

32

教育出版

はじめに

　昭和 59 年 8 月中旬、その年の東京都の採用試験に合格してすぐに面接の連絡がきました。塾でアルバイトをしていた私にとってはすぐにでも教壇に立ちたいという思いがあったので、連絡があったことに喜んだのですが、同時に「年度の途中で何かあったのだろうか」と不安にも感じました。そしてその学校に採用が決まりました。その学校は下町にあったのですが、「生活指導困難校」と呼ばれていて、毎日のように事故が起こっていました。そんな状況なので、当時の私は教科指導に対する意識があまりなく、生活指導、部活動、学級経営ばかりに一生懸命でした。授業はこれまで教育実習や私が中学生のときに体験した方法で適当にこなしていました。しかし、それで困ったことはありませんでした。その学校には若い先生が多く、中堅の先生や年配の先生は少数でした。その学校で採用された独身の先生たち 10 名くらいで毎日のように酒を飲んでは教育について語り合いました。しかし、そこでは生徒の話と生活指導の話が中心で、教科指導の話題はあまり出ませんでした。あるとき、中堅の先生から「授業を第 1 に考えなければならない」と諭されました。また、他校の先生から「生活指導と学習指導は車の両輪である。どちらにも手をかけないと学校は落ち着かない」とも伺いました。そんなとき、校内研修会が初めて実施されることになり、研究授業をすることになりました。私は教頭先生に「やらないか」と声をかけられ、「やります」と即答しました。当時の私は教科指導に目覚めた直後で、ビンゴなど、他の先生の実践を取り入れ始めていて、「授業を見てもらいたい」という思いがあったのだと思います。また、授業に自信があったのだと思います。なぜなら、荒れている学校の中で授業が成立していたからです。しかし、今考えるとただの自惚れで、そのときの指導方法はかなりひどいものです。

　私が初任のときの話を紹介しました。現在の状況とはかなり異なると思います。しかし、似たような状況もあります。それは教師の年齢バランスです。現在、経験年数が 10 年以下の先生方が多くなっています。若手教師が行事などの責任者になったり、教育実習の学生を指導したりすることもあるでしょう。私が若手のときと同様に、教師としての経験年数が浅いのに学年主任などになることもあるでしょう。学校によっては若手の教師ばかりであったり、小規模校であったりして、同僚からアドバイスを受けられないこともあるかもしれません。学校の仕事は専門性の高い職人を育てるようなもので、少しばかり研修に参加したからといって、しっかりとできるようになるものではありません。学級経営に関することだけでも何年もかけて試行錯誤を繰り返しながらそのノウハウを積み上げていくものです。教科指導においてはかなりベテランの教師であっても、達人と呼ばれる教師であっても、「完璧な授業」はあり得ません。退職する最後の授業まで「これでいいのか」と悩みながら行うものです。

もう少し私のことについてお話します。東京都教育委員会では「東京教師道場」という研修が平成18年度から始まりました。原則として教歴10年以下の若手教員が対象で、助言者と呼ばれるベテラン教員が3〜4名の部員を2年間かけて指導していきます。私は平成18年度から2年間、平成21年度から2年間、助言者を行いました。各部員が年に1〜2回の研究授業を行い、2年間で20回以上の研修会を通して、指導案の書き方、指導手順、指導技術、教材の作り方、後輩への助言の仕方など多くのことを学んでいきます。また、ＥＬＥＣ同友会英語教育学会のサマーワークショップにおいて、20年以上、先生方の模擬授業のアドバイザーを務めています。私は現在、公立の学校に勤めながら大学でも教えていますが、私の今の使命は後輩を育てることであると考えています。

　さて、本書は2011年に刊行した『若手英語教師のためのよい授業をつくる30章』を新しい学習指導要領に沿って書き直したものです。11年前に本書を書こうと思ったのは、これまで私が先輩から教わったこと、書籍や研修会で学んだこと、自分で研究したり生み出したりしたものを広く後輩に伝えたかったからです。

　『新・若手英語教師のためのよい授業をつくる32章』は、若手の英語教師やこれから教師になりたい学生のことを考えながら書きました。自分が若手のときに悩んだこと、足りなかったことを踏まえ、伝えたいことを厳選し、32章にまとめました。

　本書が先生方のお役に立てることを願っています。

　最後になりましたが、このような機会を与えてくださいました教育出版の皆様に感謝申し上げます。

2022年5月吉日

本多　敏幸

目 次

はじめに

01 学習指導要領で求められている授業

■ 学習指導要領の目標

　学校で行われる教育活動は学習指導要領に沿って行われます。そして、文部科学省検定済教科書は学習指導要領に沿ってつくられています。したがって、検定済教科書を使って授業を行うことで、学習指導要領の目標を達成できるようになっています。学習指導要領は、小学校、中学校、高等学校で一貫した外国語教育を実施できるように書かれています。

　2017（平成 29）年告示の中学校学習指導要領と 2018（平成 30）年告示の高等学校学習指導要領の外国語科目標を確認しましょう。（中）は中学校、（高）は高等学校の記述です。また、（高）の下線は私によるもので、中学校の目標と異なる部分に施しています。

　（中）外国語によるコミュニケーションにおける見方・考え方を働かせ、外国語による聞くこと、読むこと、話すこと、書くことの言語活動を通して、簡単な情報や考えなどを理解したり表現したり伝え合ったりするコミュニケーションを図る資質・能力を次のとおり育成することを目指す。

(1) 外国語の音声や語彙、表現、文法、言語の働きなどを理解するとともに、これらの知識を、聞くこと、読むこと、話すこと、書くことによる実際のコミュニケーションにおいて活用できる技能を身に付けるようにする。

(2) コミュニケーションを行う目的や場面、状況などに応じて、日常的な話題や社会的な話題について、外国語で簡単な情報や考えなどを理解したり、これらを活用して表現したり伝え合ったりすることができる力を養う。

(3) 外国語の背景にある文化に対する理解を深め、聞き手、読み手、話し手、書き手に配慮しながら、主体的に外国語を用いてコミュニケーションを図ろうとする態度を養う。

　（高）外国語によるコミュニケーションにおける見方・考え方を働かせ、外国語による聞くこと、読むこと、話すこと、書くことの言語活動及びこれらを結び付けた統合的な言語活動を通して、情報や考えなどを的確に理解したり適切に表現したり伝え合ったりするコミュニケーションを図る資質・能力を次のとおり育成することを目指す。

(1) 外国語の音声や語彙、表現、文法、言語の働きなどの理解を深めるとともに、これらの知識を、聞くこと、読むこと、話すこと、書くことによる実際のコミュニケーションにおいて、目的や場面、状況などに応じて適切に活用できる技能を身に付けるようにする。

(2) コミュニケーションを行う目的や場面、状況などに応じて、日常的な話題や社会的な話題について、外国語で情報や考えなどの概要や要点、詳細、話し手や書き手の意図などを的確に理解したり、これらを活用して適切に表現したり伝え合ったりすることができる力を養う。

(3) 外国語の背景にある文化に対する理解を深め、聞き手、読み手、話し手、書き手に配慮しながら、主体的、自律的に外国語を用いてコミュニケーションを図ろうとする態度を養う。

今回の学習指導要領では、育成を目指す資質・能力を以下のように明確化しています。

ア　何を理解しているか、何ができるか（生きて働く「知識・技能」の習得）

イ　理解していること・できることをどう使うか（未知の状況にも対応できる「思考力・判断力・表現力等」の育成）

ウ　どのように社会・世界と関わり、より良い人生を送るか（学びを人生や社会に活かそうとする「学びに向かう力・人間性等」の涵養）

　これらは「育成を目指す資質・能力の三つの柱」と呼ばれています。学習指導要領の各教科等の目標にも、育成を目指す資質・能力の三つの柱のそれぞれに関わる目標が（1），（2），（3）として設定されています。なお、目標にある「外国語によるコミュニケーションにおける見方・考え方」とは、「外国語によるコミュニケーションの中で、どのような視点で物事を捉え、どのような考え方で思考していくのかという、物事を捉える視点や考え方であり、外国語で表現し伝え合うため、外国語やその背景にある文化を、社会や世界、他者との関わりに着目して捉え、コミュニケーションを行う目的や場面、状況等に応じて、情報を整理しながら考えなどを形成し、再構築すること」です。

❷ 主体的・対話的で深い学び

（1）主体的・対話的で深い学びを実現させるための指導

　「主体的・対話的で深い学び」が求められています。文部科学省の「『アクティブ・ラーニング』の視点からの授業改善」の資料からこの意味と例を示します。

○主体的な学び

　学ぶことに興味や関心を持ち、自己のキャリア形成の方向性と関連付けながら、見通しを持って粘り強く取り組み、自己の学習活動を振り返って次につなげること

　（例）学ぶことに興味や関心を持ち、毎時間、見通しを持って粘り強く取り組むとともに、自らの学習のまとめを振り返り、次の学習につなげる。

○対話的な学び

　子供同士の協働、教職員や地域の人との対話、先哲の考え方を手掛かりに考えること等を通じ、自己の考えを広げ深めること

　（例）あらかじめ個人で考えたことを、意見交換したり、議論したりすることで新たな考え方に気が付いたり、自分の考えをより妥当なものにしたりする。

○深い学び

　習得・活用・探究という学びの課程の中で、各教科等の特質に応じた「見方・考え方」を働かせながら、知識を相互に関連付けてより深く理解したり、情報を精査して考えを形成したり、問題を見いだして解決策を考えたり、思いや考えを基に想像したりすることに向かうこと

　（例）精査した情報を基に自分の考えを形成したり、目的や場面、状況等に応じて伝え合ったり、考えを伝え合うことを通して集団としての考えを形成したりしていく。

　主体的・対話的で深い学びを実現するために、授業の中で留意すべきことを以下に列挙します。

・知りたいことや興味を持ったことについて生徒自らが調べ、整理し、発表する機会を設定する。

・話し手や書き手が一番伝えたいことは何か、またそれに対してどう思うかなどを生徒同士で話し合わせる。

・登場人物の気持ちを推測させ、自分だったらどうするかなどと考えさせ、生徒同士で共有させる。

・自分の考えが聞き手や読み手に分かりやすく伝えられるように、内容や構成などを工夫させる。

・教科書に書かれていない行間を読み取らせる質問を生徒に行い、考えや意見を交換させる。

・以前習った語彙や文法事項などの知識を生徒自らが考え、総合的に利用する機会を与える。

・生徒が興味・関心を持つように、教材や言語活動を工夫したり、動画、写真、実物などを活用したりする。

・教師、他の生徒、他の先生、書籍等の資料などからさまざまな人の考えを知る機会を設け、自分の考えと比べさせる。

　教師が一方的に教え込む授業ではなく、生徒同士が自分の持っている知識・経験・意見などを活発に交換・共有し、互いから学び合える授業が求められています。教師は、生徒の活動を促進したり軌道修正したり、上手にアドバイスを与えたりする「脇役」に徹することがときには大事になります。

3 点の授業から線の授業へ

　ここでは授業を構成するために私が留意していることを説明します。授業とはさまざまな活動をただ並べればよいというものではありません。また、1つの授業だけを考えればよいというものでもありません。さらに、家庭学習との関連も無視できません。

　これらのことを図式化して説明します。まず、よく見かける授業が「点の授業」です。点の授業とは、活動と活動の間に関連性がなく、それぞれの活動が孤立している授業を指します。たとえば、次の一連の指導をどう思いますか？

（Tは教師、Ssは生徒全体を示す）

T：Repeat after me. You should apologize.

Ss：You should apologize.

T：apologize は「あやまる」という意味ですね。
　　では、このページを音読しましょう。
　　先生のあとについて読んでください。
　　（本文すべてを教師のあとについて復唱）

T：では、新しい単語を練習しましょう。
　　Repeat after me. apologize

Ss：apologize
　　（以下、すべての新出語句を復唱）

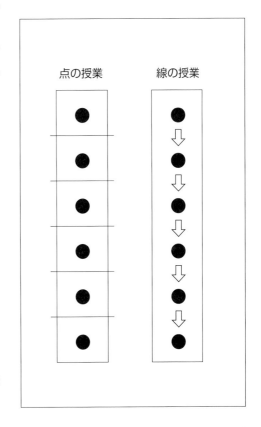

点の授業　　　　線の授業

　それぞれの活動の関連性を考えると2つほどおかしなところに気がつくと思います。まず、復唱の手順です。

apologize が新出語であれば、その意味を理解させてから復唱させるべきです。意味の分からない語や文を復唱させても学習効果は期待できません。また、本文の音読を行ってから新出語句の発音練習を行っていますが、これも順序が逆です。本文を音読する際、新出語句のところでつかえないように、また、しっかりと発音できるように、生徒の学年や状況によっては音読する前に新出語句の発音練習を行っておくべきです。このように授業で行うすべての活動にはそれぞれ意味と目的があり、それらを50分間の授業に配置するにも根拠があるのです。

　ふだんの授業で行っている指導過程を書き出し、それぞれの活動について次の2つのことを説明してみてください。

　・活動の目的（何のためにその活動を行っているのか）

　・直前の活動との関連は？　次の活動との関連は？

　もし説明できないとすると、あなたの授業は「点の授業」かもしれません。しかし、これら2つのことを意識するだけで、「点の授業」から「線の授業」に変えることができます。線の授業では、授業の始めから終わりまで一本の線（筋）が通っています。つまり、活動間に関連性があり、易から難に組まれています。また、最初の方に行った活動があとに行う活動のために役立っていたり、伏線やしかけとなっていたりします。

　また、英語には「聞く」「話す」「読む」「書く」の4つの技能があります。言葉の習得は、まずは耳で聞き、真似て話し、だいぶ経ってから文字を読み、最後に書くという順序が自然です。小学校の外国語活動や教科としての英語科は「聞くこと」と「話すこと」の言語活動が中心で、英語という言語に慣らしている段階となります。言葉の習得の順序を考えると、新しい言語材料を導入する際、次に示した順序が適していると思われます。

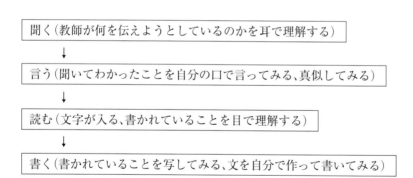

④ 中学校における授業構成

　授業構成は教材や授業のねらいによって大きく変わります。したがって、万能と呼べる授業構成はありません。しかし、教科書を扱った授業の場合、授業名人と言われる先輩方が行ってきた授業の構成はどこか似通ったところがあります。論理的に、あるいはベテラン教師としての経験や直感からも、おそらく同じような指導過程に落ち着くのかもしれません。

　指導過程が似通ったものになるのにはそれなりの理由があります。その1つとして、教科書の特徴がそうさせているのかもしれません。中学校の教科書の1つの単元は3、4のパート（セクション）に分

かれています。その個々のパートには基本的に1つの文法事項、10語程度の新出語及び熟語、80語程度の本文が指導すべき言語材料として載っています。また、5領域のいずれかまたは複数の言語活動が載っていることもあります。つまり、教科書を扱う際、①文法事項と②新出語彙を導入し、③文法事項に慣れさせるための活動を行い、④本文中に散りばめられている表現を学習させ、⑤本文の内容を理解させ、⑥定着させる指導が必要です。また、文法事項をより定着させるために、⑦特定の文法事項を使わせる活動や⑧既習の語彙や文法事項を駆使した活動を取り入れる必要もあります。さらに、⑨題材に関連した活動や題材をより深める活動も場合によっては必要となります。これら9つを達成するために、①②⑤ではオーラル・イントロダクション（文法事項や本文内容を口頭により導入する方法、【08：文法の指導】【10：教科書本文（ストーリー）の指導】を参照）、③ではパタンプラクティス（ターゲットとなる英文の一部分を替えて言ったり疑問文や否定文などに直したりする口頭練習）やインタビュー活動、⑥では音読、⑧ではコミュニケーション活動などがよく行われています。

　①～⑨のことを目的とした活動を線の授業になるように50分間の中に配置します。私が先輩方から教わり、それに修正を加えた授業構成（指導過程）を紹介します。

〈中学校における指導過程例〉

A　帯活動［10分程度］
　1．あいさつ（あいさつのあと、生徒と簡単な会話を行うことが多い）
　2．帯活動
B　前時の復習［15分程度］
　1．前時の文法事項の確認及び復習
　2．前時の教材（教科書の本文）についての復習
　3．音読
　4．関連した言語活動（本文を使った活動、文法事項に焦点を当てた活動）
C　新言語材料の導入及び音読［22分程度］
　1．新出文法事項の導入（文法事項や教科書本文の内容により手順は異なる）
　2．新出文法事項のドリル（口頭ドリルが基本だが、書かせることもある）
　3．教科書本文の導入
　4．説明（本文の内容理解を深めるとともに語句や文法の説明を行う）
　5．新出語句の発音
　6．音読
D　本時のまとめ［3分程度］
　1．本時のまとめを行う
　2．あいさつ

　個々の活動について簡単に説明します。詳細については次のところを参照してください。
A：【06：ウォーム・アップとしての活動】
B：【07：前時の復習】、【11：音読指導】
C：【08：文法の指導】、【09：文法に慣れさせる活動（ドリル活動）】、【11：音読指導】、【14：語彙指導】

A　帯活動

　ウォーム・アップの活動として、英語の歌、生徒との会話、生徒同士の会話などがよく行われています。英語は音楽や体育のような実技教科の面をもっているので、英語の授業のはじめは生徒に声を出させ、英語の授業としての雰囲気づくりをするためにウォーム・アップを行う必要があります。

　また、既習事項を活用し、目的、場面、状況等に応じて自分で考え使用させる機会がもっと必要だと判断し、コミュニケーション活動を帯活動として設定する場合もあります。帯活動とは、単元を横断して（つまり帯として）、毎時間に行う活動を指します。たとえば、1回の授業で4人ずつスピーチをさせたり、多読活動として長文を読ませたり、聞くことの活動を行ったりなどが帯活動としてよく行われています。私は帯活動としてコミュニケーション活動を行わせることが多いので、帯活動のことを「コミュニケーション・タイム」と呼ぶこともあります。

B　前時の復習

　1回の指導で生徒に理解させ、定着させることは困難で、ときには同じことを数回、十数回と指導しなければ定着に至らない場合もあります。指導過程における「復習」とは、前時に導入したことを理解し、練習したことができるか確認したり、前時より少し発展させた活動を行わせたりする時間です。復習で行う活動の準備を家庭学習の課題として課すこともあります。学習指導要領では、聞いたり読んだりしたことについて考えや気持ちなどを述べることが目標の1つになっています。したがって、前時に学んだことを活用した考えや気持ちなどを述べる言語活動を学習段階に応じて設定するとよいでしょう。

C　新言語材料の導入及び音読

　文法事項、新出語句、本文の導入を行います。導入を行ったあとは指導したことを定着させるために、文法事項であればドリル活動を行ったり、本文であれば音読活動を行ったりします。導入方法としてはオーラル・イントロダクションがよく知られていますが、その他にもいろいろな方法があります。また、文法事項と本文を導入する順番ですが、必ずしも文法事項を導入した後で本文を取り扱うわけではありません。本文を導入したあとで文法事項について説明する場合もあります。言語材料をよく吟味し、生徒にとって分かりやすい手順と方法を選択します。

D：本時のまとめ

　授業を締めくくるために、その授業で行った大切なことをまとめ、印象づけるために行います。たとえば次の活動が考えられます。
　・ターゲット文を暗唱させる。
　・ターゲット文を書けるようにさせる。
　・教師が生徒に質問を行いながら、大切な内容を確認する。
　・板書したことについて生徒同士で確認し合う。
　・本文の音読を全員で再度行う。
　また、次回までの課題（宿題）を指示します。

5 授業構成のバリエーション

　「中学校における指導過程例」では前時の復習と新言語材料の導入を1時間の授業で行っていますが、実際には新言語材料の導入を1時間の授業で、前時の復習と発展的な活動を次の1時間の授業で行う授業構成をよく見かけます。特に本文の語数が多かったり、スキットや暗唱を行わせたい内容であったり、文法事項のドリル活動や練習に時間をかける必要がある場合、2時間（指導する内容や言語活動によっては3時間）で1つのパートを扱った方が生徒の理解度が高くなるでしょう。また、文法と本文の導入手順もいろいろです。「中学校における指導過程例」はあくまで例であって、言語材料や単元に設定した活動により構成を大きく変えることがあります。私が中学2年生に行った4回連続した授業の指導過程の例を示します。なお、授業の最初と終わりのあいさつや細かな活動の記述は省略しています。

〈第1日目〉

1．帯活動
　　(1) Song
　　(2) What Am I?
2．新言語材料の導入
　　(1) 文法事項（過去進行形）の口頭導入
　　(2) 文法事項の確認（板書）
　　(3) 口頭ドリル（ワークシート使用）
　　(4) 教科書本文の導入
3．説明
4．教科書本文の音読
5．本時のまとめ

> この授業では、前時の復習はありません。文法事項と教科書本文の導入で授業を終えています。What Am I? は帯活動で行っているクイズで、この日が初日でした。したがって、帯活動にかなりの時間をかけています。口頭導入はオーラル・イントロダクションで生徒とのやりとりを通じて過去進行形を導入しています。本時のまとめでは過去進行形について確認しました。

〈第2日目〉

1．帯活動
　　(1) Song
　　(2) What Am I?
2．前時の復習
　　(1) 文法事項（過去進行形）の復習
　　(2) 教科書本文の復習
　　　　① リスニング＆内容に関する質問
　　　　② 音読
　　　　③ スキット
3．本時のまとめ

> この授業では、新言語材料の導入はなく、前時の復習で授業を終えています。前時に導入した文法事項を簡単に復習したあと、教科書を閉じたままでリスニングを行い、内容に関して教師からいくつかの質問をしました。そのあと、音読を行い、ペアで対話文のスキットをさせています。少人数授業なので、生徒全員に発表させ、フィードバックをして授業を終えています。

〈第3日目〉

1．帯活動
　（1）Song
　（2）What Am I?
2．新言語材料の導入（教科書本文のみ）
　（1）オーラル・イントロダクション
　（2）説明
3．音読
4．教科書のリスニングのページ
5．本時のまとめ

この授業では新しい文法事項がなかったので、本文の導入をオーラル・イントロダクションで行ったあとは、本文のより深い解釈や説明を行い、音読活動に移っています。時間に余裕があるので、教科書に載っているリスニング活動を行う計画を立てました。

〈第4日目〉

1．帯活動
　（1）Song
　（2）What Am I?
2．前時の復習
　（1）リスニング＆内容に関する質問
　（2）音読
3．教科書本文の導入
　（1）オーラル・イントロダクション
　（2）教科書本文の黙読
　（3）説明
4．音読
5．文法事項の追加説明
6．本時のまとめ

この授業では、前時の復習と新言語材料の導入を行っています。新しい文法事項として［ＳＶ（look）Ｃ］の文型がありましたが、この説明は教科書本文を導入した（読んだ）あとに行うことにしました。教科書本文の導入では、教科書を閉じさせてから口頭導入を行ったあと、該当ページ（ガイドブックという設定）を黙読させました。説明の中で、本文内容の確認と［S look C］の意味を教えています。ＳＶＣの文型についての詳しい説明は、音読活動のあとにlook 以外の動詞も挙げて行いました。

　上記の例は教科書のパートに沿って進んでいく例ですが、単元によっては次のような扱い方も可能です。

　例１：単元の文法事項をすべて先に導入してから、パートごとに本文を扱っていく。たとえば、過去形の肯定文、疑問文、否定文が３つのパートにキーセンテンスとなっている単元で、先に過去形の導入と活動をしてから本文を扱う。
　　　　第１時　文法事項の導入、ドリル活動
　　　　第２時　文法事項を使った活動（例：インタビュー活動）
　　　　第３時　文法事項を使った活動（例：ライティング活動）、パート１の導入
　　　　第４時　パート１の復習、パート２の導入
　　　　第５時　パート２の復習、パート３の導入
　　　　第６時　パート３の復習、本文内容を扱った活動（例：リプロダクション）

第7時　単元テスト

例2：単元で扱う主な文法事項を導入してから、単元の本文を通して読ませる。そのあとで各パート
　　　を扱い、より深い理解をさせていく。単元全体にストーリー性があり、パートごとに本文を扱
　　　うより、すべてのパートを一気に読ませる方が読む力を伸ばせるなど、学習効果が高いと判断
　　　した場合にこの方法を用いる。
　　　第1時　文法事項の導入、ドリル活動
　　　第2時　文法事項を使った活動、単元における本文すべての概要理解
　　　第3時　パート1、パート2（内容理解や本文中の語句や表現の説明）
　　　第4時　パート1、パート2の復習、パート3の導入（同上）
　　　第5時　パート3の復習、コミュニケーション活動（例：スピーチ）の準備
　　　第6時　コミュニケーション活動（発表）
　　　第7時　単元テスト

例3：文法事項を事前に導入しないで、はじめに単元の全文を読ませ、概要をつかませる。そのあと
　　　で各パートを扱うが、文法事項の導入はこのときに行う。例2と違って単元の文法事項にまと
　　　まりがなく、パートごとに扱った方が分かりやすい場合に用いられる方法である。単元を通じ
　　　て本文にストーリー性があることが前提となる。
　　　第1時　本文内容についての口頭導入、単元における本文すべての概要理解
　　　第2時　パート1の導入（文法事項導入及び本文の内容理解、語句や表現の説明）
　　　第3時　パート1の復習、パート2の導入（同上）
　　　第4時　パート2の復習、パート3の導入（同上）
　　　第5時　パート3の復習、音読活動
　　　第6時　コミュニケーション活動
　　　第7時　単元テスト

❻ 高校の「英語コミュニケーション」における授業構成

　高校の教科書はさまざまな難易度のものがあり、内容構成も教科書に大きな違いがあります。「❹ 中学校における授業構成」と「❺ 授業構成のバリエーション」の例が高校でも当てはまる場合もあるでしょう。私が高校生を教える際の指導課程を紹介します。まず、生徒に自力で本文を読んで概要や要点を捉えさせること、本文を自分の言葉で説明するリテリングをさせること、単元の最後に本文内容について発表活動をさせることを取り入れた授業構成です。

　第1時　文法事項の導入
　　　　単元で扱うすべての新出文法事項の導入と簡単な練習を行います。教師からの説明が長かった
　　　り、細かなところまで説明したり、情報量が多かったりすると、生徒の理解が不十分になった
　　　り集中力が続かなくなったりします。そこで、説明は簡潔に行うことと、説明と問題演習を交

互に行うなどの工夫をしています。文法の指導はここだけではなく、この先で何度も復習したり、生徒の状況に応じて再度指導したり、言語活動を通して定着させていくことを考えています。

第2時　本文の導入

　　まず、単元全体の本文を自力で読ませ、概要や要点を捉えさせます。その際、分からない語句や表現があっても辞書を使用させずに読み進めさせます。その後、段落ごとに書かれていることをペアやグループで話し合わせて把握させます。なお、ここで背景知識を与えるための動画を見せることもあります。

第3時　文法事項の確認

　　単元の本文のうち10くらいの文（事前に教師が選択した文）の文法、文構造、語法、熟語などを生徒に説明させ、教師が補足説明を行います。このとき、第1時で説明した新出文法事項だけではなく、既習の文法事項や語法なども含めて説明させます。to, it, that などの語は頻繁に使われているので、その都度生徒に説明させることで、次第にしっかりと理解できるようになります。

第4時　パート1（3、4段落程度）の音読及びリテリング

　　1、2段落ずつ内容の確認や音読を行い、段落ごとのミニリテリング、この日に扱った全段落のリテリングを行わせます。段落ごとの音読のあとに段落の内容を伝えるミニリテリングを行うことが、授業の最後に行う全段落のリテリングにつながっています。また、音読の後に音読を生かした言語活動があるので、生徒は音読にしっかりと取り組んでいます。

第5時　パート2（3、4段落程度）の音読及びリテリング

　　1、2段落ずつ内容の確認や音読を行い、段落ごとのミニリテリング、第1段落からこの日までに扱った全段落のリテリングを行わせます。

第6時　パート3（3、4段落程度）の音読及びリテリング

　　1、2段落ずつ内容の確認や音読を行い、段落ごとのミニリテリング、第1段落からこの日までに扱った全段落（単元の文章）のリテリングを行わせています。

第7時　単元のまとめ

　　主に教科書の単元末の課題を行うことが多いです。

第8時　小テスト（単語テスト）及び発表活動

　　単語テスト及び題材内容に関わるスピーチ発表やスキット発表などを行わせます。

🔢 線の授業から面の授業へ

　指導したことはすぐには定着しません。たとえば、教科書に remember という新出単語が出てきたとします。単語の発音練習を行い、本文の音読を行い、単語テストで取り上げることでほとんどの生徒は一時的に覚えられるでしょう。しかし、次にこの単語に触れるのが半年後であれば、多くの生徒が忘れる可能性があります。同じように文法事項を例に挙げて考えてみましょう。たとえば、現在完了の経験が教科書に出てきたときは、活動を行ったり、練習問題をさせたり、英文を書かせたりして集中的に学習します。しかし、その後、現在完了の経験にあまり触れる機会がなかったとしたらどうなるでしょうか。これも多くの生徒が忘れていく可能性があります。私は「教えたことは忘れる」と思いながら授

業を行っています。忘れない状況、すなわち定着させるには何度でも触れさせることです。そこで、過去に扱った語彙、表現、文法事項を教師がつくるワークシートで意識的に用いたり、授業中の教師の話の中で使ったりします。「スパイラルに教えていく」という言葉をよく聞くと思います。以前教えたことと関連づけたり、教えたことを使わせる機会を設けたりすることが大切なのです。帯活動を設けているのは、既習の言語材料を総合的に使わせる機会を確保したいためです。

【03：年間指導評価計画の作成】で述べる到達目標や帯活動を設定することで、授業の最初から最後に向かっての線とは別に、学期末、学年末、卒業時に向けて進んでいく線も見えてきます。これらは複雑に編まれている布のようになっていて、線というより面となっています。この面の授業を最終的には目指してほしいと思います。面の授業では、既習の言語材料に何度も触れられるような言語活動が組み込まれています。それぞれの活動の先に長期的なゴールが見えます。そのイメージを図式化してみます。

〈面の授業〉

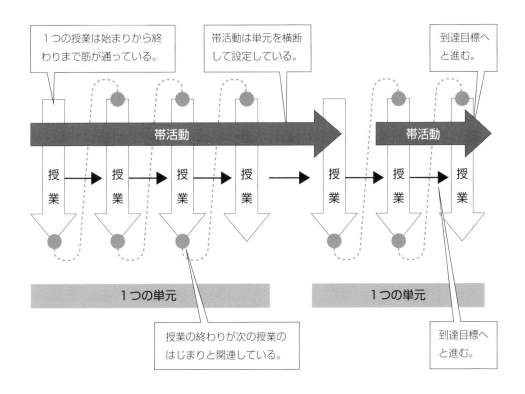

タテの矢印がそれぞれ1つの授業を表しています。タテの矢印の上が授業の開始、下が授業の終わりを示しているので、1つの授業の中で、開始から終了までが矢印となっています。この矢印は時間の流れを表しているとともに、1つの授業の中で筋の通った授業を展開していることを示したものです。各授業の下（授業の終了）から次の授業の上（授業の開始）に細い線が延びていますが、これは前の授業と次の授業が関連していることを示しています。授業と授業の間や単元と単元の間に右の方向に向かっ

て矢印がついていますが、この先には中期や長期の到達目標があります。3年間、1年間の長期目標や学期や単元などの中期目標に向けて授業が進んでいることを示したものです。そして、ヨコの太い矢印が帯活動を示しています。帯活動はいくつかの授業を横断していたり単元をまたいだりしています。太い矢印が右の方向に伸びていますが、この先にはその活動の目標や長期の到達目標があります。

8 さまざまな学習形態や指導法

　現在、語彙や文法の言語面の習得が中心とならないようにさまざま学習形態が開発されています。たとえば、CLIL（Content and Language Integrated Learning）は、教科科目やテーマの内容（content）の学習と外国語（language）の学習を組み合わせた学習や指導を目指したものです。また、「ラウンドシステム」は、教科書の初めのページから終わりのページまで何回か周回して、最初のラウンドで音声による内容理解、2回目のラウンドで音と文字の一致、以下、音読、プロダクションにつながる音読活動、リテリングなどの活動などのラウンドを行うことで、英語力を総合的に身に付けようとする方法です。

　また、1つの言語活動を行う際、以前は生徒全員がしっかりとできるように教師が事前指導を丁寧に行っていました。しかし、現在、まずは生徒自身にやらせてみて、その後「中間指導」として教師が指導する、不十分なところを生徒同士で解決するなどしながら、再度言語活動を行うときにはより良いパフォーマンスができるようにするという手順を取り入れるようになってきています。

　いろいろな指導法、学習形態、指導技術が存在しますが、流行っているから取り入れるというのではなく、その目的や方法を十分に理解し、自分の教えている生徒にとってどうかを考えながら試してください。

■1 年度はじめの準備

　各年度のはじめには環境が変わります。これまで教えたことのない学年に配属されたり、継続して教える生徒でもクラス替えがあったりします。最初の授業が始まる前までに、私たち教師は次のことをしておく必要があります。

（1）生徒の理解

　初めて接する生徒の顔写真を春休み中に見て、生徒の氏名と顔を一致させてしまう教師がいます。初対面から名簿や名札を見ないで「○○さん、おはよう」と名前で呼べば、生徒は「先生、すごい！」と思うに違いありません。

　2年生や3年生に配属されたときは、生徒がこれまでどのような指導を受けてきたか、どのような教材を使ってきたか、どのようにノートを作ってきたか、どのような宿題を行っていたか、生徒の学力はどの程度か、英語の授業の準備として、少なくてもこれらのことを知っておく必要があります。教え方があまりにも異なると生徒を戸惑わせるからです。前の年度で教えていた先生と打ち合わせができない場合、最初の授業でアンケート調査（授業の進め方、予習や復習のやり方、授業で役に立った活動、苦手なところなどを書いてもらう記述式）を行うとよいです。また、生徒のノートや前の先生が作ったプリントなどを見せてもらうとこれまでの授業の様子が分かります。

　配慮が必要な生徒についての情報を学年の先生から得ておきます。たとえば、難聴などの身体的に配慮が必要な生徒、からかわれることがある生徒、学習に遅れがちな生徒などは、事前に把握しておくと最初の授業から適切に支援できるからです。

（2）教科書研究

　英語の授業ではふつう教科書を使います。文部科学省の検定を通った教科書は、学習指導要領で示されている外国語科の目標を達成できるようにつくられています。目標を達成するための言語活動や言語材料（語彙や文法事項など）がちりばめられています。したがって、教科書を用いることで、教えなければならない最低のことはカバーできます。

　まず、自分が使う教科書の表紙から裏表紙までのすべてのページに目を通してください。あなたが1つの学年だけしか教えないとしても、3つの学年で生徒が使うすべての教科書に目を通します。そのとき、次の4つのことを把握します。

①どんな構成になっているか

　教科書の主要な部分である単元（教科書により「レッスン」「ユニット」「プログラム」などの名称を使用）の構成を把握します。下の例のように、教科書によりその構成はまちまちです。

例1：ONE WORLD English Course 2（令和3年度版、教育出版）の場合

　9つの Lesson のほかに Reading（読み物教材）、Project（言語活動）、Tips（ある領域に特化した

説明や活動）などで構成されている。それぞれの Lesson の最後に Review と Task と呼ばれる言語活動が配置されている。1つのレッスンは3つ程度の Part に分かれている。1つの Part は、本文、Key Sentence（文法のターゲット文）、Words & Phrases（新出語句）、文法や音声の説明、Tool Kit（ドリル活動）、Listen（リスニング活動）、Think & Try（本文に関連する言語活動）で構成されている。

例2：ELEMENT English Communication Ⅰ（令和4年度版、啓林館）の場合

　　8つの Lesson のほかに Further Reading（読み物教材）、Communication in Practice（言語活動）、コラムなどで構成されている。Lesson 1は、Listening → Vocabulary → Listening → Reading → Try（本文の概要や要点を捉える活動やリテリング活動など）→ Language Function（文法の理解と練習）→ Speaking（レッスンのテーマに沿った話すことの活動）→ Writing（レッスンのテーマに沿った書くことの活動）の構成になっている。

②どんな**題材**が扱われているか

　本文を通して読み、どんな題材が扱われているか把握します。題材が分かっていれば、日頃から題材に関連する資料を集めることができます。自分のカメラで写した写真、博物館などで得た冊子、実物など、生徒に見せることにより、生徒の興味を引き付けることができます。

③文法事項の配列はどうなっているか

　いつどんな文法事項をどんな順番で教えるかなどを確認します。

④どんな**資料**が載せられているか

　教科書の最初と最後にはいろいろな資料が載っています。単語リスト、文法事項の説明、イラスト、話題に関連する情報、表現集、動詞の活用表などです。これらを把握しておくことで、「○○ページを見てごらん」と有効に活用することができます。

（3）年間指導評価計画の作成

どこでどんな指導を行うのか、どんな活動を行うのか、それぞれの単元でどのくらいの時間をかけるのか、評価はどうするのか、など、年間の指導と評価の計画を立てておきます。

（【03：年間指導評価計画の作成】参照）

2 それぞれの授業に向けての準備

　授業を行うためには事前の準備が必要です。簡単な学習指導案をノートに書いている人もいれば、授業の流れや教師の発話内容を頭に入れておく人もいるでしょう。さらに教科書だけでなく、自分でワークシートを作ったり、ICT 機器の資料などを用意したりする必要もあるでしょう。教科書以外の教材を補助教材と呼んでいますが、これらが授業を行う上で極めて大切になります。このように1つの授業のために準備しなければならないことは山ほどあります。

　授業準備は慣れていないと時間がかかります。授業時間の3倍も4倍もかかるかもしれません。経験を積んだ教師の何倍もかかるかもしれません。しかし、まともな授業をするためには入念な準備が必要です。生徒の発話や反応を想定して、「こう発言したときにはこう返そう」「説明が理解できない場合にはこのように補足しよう」などと考えることも経験が浅い教師には大切な準備となります。このように生徒の立場に立って授業を考えることが、よい授業をつくれるようになるための源になります。

　私は学習指導案を毎日書いてきました。朝、空き時間、放課後のほとんどは指導案と教材づくりに費やしてきました。学級経営や分掌に関わる仕事も多いと思います。部活動の指導もあると思います。初任の先生は研修もかなり入っていると思います。しかし、授業の準備に手を抜いてはいけません。ただし、夜遅くまで準備に時間をかけてはいけません。これらの仕事は毎日のことです。「もっとよい教え方があるかもしれない」「もっとよいワークシートにできるかもしれない」と考えるのは好ましいことですが、ある程度のところで区切りをつけることも大切な考え方です。疲れのない体の状態や平常心で授業に臨めるようにしましょう。

　授業の準備の流れを図で示します。

教科書の読み込み	教科書の該当箇所を読み込む。語句や文法事項など、生徒にとっての既習事項および新出事項を把握する。語法や文法事項をよく調べる。また、教科書のイラストを見て、その使い方や本文との関係を把握しておく。
↓	
指導案の作成	1時間の授業の構成や細かな指導手順について考える。文法事項や本文の導入方法、理解のさせ方、どんな活動をさせるのか、補助教材や教具の使用、板書の仕方など、実際の授業を想定し、その流れをシミュレーションする。
↓	
教材・教具の準備	ワークシート、フラッシュカード、ピクチャーカードなど、授業で必要な教材・教具の準備や印刷を行う。ワークシートに誤りや分かりづらいところがないか、同僚の先生に見てもらうとよい。
↓	
リハーサル	指導案に沿ってリハーサルをしてみる。特に本文の音読練習は欠かせない。発音やアクセントを間違えないように、辞書で調べておく。リハーサルをして、分かりにくいと感じたところは、別の教え方を考えておくとよい。

03 年間指導評価計画の作成

1 年間指導評価計画とは

　一般的には「年間指導計画」と呼びますが、指導があれば当然評価もあることから、その両方の計画を立てなければ適切な指導と評価ができません。したがって、最近では「年間指導評価計画」とすることが多くなってきています。年間指導評価計画は表として作成し、少なくても次の項目を設けます。

・指導時期（1年間のどの月で指導するかを示すことが多い。）
　　例：6
・単元名（単元のタイトルや教材名で示す。）
　　例：Lesson 4 Ryota the Puppy Walker
・学習内容（主に扱う言語材料や題材を示す。「単元」としてまとめて、単元名と学習内容を書いてもよい。また、主な言語活動を書いてもよい。）
　　例：過去進行形、接続詞 when の複文
・単元の配当時数（単元を何時間かけて指導するかを示す）
　　例：8時間
・評価規準（領域別、観点別に何を評価するのかを文言で書く）
　　例：（「話すこと［発表］」の思考・判断・表現）パピーウォーカーについての感想を他の人に知ってもらうために、登場人物の経験を説明し、感想を述べている。

これらの他に次の項目を記載することもあります。
・年間の到達目標（表の中ではなく、最初にまとめて示す）
　　例：身近な話題について、会話を2分間程度続けることができる。
・各月の授業予定数（表の中ではなく、最初にまとめて示す）
・使用する教材名（使用する教材名や出版社名などを書く）
・各単元の指導目標（表の中に各単元で指導し、達成させたい目標を書く）
　　例：パピーウォーカーとしての亮太の体験や考えを表した文章を読んで概要や要点を捉えたり、他の人に自分の考えを知ってもらうために健太の経験を説明したり自分の感想を述べたりすることができる。
・各単元の教材観（教科書の題材に関する説明）
　　例：亮太がパピーウォーカーであったことをスミス先生に告げる。スミス先生が盲導犬の訓練センターの様子をビデオで紹介し、亮太はパピーウォーカーとして家族でしたことをクラスに説明する。盲導犬がどのように育てられ、活躍しているのかを知ることにより、動物との関わり方や盲導犬の大切さを考えさせたい。
・主な活動（単元のまとめや毎回行う活動など、到達目標を達成するための活動名を書く）
　　例：チャット（相づちの表現を使って会話を1分間続ける活動を毎時間行う）

　　　スピーチ（単元末に書かれてある内容について自分の考えを述べる）
　・言語の使用場面や言語の働き（言語の指導場面と言語の働きの例を示す）
　　　例：過去のことについて説明する。感情を述べる。
　・評価方法（評価規準を評価する行うための方法を示す）
　　　例：スピーキングテスト（昨日の様子を表す絵を見て、絵に描かれていることを1分間で説明す
　　　　るパフォーマンステスト）

　上記のすべてを入れ込むと情報量が多くなって見にくくなるので、項目を取捨選択し、見やすい表を作成するようにしてください。また、学校でフォーマットが決まっている場合もあります。その中の項目が十分でない場合には、最初に独自の年間指導評価計画を作成してから学校のフォーマットに合わせたものを作成します。以下に年間指導評価計画表の形式例を示します。

＜年間指導評価計画表の形式例＞

| 月 | 単　元 | 配当時数 | 評　価 | | |
			領域	観点	評価規準 （評価方法）
9	Lesson 4 Ryota the Puppy Walker ＜言語材料＞ ・接続詞 when ・過去進行形 ＜題　　材＞ 亮太がパピーウォーカーとして、（後略） ＜主な言語活動＞ ・概要を捉える（「読むこと」） ・内容について感想を発表する（「話すこと［発表］」）	8	読むこと	思判表	分かったことや感想を友だちに伝えるために、パピーウォーカーの説明文や亮太のスピーチ文を読んで、概要や要点を捉えている。
			話すこと［発表］	思判表	自分の考えを友達に伝えるために、パピーウォーカーや亮太のスピーチを読んで、事実や感想についてまとまりのある内容を話している。
			書くこと	知 技	接続詞 when や過去進行形の特徴やきまりを理解している。 自分があるときにしていたことについて、接続詞 when や過去進行形を用いて書く技能を身に付けている。

注：表を作成すると紙面が限られてしまうので、観点のうち、「知識・技能」は「知・技」、「思考・判断・表現」は「思判表」、「主体的に学習に取り組む態度」は「主体」や「態度」などのように記すとよい。

（【⑱：学習評価】参照）

❷ 年間指導評価計画の立て方

　年間指導評価計画を立てる際、教科書の最初の単元から積み上げていく考え方ではなく、下の図のように「3年間の到達目標→各学年の到達目標→各学期の到達目標→各単元の計画→1単位授業の計画」のように、ゴールから逆に考えていく方が理にかなっているのはお分かりいただけると思います。生徒に身に付けさせたいこと、すなわち最終的なゴールを考えることで、それを達成するために何を指導しなければならないか、どんな活動を入れなければならないかが見えてくるはずです。

＜指導計画作成の流れ＞

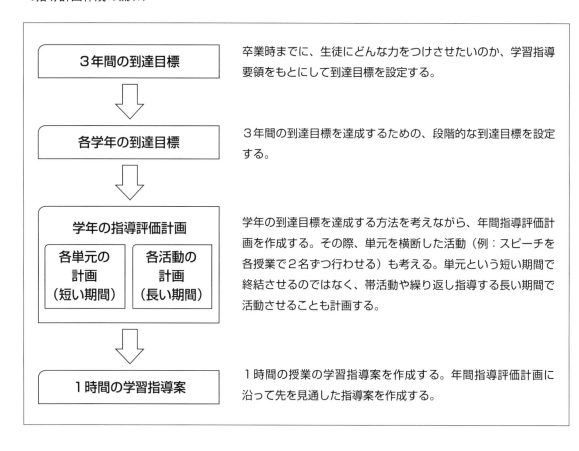

　具体的に年間指導評価計画のつくり方の説明をします。担当される科目の授業時数は1年間に何時間あるか知っていますか。ふつうに考えると週4時間では140時間（年間35週）とされています。しかし、祝日、行事、テストなどが授業日と重なり、実数は140時間よりも少ないのが一般的でしょう。また、学級によって授業数が異なる場合もあります。年間指導評価計画を立てる際には、1年間の授業数を把握しなければなりません。授業時間数を把握していれば、どの単元に何時間配当できるか決めることができます。最初は丁寧に指導していたのに、1月頃から急に教えるスピードを上げて教科書をこなすように指導する事態は避けたいものです。授業時数は月ごとに把握しておきます。年間指導評価計画に、どの月にどの単元を指導するのかを示すからです。

　年間の総授業時数がわかったら、教科書の各単元をもう一度読み込みます。本文（題材）、言語材料、活動について丁寧に扱うもの、軽く扱うもの、他の教材で補うものなどを考えたり、指導方法を考えたりもします。また、単元テストやパフォーマンステストの時間を確保し、プレゼンテーションなどちょっと時間のかかる言語活動の指導と発表もゆとりを持ってできるようにしておきます。こうして吟味した結果、12 時間をかけて丁寧に扱う単元もあれば、6 時間でさっと終える単元も出てきます。各単元の指導時間の総数を実際に授業ができる年間授業予定時数より 5 時間程度少なくなるように調整します。各単元の配当時間を合計した結果、年間授業予定時数を超えてしまったら、何れかの活動や評価を減らさなければなりません。各単元の指導内容をもう一度吟味し、指導の優先順位を考え、思い切ってカットするしかありません。逆に合計した時数が年間授業予定時数よりも少ないのなら、ぜひ産出活動を取り入れてください。スピーチの数を 1 つ増やすだけでも生徒の力を伸ばすことができます。

　単元の配当時間が決まったら、評価（評価規準や評価方法など）について考えます。単元で評価できることは限られているので、現実的に評価できる評価規準を設定するようにしましょう。また、年間では、5 つの領域、3 つの観点にあまり偏りがないようにしたいものです。研修会などで先生方がどのように評価されているのか伺うと、「知識・技能」の文法や語彙を評価する機会が多く、「思考・判断・表現」の特に「話すこと［やり取り］」と「話すこと［発表］」を評価する機会が少ないという回答が返ってきます。評価する機会が少ないということは指導する機会が少ないということです。5 領域のバランスの取れた活動を授業に入れられるように計画してください。

　ここまでできたら、もう一度年間指導評価計画を見直し、欲張り過ぎていないか、偏りがないかを点検します。しかし、作成したものはあくまで計画であって、そのとおりにはなかなか進みません。年間指導評価計画はいつも手元において、必要に応じて修正していきます。無理に計画に沿って進めることで生徒に「わからない」という気持ちを起こさせないようにしたいものです。また、そのためにも年間授業予定数から 5 時間を引いた数でゆとりのある計画を立てることが大切なのです。

＜年間指導評価計画作成の手順＞
①　 3 年間の到達目標（CAN-DO リスト形式）を設定する
②　学年の到達目標を設定する（①をより細かく設定する）
③　予定授業時数を数える（それぞれの月に授業数が何時間あるか数える）
④　教科書の読み込み（言語材料、活動、評価方法などをシミュレーションする）
⑤　各単元の時間配当を行う
　　（総数が予定授業時数から 5 時間マイナスした時数になるように調整する）
⑥　評価計画を立てる
⑦　見直しを行い、修正する
⑧　年間指導評価計画表を常に見えるところに置き、必要に応じて修正する

❸ クラスによる授業時数の把握

　実際にはクラスにより授業進度が異なってしまうことが起こります。どの日にどの授業を行うのかを把握するために、あらかじめクラス毎の授業予定を作成しておきましょう。たとえば下の＜授業進度表の例＞のように、各クラスの進度が分かるように表を作成しておきます。表中の 51, 52 などの番号は、年間で何回目の授業（テスト返しなどを除いた授業の通し番号）であるかを表し、学習指導案の番号と一致させます（【❹：学習指導案の作成】の p. 30 を参照）

＜授業進度表の例＞

月日	曜日	行事	1組 月2、火2 木5、金3	2組 月3、火3 木6、金1	3組 火1、水4 木1、金2	
10月　3日	月		51	50		
10月　4日	火	中間テスト				
10月　5日	水	中間テスト				
10月　6日	木		52	授業カット	51	
10月　7日	金		テスト返し	テスト返し	テスト返し	
10月10日	月	スポーツの日	授業なし	授業なし	授業なし	
10月11日	火		53	51	52	
10月12日	水				53	
10月13日	木		54	52	54	

　他のクラスよりも授業時数が足りなくなることがあらかじめ分かっていれば、他教科の授業と調整ができるかもしれません。たとえば、この表では2組の進度は他のクラスよりも遅くなることが予想できます。このようなとき、2組の授業が進んでいる他教科の先生から授業をもらうことができるかもしれません。逆に授業が進んでいる場合、他教科にあげることもできます。時数合わせのために自習にすることがありますが、あまり良いことではありません。なるべく自習にはしないで、他教科と調整するなどしてしっかりと授業を行えるようにしたいものです。

❹ 自己目標の設定

　参考までに「自己目標」について説明します。これは CAN-DO リストの学習到達目標とは異なる目標です。自己目標は CAN-DO リストから選んでもよいでしょう。「これだけは達成できるようにする」と目標を立てることで、言語活動を開発したり、指導力を高めたりすることができます。また、日々の授業をなんとなくこなすのではなく、自己目標を達成させることを意識して指導するようになります。私が中学生を教えたある年度では、次のことを目標にしました。目標の数が15もありますが、これらはそれまでの年度ごとの目標が積み重さなった結果です。
　① 　教科書で扱う文法事項を理解し、使用することができる。
　② 　1,500 語以上の単語を理解することができ、1,200 語以上を正しく書くことができる。

③　教科書で扱う慣用表現を覚えて使用することができる。

④　質問、指示、依頼、提案などの英文を聞いて、適切に応じることができる。

⑤　相手の言っている大切な点をメモすることができる。

⑥　1分間に140語程度の速さの英語を聞いて、概要が理解できる。また、具体的な内容や大切な部分を聞き取ることができる。

⑦　相手に十分な量の情報を与えたり、相手に質問することにより情報を得たりすることができる。

⑧　身近な話題について、会話を3分以上続けることができる。

⑨　ものについて説明したり、絵、写真、映像を描写したりできる。

⑩　第三者に自分の知っている情報を伝えることができる。

⑪　聞いたり読んだりしたことについて、意見や感想を述べることができる。

⑫　音変化や抑揚などに気をつけながら、感情を込めて適切なスピードで音読することができる。

⑬　公立高校入試レベルの600語程度のまとまった英文を1分間に80語以上の速さで読んで、概要を理解することができる。また、知ろうとする情報を素早く探し、内容を正しく理解することができる。

⑭　100語以上のまとまった文章を、読み手が理解できるように書くことができる。

⑮　学習英和辞典の内容を理解し、書かれている情報を活用することができる。

　自己目標は学習指導要領を参考にしながら、より細かな目標を立てます。目標の数は少なくてかまいません。むしろ、少ない方がよいでしょう。はじめは1つだけでもよいかもしれません。私が教師になって8年目で初めて立てた目標は、「生徒に英語の授業が好きと思わせる」でした。目標が達成できているかを調べるために、英語の授業が好きかどうか、学期ごとにアンケート調査を行ったのを覚えています。その後、新入生を指導するたびに、「会話技術を用いながら、チャットを2分間以上続けることができる」「身近な話題で50語以上の自由英作文を書くことができる」「自分の知り得た情報を第三者に正しく伝えることができる」「ディベートを行う」などの自己目標を設定しました。

　自己目標を設定する際、「1分間に80語以上の速さ」「会話を3分間程度」などと数値を入れることによってより具体的なものになります。ここがCAN-DOリストの学習到達目標と異なる点です（CAN-DOリストにはふつう数値による目標は設定しません）。目標は「〜できる」のようなcan-do方式でも、「ディベートを行う」などのactivity方式でもかまいません。たとえば、「第三者に自分の知っている情報を伝えることができる」という目標を設定したとします。インタビュー活動で情報のやりとりを行ったあとで自分が得た情報を別の人に伝える活動を行わせたり、ALT（Assistant Language Teacher、外国語指導助手）から聞いた情報を他の生徒に伝える活動を行わせたりなど、機会を見つけてはレポーティング活動を行おうと意識するようになります。そして、これらの活動を通して生徒は次第に自分の知っている情報を相手に伝えられるようになっていき、目標が達成できるのです。

04 学習指導案の作成

1 学習指導案に載せる情報

　学習指導案というと、研究授業などの公開を目的とした授業で配付されるものを思い浮かべるかもしれません。しかし、実際にはその目的に応じてさまざまな形式のものがあります。たとえば、１クラスを２つに分けて同時に２名の教師で指導するなどの少人数展開授業を行う際、二人の教師が共通の指導ができるように指導過程や留意点を示したものも学習指導案の一種です。大学ノートに毎回の授業の指導過程をメモ程度に書いていく簡単なものであっても学習指導案と呼ぶことができるでしょう。

　他校の先生方に配付する学習指導案では、学校の説明や授業を行う生徒集団の状況などを書いたり、個々の指導項目についての解説を参観者に分かるように書いたりする必要があるでしょう。校内の研究授業では学校の説明は共通に認識していることなので必要ありません。授業者だけが見る学習指導案では、授業の目標や指導過程などが主な記載事項となります。また、１つの授業のみの学習指導案もあれば、単元（数回の授業）の学習指導案もあるでしょう。複数の単元を念頭に置いた学習指導案も作成可能です。このように、学習指導案を書く目的や誰を読み手として作成するのかによって、形式や内容が異なります。

　ここでは、研究授業などの公開を目的とした学習指導案の書き方を説明します。学習指導案にはさまざまな情報が載せられています。授業の参観者が学習指導案を読むことで、事前に授業の流れが理解でき、少なくてもその授業の指導方法や教材がわかるように書くことが基本になります。なお、授業のあとには研究協議を行うことが多いので、授業者が担当している週あたりの授業数やふだんの授業の指導方法など、研究協議で質問されそうなことについて記入しておくと、授業そのものの協議に十分に時間を割くことができます。また、参観者から意見をもらいたいことを箇条書きで書いておけば、悩んでいることへの回答が得られるかもしれません。情報量が多過ぎても少な過ぎても良い学習指導案とは言えません。

　では、どのような情報を載せたらよいのかを示します。各項目には番号を振っていますが、必ずしもこのとおりの順番で書く必要はありません。記入しない項目もあれば、いくつかの項目をまとめて示したり、他の項目を追加したりすることもあります。なお、記入例は相互には関連していません。

（1）授業日時

　１つの項目として取り扱わないで、右上に書いておくことも多い。

　　記入例：令和４年11月16日（水）　午後１時30分〜２時20分（50分間）

（2）授業者名

　１つの項目として取り扱わないで、右上に書いておくことも多い。また、氏名に押印することもある。なお、教育実習では指導教諭の氏名と押印が必要になることがある。

　　記入例：千代田区立九段中等教育学校教諭　本多敏幸（押印）

（3）場所

　学校名のみで省略することもある。（4）の指導対象と一緒に記すこともある。

記入例：千代田区立九段中等教育学校　3年2組教室

(4) 指導対象（学級）

対象の学級と人数を示す。人数は男女を分けずに総数を記入する。また、少人数クラスや少人数習熟度別クラスの場合には、それが分かるように記入しておく。

記入例：3年2組（少人数クラス　生徒数20名）

(5) 生徒の実態

生徒の実態について、長所を中心に書く。学習指導案は生徒の目にする教室前の廊下に置かれることが多いので、個人情報に関わることや短所は書かないようにする。今後指導しようとしている課題については書いてもかまわない。

記入例：明るく、音読する際も声がよく出る。（中略）家庭学習の時間が短い生徒が多いので、継続的に指導していきたい。

(6) 学校について

学校の特徴について良いところを中心に書く。他校の教師が参観する場合には書いておくとよい。

記入例：本年度、創立30周年を迎える。全校生徒数が352名で、1年生は3学級、2年生は4学級、3年生は3学級である。英語の教員は4名で、外国人英語教師とのティーム・ティーチングが週に1回ある。（中略）部活動が活発で、特にサッカー部と女子バレーボール部が関東大会に進んでいる。（後略）

(7) 授業者について

授業者の経験年数、担当している学年や週時数を記入する。

記入例：本校で新規採用され、2年目である。塾で2年間ほど教えていた経験をもつ。現在、野球部顧問。（後略）

(8) 単元名

使用する教科書名と単元を記入する。また、「教材観」として、単元の本文内容について簡単に説明することもある。

記入例：『ONE WORLD English Course 2』（教育出版）Lesson 4 "Workplace Experience"
この単元では、主人公のアヤが職場体験を通じて学んだことや感じたことが書かれている。職場体験については1学期の6月に生徒は体験しているので、働くことについて考えさせたい。また、教科書で使われている表現を活用して、各自の職場体験について他の生徒に報告する機会を与えたいと考え、最後にスピーチ発表を行うことにした。

(9) 単元の目標

学習指導要領の領域の目標などと関連させて示すとよい。

記入例：アヤの職場体験についての文章を読んで、要点を捉えたり、自分の職場体験のことを報告するために、職場の特徴やエピソードなどについて整理して、文章を書いたりすることができる。

(10) 単元の指導計画（単元の指導と評価の計画）

単元を指導するにあたっての計画を第1時より記入する。本時がその中の何時間目にあたるのかも示す。簡単に記入する場合には、下の記入例のように主に何を指導するのかを示す。

記入例：第1時（本時）Lesson 6-1　比較級、最上級の導入と本文の内容理解
　　　　第2時　　　　　Lesson 6-1　前時の復習、本文に関する言語活動

詳細に示す場合には、「単元の指導と評価の計画」として、表の中に各時間における「ねらい」、「言語活動等」、「評価計画」、「備考」の欄を設けて詳細に記入する。

記入例：

時間	ねらい（■）、言語活動等（丸数字）	知	思	態	備考
1	■単元の話題（働くこと）に対する生徒の興味・関心を喚起するとともに、単元の目標を理解する ■教科書の対話文を読み、引用するなどしながら考えたことや感じたことなどを伝え合う。 ①教科書の対話文を読み、自分の考えや感じたことを伝え合う。 ②対話文で使われている語句や表現の意味を理解する。 ③賛成や反対の述べ方について確認する。 ④対話文に関して、再度引用するなどして、自分の考えや感想などを伝え合う（パートナーを替え、複数回行う）。 ⑤伝え合った内容を踏まえ、自分の考えや感想を書く。				・話すこと［やり取り］の言語活動については、まず生徒に行わせ、指導を行ったあとで、再度行わせるようにする。 ・後日、ディスカッションを行い、個々の生徒のパフォーマンスを評価する。それまでは記録に残す評価は行わない。
2	■賛成・反対の立場から、自分の意見を理由とともに述べる。 ①教科書の対話文を読み、登場人物の考えに賛成か反対かを理由とともに伝え合う。 ②理由の述べ方について確認する。 ③対話文で使われている語句や表現の意味を理解する。 ④対話文に関して、再度、登場人物の考えに賛成か反対かを理由とともに伝え合う（パートナーを替え、複数回行う）。 ⑤伝え合った内容を踏まえ、自分の考えや感想を書く。				該当する観点に○を記入する

（11）本時の目標（本時のねらい）

本時の授業について、生徒に何を学ばせるのか、何ができるようにさせるのかをできるだけ学習指導要領の目標に沿って記入する。

記入例：現在完了（経験）の知識をもとに自分が訪れたことがある場所についてやりとりをすることができる。

（12）本時の教材・教具

使用する教材や教具を記入する。教科書の該当部分やワークシートなどは学習指導案に添付する。

記入例：ワークシート（書くことの言語活動用）、デジタル教科書、タブレット端末（生徒）

（13）単元の評価規準と評価方法

評価規準と評価方法を記入する。表にして表わすとよい。評価規準は内容のまとまり（外国語科では領域）ごとに評価規準を設定することから、次の表では、番号の次に領域を示している。なお、「知識・

技能」のうちの「知識」についてはどの領域にも関わるため、領域は示していない。

＜評価規準と評価方法の例＞

ア　知識・技能	イ　思考・判断・表現	ウ　主体的に学習に取り組む態度
①［知］形容詞や副詞を用いた比較表現の特徴やきまりを理解している。（単元テスト及び定期考査） ②【読むこと】［技］形容詞や副詞を用いた比較表現の特徴やきまりの理解を基に、人物や事物などの説明について読み取る技能を身に付けている。（定期考査）	①【聞くこと】話されたことのレポートを書くために、有名な建造物や観光地、スポーツなどの日常的な話題の話を聞いて、要点を捉えている。（定期考査） ②自分のクラスについてより知るために、アンケート調査を実施し、その結果について図などを用いて分かりやすく発表している。「話すこと［発表］」（パフォーマンステスト、クラスでの発表を評価する）	①【聞くこと】話されたことのレポートを書くために、有名な建造物や観光地、スポーツなどの日常的な話題の話を聞いて、要点を捉えようとしている。（定期考査） ②自分のクラスについてより知るために、アンケート調査を実施し、その結果について図などを用いて分かりやすく発表しようとしている。「話すこと［発表］」（パフォーマンステスト）

(14) 指導観

単元や教材について、どのような特徴をもっているか、この単元や教材で教えることで生徒にどのような力を身に付けさせられるのかを記入する。

記入例：題材が働くことの意義についてなので、生徒自身に働くことの意義を考えさせたい。本文に書かれていることを参考にして、グループディスカッションを行えるように指導する。ディスカッションでは、これまで指導した賛成や反対、相手の発話内容の確認、意見とその理由などを述べる際の表現を使って、自分の考えを述べられるようにする。このことは本単元だけではなく、複数の単元を通してできるようにしていきたい。

(15) 本時の指導過程

指導項目、指導時間、指導内容（活動内容）、留意点、使用教具、評価などの項目を表にして示す。よく使われる形式例を2つ紹介する。

＜例1＞

指導項目	活動内容	留意点・使用教具	評価		
			知	思	態
1．あいさつ （1分）	英語であいさつする。そのあと、簡単な会話を行う。	目を見てあいさつするよう継続的に呼びかける。			
2．スピーチ （10分）	4名が「将来の夢」のスピーチを行う。スピーチのあとで聞き手が質問をする。	質問の際、挙手しない場合は生徒を指名する。			

＜例２＞

指導項目	生徒の活動	教師の支援	教具	評価
3．前時の復習 　　（15分） 　(1) 音読	本文を復唱させたあと、各自で練習する。	個々の生徒を観察し、発音やアクセントに誤りがあったらアドバイスする。	電子黒板 タブレット （教科書のQRコードを使う）	（記録に残す評価なし）

「評価」の欄では、(13)の評価規準の表からア①やウ②などの記号を使って示すことで、単元の評価規準を参照してもらう方法もある。また、その授業ではなく、後日にテストなどで評価する場合には、「後日に評価（定期考査）」などと記すとよい。

（16）授業観察の視点（授業への評価）

単元や本時の目標を達成するために行った指導、手順、活動、教材が適切であったかが授業観察の第1の視点となる。これ以外に授業者が改善に努めているところや改善したいことなど、特に意見がほしいことを書いておくとよい。若手教師にとっては授業改善のための研究授業でもある。

記入例：スピーチのさせ方や教師からのフィードバックは適切であったか。

（17）板書計画

板書をどのように行うか図示したり、スクリーンやデジタル黒板で見せる資料を載せたりする。

記入例：

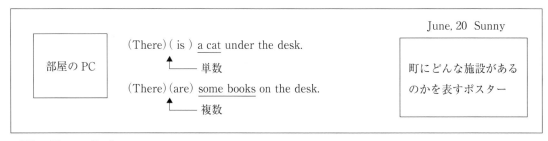

PC = Picture Card

（18）資料

教科書本文や生徒に配付するワークシート類を添付する。

❷ 学習指導案の実際

公開授業における学習指導案では、参観者が授業を見て、各活動や授業者の考え方が分かってもらえるようにいくつかの工夫をしています。たとえば、「本時の展開」では、名称だけでは分かりにくい活動については解説を載せたり、各活動を行う目的は何なのか、どのように行うのか、などの情報を載せたりします。日頃からよく行っている活動では教師が多くの指示を出さなくても生徒は動けますが、参観者には何をしているのかわからないことがあるからです。また、学校の説明、生徒観、授業者の担当授業などの授業の背景となる情報や授業者の授業に関する考えなどもなるべく学習指導案に載せるようにしましょう。

英 語 科 学 習 指 導 案

○○市立○○中学校

教諭　○○　○○

1　日　時　令和5年2月14日（水）　13時15分〜14時05分（50分間）

2　対　象　○○市立○○中学校　2年2組（17名、少人数1クラス2展開）

3　単元名　Lesson 9 "Gestures and Sign Language"　pp. 105-113

　　　　　ONE WORLD English Course 2（教育出版）

4　単元の指導目標

　手話についての説明から、要点を聞き取ったり読み取ったりするとともに、学んだ内容を他者に伝えるために、口頭で説明することができる。

　本単元における本校CAN-DOリストと関連する学習到達目標は以下のとおりである。

「聞くこと」

　①：教科書の日常的または社会的な話題に関する内容を、複数回聞けば、その概要や要点を捉えることができる。

「話すこと［発表］」

　①：教科書の題材に関連したことを事前に準備すればまとまりのある内容を話すことができる。

　②：教科書の内容の一部や自分が得た情報を自分の言葉で他の人に伝えることができる。

5　単元について

（1）教材観

　　本単元は、学習指導要領の「聞くこと」のイ「はっきりと話されれば、日常的な話題について、話の概要を捉えることができるようにする」及び「話すこと［発表］」のイ「日常的な話題について、事実や自分の考え、気持ちなどを整理し、簡単な語句や文をまとまりのある内容を話すことができるようにする」をねらいとし、設定した。

　　本単元は、国によるジェスチャーの意味の違いや手話のやり方の違いを取り上げている。自国の文化が世界共通ではないことを再認識することができる単元となっている。

　　新出文法事項は［makeなど＋目的語＋形容詞・名詞］、［askなど＋目的語＋to不定詞］、［letなど＋目的語＋原形不定詞］である。いずれの文法事項もしっかり運用できるように、これらを使用する機会を今後の単元においても意識的に設定していきたい。

（2）生徒観

　　英語への関心は高く、積極的に授業に取り組んでいる。ペアやグループ活動においても自分の考えを述べようとしている。先月行ったアンケート調査で、書くことに苦手意識をもった生徒が2割程度いることが分かった。今後、書くことの言語活動を取り入れていきたい。

（3）指導観

　　中学1年生のとき、本文の導入は主にオーラル・イントロダクションを行っていたが、自力で聞

いたり読んだりして内容を捉える力を身に付けるために、概要や要点を捉える聞くこと及び読むことの言語活動を多く取り入れるようになった。主体的・対話的で深い学びができるよう、さまざまな指導を取り入れている。たとえば、ペアワークやグループワークを多用し、事実や自分の考えを伝え合う言語活動を取り入れたり、題材に関して深く理解できるように発表活動などを行ったりしている。また、言語活動を行う際、教師がお膳立てをし過ぎないで、まずは生徒にやらせてみて、その後に指導をしたり他の生徒から学んだりしながら到達目標に近づけるようにしている。

6．単元の評価規準と評価方法

ア　知識・技能	イ　思考・判断・表現	ウ　主体的に学習に取り組む態度
①［知］It makes me ＋ 形容詞などの SVOC の文型、I ask him to ～、let 及び help が動詞の原形不定詞の文の特徴やきまりを理解している。（単元テスト及び定期考査） ②【聞くこと】［技］It makes me ＋ 形容詞などの SVOC の文型、I ask him to ～、let 及び help が動詞の原形不定詞の文の理解を基に、誰がどうするなどの情報を聞き取る技能を身に付けている。（定期考査）	①【聞くこと】自分の知識を広げるために、手話の仕方などについて話された内容から、概要を捉えている。（定期考査） ②【話すこと［発表］】他者に伝えるために、手話について書かれた文章を読んで、日本の手話とアメリカの手話の違いや感想などを口頭で説明している。（パフォーマンステスト、授業での発表を評価する）	①【聞くこと】自分の知識を広げるために、手話の仕方などについて話された内容から、概要を捉えようとしている。（定期考査） ②【話すこと［発表］】他者に伝えるために、手話について書かれた文章を読んで、日本の手話とアメリカの手話の違いや感想などを口頭で説明しようとしている。（パフォーマンステスト、授業での発表を評価する）

7　本単元の指導計画（9時間扱い）

第1時　題材（ジェスチャーや手話）について知っていることのやりとりを行う活動

Part 1 の導入（［make など＋目的語＋名詞・形容詞］の導入・練習、教科書本文の内容理解・音読）

第2時（本時）Part 1 の復習、教科書本文を使った言語活動（スキット）

第3時　Part 2 の導入（［ask など＋目的語＋ to 不定詞］の導入・練習、教科書本文の内容理解・音読）

第4時　Part 2 の復習、教科書本文を使った言語活動（書くこと）

第5時　Part 3 の導入（［let など＋目的語＋原形不定詞］の導入・練習、教科書本文の内容理解・音読）

第6時　Part 3 の復習、教科書本文を活用した話すことの言語活動

第7時　単元のまとめ、新出文法事項の確認

第8時　単元テスト（単語テストを含む）【記録に残す評価（「知識・技能」）】

第9時　発表（ジェスチャーや手話の国による違いを説明）【記録に残す評価（「話すこと［発表］」（「思考・判断・表現」）】

8　本時（全9時間中の第2時）

(1) 指導目標

　① ［make など＋目的語＋名詞・形容詞］を理解し、使うことができる。

　② 既習の語彙や文法を使って、教科書の対話文に自由にやりとりを付け加えて演じることができる。

(2) 指導過程

学習活動　［活動時間］	指導上の留意点・配慮事項	評価・備考
1．あいさつ及び帯活動 ［10分］ （1）あいさつ （2）Chat［帯活動］ 　ペアによる3分間のチャットのあと、パートナーから得た情報を書く。	目を見てあいさつをするように継続的に呼びかける。 トピックは「教科」で、比較表現を使ったり、should などを使ってアドバイスしたりすることにも挑戦させる。	本授業では記録に残す評価は行わない 学年末にチャットのパフォーマンステストを行う（「話すこと［やり取り］」の思判表）
2．文法の確認　　［12分］ （1）キーセンテンスの説明（生徒同士） （2）Tool Kit （3）Listen	キーセンテンスを生徒同士で説明し合い、理解できているか確認する。教師は生徒の説明を聞いて、間違って理解している場合には補足説明を行う。 Tool Kit 及び Listen は時間をかけずに行う。	
3．本文の確認及び音読［15分］ （1）Listening（閉本） （2）Q&A（閉本） （3）音読 　① Chorus reading 　② Buzz reading	閉本したまま、想起のために本文を聞く。そのあと、2、3の事実発問を行う。 前時に音読指導は行ったが、しっかりと発音できているか確認する。	
4．Think & Try!　　［20分］ （1）該当部分の暗唱 （2）ペアでの練習 （3）発表 （4）振り返り	該当部分の暗唱を Read and loop up などを使って行う。付け加える部分をペアで考える。全ペアが教室の前で発表する。 自分たちのパフォーマンスの振り返りと、他のペアで良いところを話し合う。	
5．まとめ　　　　［3分］	本日学んだことや次回がんばりたいことを生徒同士でシェアする。	
6．あいさつ	目を見てあいさつをするよう継続的に呼びかける。	

（3）授業観察の視点

ア　Chat において、既習の表現を積極的に使う態度を育てるために、適切な働きかけをしていたか。

イ　教科書の対話文を使った言語活動の流れや教師の支援は適切であったか。

❸ 授業者自身のための指導案

　日々行う授業のために簡単なものでもよいので指導案を書くようにしてください。コンピュータで作成しても大学ノートに書いても結構です。授業を終えたら反省や感想（うまくいったところ、改善が必要なところ、生徒の様子で気付いたところ、など）を書いていくと授業の腕が上がっていきます。職員室に戻ってからだと他の仕事に追われるので、授業が終わった直後に記入するとよいでしょう。

　自分自身のための指導案では、教師の発話や生徒の予想される反応や発言を書いておきます。実際に何をどのような英語や日本語を使って話すのか、どのような指示が適切なのか、どのような手順で指導していくのか、生徒の反応も含めて授業の場面を描きながら書いていくことにより、授業全体を頭の中でシミュレーションすることになります。「生徒がこう質問してきたらこう答えよう」、「この説明でわからなかったら、別の説明を行おう」などと考えることで、授業中に予想される質問やトラブルに適切に対処できるようになります。生徒から信頼される授業を目指すにはこの積み重ねが大切なのです。

　「❷ 学習指導案の実際」で示した学習指導案は参観者用ですが、これとは別に授業者用の指導案があります。私が作成した展開授業用の指導案の例を紹介します。指導の手順について複数の教員が展開クラスで共通に認識し、使用するためのものです。したがって、教師の発話例、生徒の考えられる反応、各活動の細かな説明、指示の出し方、板書計画、評価のポイントなどを載せるようにしています。自分のためだけの指導案であれば、自分自身がわかっていることは書く必要はありませんが、他の教師のためにも書いている指導案であれば、説明を丁寧に行い、誤解を与えないようにする必要があります。

＜展開用の学習指導案＞

　内容については過去に実際に行ったものを基に書き直しています。

No. 51

Ⅰ　Date：2022.10.3（1組）、10.6（3、4組）、10.11（2組）

Ⅱ　Class：少人数（50分授業）

Ⅲ　Textbook / Material：教科書、ワークシート

Ⅳ　Today's Goal

　　　・現在完了（経験）の表現に触れる。

　　　・フォスター・プログラムについて知る。

Ⅴ　Today's Target

　　　・Have you ever heard of a foster program?

　　　・I have never heard of it.

Ⅵ　Teaching Procedure in Detail

Stage 0

評価ファイルに日付を書いて欠席は「欠」、遅刻は「遅」と書いてください。出席簿への記入もお願いします。

Stage 1　Greeting（6 min.）

> 生徒の現在の状況から指導してもらいたい点を書いておく

1．Greeting

2．Song "Bad Day"

　1回歌わせます。授業規律を守るために次のことをお願いします。

　生徒を立たせる、歌詞プリントを手に持たせる、席の移動はさせない、あとは大きな声で歌うように励ましてください。

Stage 2　Chat & Report（9 min.）

1．マグネットシートを黒板に貼り、席を指定する。（スクリーンに表示していただいてもＯＫです。なるべく休み時間中に生徒に分かるようにしておいてください。）

2．チャットのワークシートを配付する。（持っていない生徒のみ）

3．会話技術一覧表のうち、同意するときの相づちの表現のみを再度復唱させる。

4．席を移動させる。（プリントと筆記用具を持たせる）

5．机をつけさせる。

6．3分間のチャットを行わせる。

> 誤解が生じないように、言語活動のやり方や手順を詳細に説明する

　トピック　sports

　　会話技術をなるべく用いるように指示してください。

7．自席に戻らせる。ワークシートに英文を書いてレポートの準備をしてしまうのを防ぐために、鉛筆を置かせてください。

8．生徒4名を指名し、reporting をさせる。教師は a, b, c, d の4段階で評価する。

　　a：かなりの情報を正確に述べられた。

　　b：4文程度はレポートできた。

　　c：量や正確さが足りない。

> 評価を行う際は評価基準を示しておく

　　d：あまり話せなかった。

Stage 3　文法の導入　（15 min.）

現在完了の経験は先月簡単に扱っています。I have been to ～. も一応既習です。しかし、忘れている生徒が多いと思います。never は教科書に出てきた直後なので、ほとんどの生徒が意味を理解しています。

1．Oral Introduction

　T：Let's talk about our experience.（experience は既習）（日本地図を示して）　Have you ever visited Hokkaido?　I have visited Hokkaido many times.　Have you ever visited the

Kyushu area? I have visited Nagasaki three times.（ジェスチャーを交えて）But I have never visited Kagoshima. I have never visited Kumamoto.

　ほかに四国とか沖縄とか取り上げ、never, once, twice, three times, many times などの回数を表す語句を扱ってください。指で回数を示すなどジェスチャーを交えて意味を伝えてください。その後、質問文に移ってください。

　How about you? Have you ever visited Kagoshima, S₁?

　（答えられなければ Yes or No? とか言ってあげる）

教師の発話例と考えられる生徒の応答例を書いておく

S₁：Yes.

T：Yes, I have.　（全員に復唱させる）

　Once, twice, three times, four times, many times?（指で示しながら）

S₁：twice.

T：You have visited Kagoshima twice. I see. S₁ has visited Kagoshima twice. Have you ever visited Kagoshima, S₂?（visited ～で何人かとやりとりを行う）

　生徒の状況に応じて復唱させる。

2．板書（スクリーン）による確認

　I ＿＿＿＿＿＿＿ ＿＿＿＿＿ Kyoto before.

［have / has ＋動詞の過去分詞］

板書例を書いておく（共通のデジタル資料を使う場合には指導のポイントややりとりの例を書く）

　T：下線部に適する語は？　have　visited

　　過去分詞と生徒が言ったとき、他にどんな動詞の過去分詞を知っていますか？と尋ね、引き出してください。その後回数を表す語句を before の下に並べて意味などを確認してください。

　　once, twice, three times, several times, many times

　T：では、一度も行ったことがなければ？

　　I have ＿＿＿ visited Kyoto.

　T：質問するときは？

　　Have you ＿＿＿ visited Kyoto?　　答え方　Yes, I have. / No, I haven't.

3．口頭練習

　T：Let's say some sentences.

　　　（日本地図の千葉を示しながら）I, Chiba, many times

　Ss：I have visited Chiba many times.

　　　（教師が英文を言って復唱させる）

　T：I, Hokkaido, twice

　Ss：I have visited Hokkaido, twice

　他の例　・I, Nagasaki, three times

口頭練習（パタン・プラクティス）を行う際には例を示しておく

　　　　　・I, Okinawa, once

　　　　　・I, Aomori, before

　　　　　・Tom, Tokyo, several times

32

隣同士をペアにし、英文を言い合わせる。

T：Make pairs, please. これから言う都道府県名を自分が本当に行った回数を隣同士で言い合ってみよう。

① Hokkaido　　② Okinawa　　③ Hiroshima

T：隣の人にこれから言う都道府県名のところに行ったことがあるか、質問し合おう。北海道なら何て質問するの？

Ss：Have you ever visited Hokkaido?

T：(Osaka, Kagoshima, Niigata など)

Stage 4 　教科書本文の導入（11 min.）

T：(世界地図を見せて) Have you ever visited foreign countries?

I have visited several countries. For example, America and Australia. Who has ever visited America? Raise your hand. Who has visited Australia? Raise your hand. Look at these countries colored red. Have you ever visited Sudan in Africa? Have you ever visited Nepal in Asia? What does this red color mean? Some people in these countries are supported by a Foster Program or a Foster Plan. (Foster Program ／ Plan) と板書する。 Have you ever heard of a foster program? What is "Foster Program"? I'll explain about it. Foster means 里親の in Japanese. We can become a foster parent and support children in the world. Look at this picture. (写真を見せて) Her name is Maria. She is one of the foster children. She lives in Bolivia in Latin America. Some children in Bolivia don't go to junior high school, so some people can't read or write very well. Look at this picture. (ポスターのイラスト) This poster says that the city will have a bazaar for a foster program. The bazaar will be held to help children in Nepal. Now open your textbooks to page 59, and read the poster and the dialog.

2．Silent reading

3．内容理解&説明

・バザーがいつ、どこで行われるかの確認

・hear of ～「～について聞く」

heard は hear の過去分詞（過去形でもある）　← 指導する際のポイントを書いておく

この poor は「かわいそうな」の意味

・program は「事業、プログラム」、plan も「事業」という訳語が教科書の巻末資料に載っています。foster program も foster plan も「里親事業」でよいと思います。教科書の指導書には plan は「program に基づいて行う事業や運動を表す」とあります。しかし、理解しにくい思うので、生徒に聞かれたら「この場合はあまり差がないが、program は一連の事業そのもので plan は一つひとつの事業の感覚を受ける」と答えてください。

Stage 5 教科書の音読 (5 min.)

タイトルから読ませましょう。

(1) New words の発音とフラッシュ

(2) Chorus reading　教科書を両手に持たせて読ませてください。

(3) Buzz reading

モデルとなる音声を1回聞かせたあと、起立をさせ、4回以上読ませてください。右まわりに90度ずつ回転させてください。そうすると、自然に教科書を手に持つので、

Now stand up and read at least four times.

> 行わせることの根拠や理由を書くとよいです

Stage 6 まとめ (4 min.)

プリントを配付し、プリントに沿って記入させる。[　　]の中はわからない場合は板書を見るように指示する。教師は机間巡視を行い、生徒がわからないようであれば、全体に再度、指導を行う。早く終わった生徒には教科書準拠のワークブックの pp. 38-40 を行わせてください。

宿　題

1．通常の復習

2．教科書準拠のワークブック pp. 48-52

連　絡

宿題忘れが多いので、しっかりやってくるように言ってください。

4 よい学習指導案をつくるための10のポイント

　学習指導案の善し悪しでよい授業ができるかどうかの半分は決まります。「半分」というのは大きな割合です。計画の段階で、授業の構成、使用する教材、教師の発話、生徒の予想される発話を十分に考えておけば、ひどい授業にはなりません。しかし、よい授業ができるとも限りません。あとは、指導技術、授業の運営方法、指示の出し方、生徒の活動へのフィードバック、生徒との人間関係などのさまざまな要素が関係してくるからです。また、すばらしい学習指導案を書いたとしても、実際の授業ではそのとおりに進むことの方が珍しいはずです。授業というのは生徒の様子を見ながら、事前に立てた計画を修正しながら進めていくのがふつうです。学習指導案はあくまで案なのです。

　では、学習指導案を作成するときに気を付けなければならないこととは何でしょうか。私自身がポイントとしていることを示します。学習指導案をつくりながら、または完成してから、以下の10のポイントについて自問自答することにしています。

　その1：教材の読み込みは完全か？

　　　　　生徒にとって初出の語句や文法をチェックし、指導すべきことが抜け落ちないようにする。

その2：授業を終えたときに、生徒に習得させたいことは何？

　　　　その授業のゴールを設定する。

その3：どんな目的でどんな活動を入れるのか？

　　　　各活動には目的がある。目的を達成するための活動を考える。

その4：活動は易から難の順になっているか？

　　　　ドリル活動（フォームを重視した活動）を行ってから、コミュニケーション活動（意味内容
　　　　を重視した活動）を行う。

その5：活動間のつながりはよいか？

　　　　一連の活動に関連性を持たせる。

その6：どんな英語を使う？　どんな日本語を使う？

　　　　ティーチャートークを考える。シナリオを考える。

その7：何をいつ評価するのか？

　　　　評価できることは限られている。何をいつどのような方法で評価するのか考える。

その8：生徒側に立った指導案か？

　　　　生徒が活躍する場が十分にある授業を考える。授業の山場を設定する。ペースや量が生徒に
　　　　とって適切であるか考える。

その9：時間設定は適切か？

　　　　無理をしない。50分間を有効に使う。

その10：シミュレーションする。

　　　　生徒の予想される反応を予想し、そのときの対処を考えておく。もし、生徒の理解度が低かっ
　　　　たら、どのように補足していくかを考えておく。

05 授業で用いる英語

🔳 教師が英語を使う場面

　中学校及び高等学校学習指導要領には「生徒が英語に触れる機会を充実するとともに、授業を実際の
コミュニケーションの場面とするため、授業は英語で行うことを基本とする。その際、生徒の理解の程
度に応じた英語を用いるようにすること」と記されています。このことは授業中に日本語を使用しては
いけないということではありません。母語である日本語を使った方が適切である場面や活動もあります。
しかし、基本的には英語の授業は英語で行いたいものです。教師が授業で用いる英語の量により生徒の
聞く力や話す力などに大きな影響を与えます。では、英語の教師はネイティブ並みに英語が話せなけれ
ばいけないのでしょうか。ネイティブ並みの発音でなくてはいけないのでしょうか。「ネイティブ並み」
である必要はないと私は思います。教室で使う英語は日常生活で話す英語と少し異なります。生徒の発
達段階に応じて語彙や表現を限定し、話し方を明瞭にし、スピーチのように語りかける英語です。「英
語を話す自信がないから」とか「発音に自信がないから」と英語を使わないのではなく、発音や表現方
法を勉強しながら、授業で実際に話しながら身に付けていくくらいの考え方でよいのです。逆に、発音
がよく、さまざまな表現をよく知っている人が生徒にとって分かりやすい英語を話せるというわけでも
ありません。いずれにしろ努力が必要です。教師が授業で使う指示やフィードバックなどの英語表現
をクラスルームイングリッシュ（Classroom English）と呼んでいます。また、説明や導入などを含め、
教師が授業で用いる英語をティーチャートーク（Teacher talk）と呼ぶこともあります。では、どんな
場面で教師は英語を用いるのか、その例を挙げてみます。

　・授業開始時のあいさつ

　・日付や天気などの確認

　・生徒との簡単な会話

　・指示（教科書を閉じさせる、立たせるときなど）

　・生徒が行う活動の説明

　・新言語材料の導入（口頭導入）

　・答え合わせ

　・生徒への質問（教科書の本文内容に関する発問など）

　・生徒への注意（注意を促す、叱る）

　・活動へのフィードバック（ほめる、はげます、アドバイスする）

　・文法事項の確認

　・口頭によるドリル活動

　・宿題や課題の提示

　・授業終了時のあいさつ

　・（ALT とのティーム・ティーチングでは）ALT への指示・依頼、ALT との打ち合わせ

　これらの基本表現を学び、英語による口頭導入をしようとすれば、授業のかなりの部分が英語で行え

るようになります。

2 授業のはじまりに行う英語のやりとり

　実際にどのような英語を使うのか、その表現について紹介します。あくまで一例なので、生徒の学習段階に沿って、さまざまな表現を使うようにしてください。

(1) あいさつ

　最初のあいさつは「英語の授業」が始まるという気持ちをもたせるために英語で行います。2つのやりとりを例示します。

＜例1＞

　　T：Good morning, everyone.

　Ss：Good morning, Mr. Honda.

　　T：How are you?

　Ss：I'm fine, thank you.　And you?

　　T：I'm pretty good.

> これは標準的なやりとりです。起立をさせるかどうかは教師の考え方によります。単なるあいさつなので、体調の違いが多少あるにしても声をそろえて I'm fine, thank you. と言わせます。教師はいろいろな表現を使うようにします。

＜例2＞

　　S：Stand up, please.

　　T：Good morning, class.

　Ss：Good morning, Mr. Honda.　How are you?

　　T：I'm fine, thank you.　And (how are) you?

S(s)：I'm fine［great, not bad, etc］.

> これは私が中学生対象の授業で行っている方法です。号令係を決め、その生徒に Stand up. と言わせます。教師の方からあいさつし、あいさつのあとで生徒全員に How are you? と教師に質問させます。教師が答えたあと、全員に And you?［How about you?］と質問します。生徒は自分の体調に合わせた英語表現を選択します。なお、全員に言わせたあとで個人に How are you, S_1? と質問する場合もあります。

(2) 日付や天気などの確認

　小学校で曜日、月日、天気の表現を学びます。これらの表現を継続的に使わせることで、英語の苦手な生徒にも確実に定着させることができます。このやりとりは通常あいさつの直後に行います。しかし、授業のルーティンとしていつまでも行うのではなく、表現が定着した状況であれば、もう行わなくてもよいでしょう。

<例1>

  T：What day is it today?

  Ss：It's Tuesday.

  T：How does it spell, S_1?

  S_1：T, u, s（生徒が言うつづりを書いていく）

  T：T, u, s?

  S_1：T, u, e, s, d, a, y

  T：Good.　Everyone, repeat after me.　It's Tuesday.

  Ss：It's Tuesday.

  T：What's the date?

  Ss：It's October 8th.

  T：Can you spell October?　Write it in the air.（空中につづりを指で書かせたあとに教師が October 8th と板書する。）

  T：How is the weather?

  Ss：It's sunny.

  T：Yes, it's a lovely day.

> 月や曜日がまだ定着していないと思われる時期でのやりとりです。つづりを言わせたり、書かせたりすることで確認させています。

<例2>

  T：S_1, ask S_2 what day of the week it is today.

  S_1：What day of the week is it today?

  S_2：It's Tuesday.

  T：Good.　S_3, ask S_4 today's date.

  S_3：What's the date today, S_4?

  S_4：It's October 8th.

  T：S_5, ask S_6 how the weather is.

  S_5：How is the weather, S_6?

  S_6：It's sunny.

> 生徒が教師の質問に答えるのみでなく、質問文を言わせます。

（3）生徒との会話

　授業のはじめのあいさつのあと、生徒に昨日の出来事などちょっとした話をしてあげてください。生徒と短い会話をしてみてください。この毎日の積み重ねが生徒の英語力を育てることになります。この活動は一般的にスモール・トーク（Small Talk）と呼ばれています。（2）のやりとりでは、英語表現を

定着させるために答えが分かり切っていることでも質問しますが、生徒との会話では生徒の答えが予想できません。よりコミュニカティブなやりとりになります。教師の使う英語には、生徒が習った単語や文法事項を意識的に入れるとよいでしょう。また、教科書の題材に関連したことを話せば、あとで行う本文の導入の伏線ともなります。

＜例１＞

Ss：How are you?

T：I'm a little bit sleepy. I watched "Harry Potter" on TV last night. Who watched it?

Ss：（挙手）

T：It's an exciting movie. I am really fond of watching movies. I go to the movies once a month. My favorite kind is adventure because it is usually exciting. Do you like movies, S₁?

S₁：Yes, I do.

T：What kind of movies do you like? Love stories, sci-fi, adventure, animation, comedy, action, horror…?

S₁：I like animation. I like Conan very much.

T：Oh, I see. Conan is very popular.

> 最初のあいさつのあと、自分のことを話してから生徒に質問することで会話を行います。テレビ番組や学校の行事など、生徒の身近な話題を取り上げます。

＜例２＞

T：Did you study English last night, S₁?

S₁：No, I didn't.

T：What did you do?

S₁：Video game.

T：Oh, you played a video game. What did you play?

S₁：Final Fantasy.

T：Is it exciting?

S₁：Yes.

T：Did you play video games last night, too, S₂?

S₂：No, I didn't. I went to a restaurant with my family.

T：Oh, that sounds nice. What did you eat?

> 生徒の応答から話を広げていきます。

（4）出席をとる

4月の授業では英語で出席を取ることで次の効果が期待できます。

・教師が生徒の名前を覚えることができる。

・アイコンタクトの習慣を身に付けさせることができる。

・英語によるやりとりを生徒全員とできる。

・発話は短いが、生徒全員に英語を話す機会を設けることができる。

＜例1＞

　　T：I'll call the roll. Ayumi.

　　S₁：Here［Present］.

　　T：Shota.

　　Ss：Absent.

　　教師は生徒の目を見て名前を呼ぶようにします。また、欠席の場合、He's absent. などと全員に言わせるように指導しておきます。

＜例2＞

　　T：Is everyone here?

　　Ss：No. Kenta is absent.

　　T：I see. How about Miki?

　　S₁：保健室

　　T：I see. She is in the nurse's room. Repeat. She's in the nurse's room.

　　Ss：She's in the nurse's room.

　　クラスサイズが大きいと時間がかかるので、1ケ月くらい出席を取り続けたあとは上記のようなやりとりで済ますこともあります。She has a cold. She is in the staff room. などの英語表現を必要なときに徐々に教えていきます。

❸ 指示やフィードバックに用いる英語表現

　小学校で少なくても4年間は英語に触れているので、英語による基本的な指示には慣れているはずです。したがって、入学直後の授業から積極的に英語で指示したいものです。英語の指示をする際によく見かけることですが、「Sit down. 座りなさい」のように英語を言ったあとにその意味を日本語で言うのは絶対にしないでください。生徒が日本語を頼り、英語を聞かなくなってしまいます。ただし、指示文が理解できない生徒がいる場合には、ジェスチャーなどで意味を伝える努力をします。なお、生徒の発達段階に応じて表現を変えるようにします。たとえば、最初のうちは Sit down. と生徒に分かりやすい単純な表現を使っても、しばらく経ったら Will you sit down? と言ったり、Would you sit down? と少し丁寧に言ったり、I'd like you to sit down. などの表現を使ったりします。では、基本的な表現を一覧表で示します。

<基本的な指示の表現>

● 動作を求めるとき	
Come to the front.	Go back to your seat.
Sit down. / Stand up.	Look at me [the blackboard] .
Open your textbook to page 40.	Close your book.
Listen to the passage (dialog) .	Stand up and read the text three times.
Raise your hand.	Put your hand down.
Repeat after me.	Say it together.
Answer my question.	Write your name on the worksheet.
Make pairs.	Make groups of four.
Make lunch groups.	Face each other.
Put your desks together.	Move your desks like this.
Take out your pencil.	Turn over the worksheet.
Turn around and face your friends.	Take one each. / One for each pair.
Students in this row, come up to me.	It's your turn, Ken.
Write this down on your notebook.	Point at the word I say.
Draw a line under "take care of."	Write this word in the air three times.
Give him a big hand. / Clap your hands.	Take your time.
Move up [back] .	Once more [again] .
Stop the game.	Put your pencil down.
Tell us your opinion about this.	Pass me your test paper from the back.
Exchange the test papers and check the answers.	Students at the back, collect the worksheets.
● 生徒の活動へのフィードバックを行うとき	
That's right.	(You are) close. / Almost.
You made it.	Good job! / Excellent! / Way to go! / Amazing!
Your pronunciation is great.	I knew you did your best.
Your pronunciation is getting better.	You should practice reading it aloud more.
Next time, try to pronounce "th" sound carefully.	Your good point was that you looked around the listeners.

● 質問したり、頼んだりするとき	
What's the meaning of "strong"?	What is 美しい in English?
How do you spell "apologize"?	How do you pronounce this word?
Any volunteers?	Sorry? / Excuse me? / Pardon?
Say it again.	Speak loudly.
Have you finished?	Can anyone answer this question?
Get ready? / Are you ready?	Do you have any questions?
● 注意をするとき	
Behave yourself.	Be quiet.
Look at me.	Listen!
It's time to read the textbook, everyone.	Stop it!
Don't use Japanese.	Don't show your card to your partner.
Are you listening? / Are you with me?	Work in pairs.
● 授業を終えるとき	
That's all for today.	Time's up.
Don't forget to do your homework.	Bring your dictionary next time.

❹ 教師の英語の使用量アップのために

　私がこれまで見てきた授業を振り返ると、生徒に対して適切な話し方をしている教師の割合は決して高くはありません。これは教師自身の英語力の問題というより、話の組み立て方や話し方の工夫に大きく関係していると感じます。生徒への話し方にはある種のコツがあります。また、英語の授業に対する考え方や指導方法とも関連します。「英語の授業なのだからもっと英語を使いたい。でもどんなふうに言ったらいいのか分からない」と悩んでいる教師は多いのです。私の教師 1 年目は、Stand up. などのクラスルームイングリッシュ程度で、英語はほとんど使っていませんでした。その理由は、授業のいつ、どこで、どのような英語を使ったらよいのか分からなかったからです。先輩方の授業を拝見したり、研修会に通ったり、自分で本を読んだりしながら、少しずつ英語の使用量を増やしていきました。もしあなたが英語をあまり使っていなくて授業を変えたいと思うなら、次の方法で段階的に変えてみてください。

＜英語の使用量を増やすための段階的取り組み＞
ステップ 1：基本的な指示を英語で行う。

「**3 指示やフィードバックに用いる英語表現**」に載っている表現を少しずつ使います。生徒が指示のとおりに動いていないからといってすぐに日本語に切り替えるのではなく、ジェスチャーを交えたり、正しい動きをした生徒に "Good." などと言って他の生徒に分からせたりしながら、全員が正しい動きができるように観察しながら行います。生徒は指示の英語表現にすぐに慣れるので、しばらく続けていけば自然と理解できるようになります。

ステップ２：授業の開始直後に生徒とのやりとりを英語で行う。

授業の始めに英語であいさつしたあとに、生徒に質問をしたり、自分のことを言ってみたりしてください。What day is it today? のような習慣化されたやりとりのあとで、生徒にいろいろな表現を使って質問します。生徒にとって身近な話題を考え、教師自身の話す英語や生徒への質問文を事前に考えておくことが大切です。

ステップ３：新言語材料の導入をオーラル・イントロダクションで行う。

文法事項や教科書本文についてはまず耳から聞かせて理解させたいものです。いきなり日本語で説明するタイプの授業に比べ、生徒の英語力は格段の差で伸びていきます。また、英語を聞こう、使おうという雰囲気が生まれます。オーラル・イントロダクションで用いる発話内容はいろいろで、クラスルームイングリッシュのようによく使われる英語表現としてまとめることはできません。オーラル・イントロダクションはベテラン教師でもかなり難しく、指導過程の中で最も工夫が必要なところの１つです。文法事項や教科書本文の口頭導入が上手にできればその授業はかなり高く評価されるくらいです。詳細については【**08：文法の指導**】及び【**10：教科書本文（ストーリー）の指導**】を参照してください。

ステップ４：活動方法の説明を行う。

生徒に行わせる活動についての説明を英語で行います。複雑な活動であると日本語でも説明が難しいので、モデルとなる生徒を教室の前に出して、実際に活動の例を示しながら説明するのが一番分かりやすくなります。

本章の冒頭で、授業のすべてを英語で行う必要はないと述べました。たとえば、教科書本文を読んだあとに補足説明をする場合には日本語が適しています。日本語でないと繊細な解釈や細かなところの説明ができないからです。ステップ３やステップ４まで進み、英語を使って授業を行えるようになれば、「どの場面で英語を使おう」と考えるのではなく、「ここでは日本語の方がよいかも」と考えるようになってきます。

06 ウォーム・アップ活動及び帯活動

① ウォーム・アップの大切さ

　授業の開始時から教科書の内容についていきなり指導し始める教師はほとんどいないでしょう。英語の授業への考え方やそのときどきの状況にもよりますが、何らかのウォーム・アップを行っていると思います。英語は実技教科の面も持ち合わせているので、音読、復唱、話すことの言語活動などで声を出させるために、また日本語から英語に切り替えるという雰囲気づくりのためにもウォーム・アップは重要です。

　では、ウォーム・アップに適した活動とはどのようなものでしょうか。声を出させ、英語の授業としての雰囲気をつくることが目的なので、次の3つの条件が必要です。

　ア．生徒全員が関わることができる

　　　一部の生徒だけが話し、他の生徒が聞くだけの活動では生徒全員のウォーム・アップにはなりません。

　イ．声を出す（もちろん英語で）

　　　単語レベルでも短い英文でも、とにかく英語を言わせます。

　ウ．生徒が活動に引き込まれる

　　　休み時間と授業の切り替えができ、英語の授業に自然と引き込まれる活動であれば最高のウォーム・アップとなります。

　授業の最初にすべての生徒に英語をしゃべらせ、活動に引き込むことができれば、授業の入り方は成功したと言ってもよいでしょう。

② 帯活動

　いくつかの授業または単元を横断して継続的に行う活動を帯活動と呼んでいます。帯活動はウォーム・アップを目的にした活動もありますが、その多くは特定の力を身に付けさせることが目的となっています。たとえば、読むことの力が十分に身に付いていないと判断したら、パッセージを読んで内容を生徒同士で確認するなどの5分間程度の活動を取り入れてもよいでしょう。

　ウォーム・アップや帯活動にはあまり時間をかけないようにします。長くても15分以内で終了させてください。ここで時間をかけ過ぎると、教科書を使った指導、文法指導、5領域の力を伸ばす言語活動を行う時間が足りなくなるからです。また、複数の活動を設定する必要はありません。生徒にとって楽しい活動だからといって、いくつもの活動を入れるのは、授業の構成や各活動間のバランス、ウォーム・アップの目的を考えていない授業となってしまいます。

　私がこれまで行ってきた帯活動の中から、短時間でできて、生徒の英語力を育てることができた「話すこと［やり取り］」の帯活動を2つ紹介します。

（1）Q＆A活動

　質問に答えていくQ＆A活動はさまざまなやり方が行われています。私自身もいくつかのやり方を

行ったことがあります。その中から２つを紹介します。１つ目は生徒全員を立たせ、教師から個々の生徒に質問を行い、質問に答えた生徒から座らせていく方法です。これは少人数クラスに適したウォーム・アップの要素が強い活動です。授業の最初のあいさつのあと、立たせたままの状態から始めます。この活動の長所は、１で挙げた３つの条件に合っているほか、生徒の学習段階に合わせて質問文を選べるということです。現在完了形を習ったばかりなら、Have you ～? の質問文を多く入れたり、既習の文や語句も意識的に使ったり、教科書の題材に関連した質問をすることができます。また、一人ひとりの応答を確認することができるので、誤りを発見したり直したりすることが可能です。短所はクラスサイズが大きいと時間がかかること、質問に答えて座った生徒に緊張感がなくなることです。

　下の対話例のように、生徒の応答を利用した質問を行うと応答をしっかり聞こうとする態度が育ちます。また、２文で応答する習慣を付けさせると話を続けるコミュニケーション力が身に付いていきます。はじめはなかなか２文で答えられなかったり時間がかかったりしますが、しばらく経つとそのコツをつかんできます。なお、同じ質問を複数の生徒にしてかまいません。また、学習が遅れている生徒に配慮するなど生徒の状況に応じて質問します。

＜対話例＞

T：What did you do yesterday evening, S_1?

S_1：I watched a comedy show on TV. I like comedy shows very much.

T：Do you like comedy shows, too, S_2?

S_2：Yes, I do. I like Sandwich Man.

T：Who does S_2 like?

（生徒が挙手する）

T：S_3.

S_3：He likes Sandwich Man. I also think they are funny.

T：What did you do yesterday evening, S_4?

S_4：I went to a Chinese restaurant with my family. I ate gyoza.

T：What did S_4 do?

（生徒が挙手する）

T：S_5.

S_5：She went to a Chinese restaurant and ate gyoza.

　２つ目は、質問文をたくさん載せたワークシートを作成し、生徒同士をペアにして対話させる方法です。帯活動として毎回の授業で行うことを考えると30 ～ 50文程度の質問文を載せます。生徒同士をペアにして、ジャンケンで勝った方から質問し、負けた方が答える、終了したら役割を交替するなどのルールを決めます。５文または10文を指定して行う方法と、時間制限内まで質問と応答を続けていく方法が考えられます。ちなみに、答える側は質問に対して２文で応答します。

　次の＜指導例＞のように、事前に質問文を復唱させる際、各質問文にどのように応答するか教師がヒントや例を示したり、生徒に考えさせたりすることで活動がうまくいきます。

<指導例>

    T：No.1. Repeat. Do you have any pets?

    Ss：（復唱）

    T：Yes, I do. I have a dog. No, I don't. I want a dog. No. 2. What time did you go to bed last night?

    Ss：（復唱）

    T：寝るのが遅かったらどんな文が付け加えられるかな。

    Ss：してたこと。

    T：そうだね。I was reading a book. とか言えるよね。

<ワークシート例（中学1年生用）>

答える側はこのプリントを見てはいけません。

	Question	Answer
01	Do you have any pets?	Yes, I do.
02	What time did you go to bed last night?	I went to bed at 9:00.
03	What do you like to do in your free time?	I like to watch TV.
04	Were you busy yesterday?	Yes, I was.
05	Can you play any musical instruments?	Yes, I can.

<ワークシート例（高校1年生用）>

答える側はこのプリントを見てはいけません。

	Question
01	Do you think learning English is important?
02	Have you ever been abroad?
03	Do you think high school students should be allowed to do part-time jobs?
04	What should we do to prevent global warming?
05	Do you think people will eat fast food more often in the future?

（2）チャット

　チャットとは生徒同士がペアやグループになり、教師が提示した話題について自由に会話を継続していく活動です。スモールトーク(small talk)とも呼ばれています。はじめは難しく感じる生徒もいますが、継続して指導していくことで中学1年生でも1分間程度なら話を続けられるようになります。ウォーム・アップとしてのチャットは、Talk about your hobby in pairs. などといきなり始めさせないで、次

の例のように、教師の話から発展させて活動にもっていくと自然な流れになります

＜指導例＞

　T：I watched a music show "（番組名）" on TV last night. Who watched it?

　Ss：（挙手）

　T：My favorite band King Gnu appeared in the show, and they played a new song. Their music is amazing. Do you like their music, too? I think you have your favoirte singer or band. Or some of you play musical instruments like piano, guitar, and violin. Today, let's talk about music. Make pairs and start talking.

　　（生徒の状況に応じて１、２分間チャットを行わせる）

　チャットについては【㉒：「思考・判断・表現」の観点に関する指導と評価】（p. 145）にも載せますので参照してください。

　ウォーム・アップとしてよく英語の歌を取り入れています。英語の教師は音楽好きが多いようで、私もその一人です。英語の歌を歌わせることは■で示した３つの条件に合っており、また生徒が大好きな活動の１つです。ウォーム・アップとしての英語の歌は、リスニングやディクテーションなどの教材ではないので、次の手順で紹介し、すぐに歌わせたいものです。生徒は歌っていくうちに覚えてしまいます。

＜指導手順の例＞

①　歌詞カードを配付する。

②　歌詞カードを見ながら歌を聞かせる。

③　歌詞を復唱させる。

④　生徒を立たせて歌う。

　２日目からは、生徒を全員立たせて歌わせます。あいさつで立たせる場合はその状態から歌に移ると時間の短縮になります。ウォーム・アップとして毎回歌わせるので、長い曲は授業には向いていません。長い曲の場合は途中でフェードアウト（小さくしていきながら終了させる）するなどして、他の活動に影響しないようにします。生徒にとって歌詞の意味を理解するのは難しいので、歌詞を書いたプリントに日本語訳を載せておくと、意味を理解しながら歌うことができます。

07 前時の復習

1 復習を行う理由と目的

　前時の復習といっても前時の授業で行った指導をそのまま繰り返すということではありません。導入のときに行った活動より発展させた活動を取り入れることで、習ったことを運用できるレベルに高めたり、定着させられたりします。たとえば、文法事項を導入した直後では口慣らしのためのドリル活動が中心になりますが、次の授業では自分で考えて話したり書いたりする活動を目指します。教科書本文を音読させる際にも、導入直後では英文を正しく読めることを目標に指導しますが、次の授業では感情を込めさせたり、さらに音読から暗唱につなげたり、スキットで演じさせたり、リテリング（自分の言葉で本文内容を再生する活動）を行ったり、本文内容についての感想や考えなどを述べさせたりする言語活動を目指します。前時の復習に費やせる時間により、できることは限られてしまいますが、何らかの言語活動は必ず行うべきです。

　中学校及び高等学校の学習指導要領の「思考力、判断力、表現力等」では、理解したことを活用して表現したり伝え合ったりすることが目標になっています。こうした言語活動は「前時の復習」の一部というよりも１つの独立したものかもしれませんが、本章でもいくつか紹介したいと思います。

　復習を行うべき理由と目的はいくつかあります。その中で大切だと思うことを以下に挙げてみます。

（1）想起

　教わったことは時が経てば忘れてしまうものです。１日も経てば教わったことの何割かは忘れてしまいます。英語は積み重ねの教科なので、次の活動につなげたり発展させたりするためにも前時の学習内容をしっかりと想起させる必要があります。

（2）確認

　前時に導入した言語材料について、生徒が正しく理解しているか、練習したことが正しくできるかなどを確認します。もし、誤解していたり、正しく言ったり書けないようであれば、再度説明したり、練習の時間を与えます。

（3）定着

　新しいことは何度も耳や目にしたり、言ったり書いたりの繰り返しによって定着していくものです。一度しか触れなかったことより、二度三度と触れたことの方が定着率の高いのは当然のことです。確認や発展としての活動が定着に結び付きます。

（4）発展

　教科書のあるパートを導入する授業では、新出文法事項の導入とドリル活動、本文の理解と音読練習に留まることが多いと思います。その日のうちに発展的な活動を行わせるには時間が足りなかったり、練習量から判断してまだ無理だと感じたりするからです。しかし、言語材料を定着させるには、自分で考えて言ったり書いたりする機会をどこかで与えなければなりません。また、本文を扱った活動を行うことで、題材をより深く理解し、本文中に使われている表現をしっかりと定着させることができます。したがって、次の授業でこれらの活動を行うのです。

2 復習で行う活動

（1）想起・確認・定着のために行う活動

　教科書本文を想起させるための活動には、教科書本文のリスニング、黙読、音読などがあり、これらは比較的短時間で行うことができます。リスニングの際は教科書を閉じさせたままでもよいですし、想起だけが目的であれば教科書を開かせ、文字を見ながら聞かせてもよいでしょう。次に続けて行う確認・定着・発展のための活動によって、何をするかを決めます。たとえば、本文内容について質問するのであれば、教科書を閉じたままで本文を聞かせ、そのあとに続けて質問することが考えられます。リテリングを行うのなら、黒板にピクチャーカードを貼りながら、内容に関する質問を行い、キーワードを板書していく方法が考えられます。教科書本文の中にはストーリー性があり、前のパートや単元から続いていたり関連していたりする場合があります。もし、前回の授業からかなりの日数が経っており、いくつかのパートの本文内容を想起させる必要があるなら、逆戻って本文を復唱させたりします。

　確認の活動として代表的なものはQ＆Aです。教師が教科書内容に関する質問をして生徒に答えさせる活動です。True or False クイズもありますが、これは導入直後で行う活動という印象を私は持っています。なお、True or False クイズを行うのであれば、False の理由を英語で答えさせると少し高度な活動になります。

　文法事項なら、理解しているか確認することで想起の役割も果たしています。たとえば、キーセンテンスを板書して意味や形を確認したり、口頭で英文を示してその意味を言わせたり、日本語を英語にさせたり、ドリル活動を行ったり、生徒同士をペアにしてキーセンテンスについて説明させ合ったり、などが考えられます。ただし、これに時間をかけないようにします。

　教科書本文や文法事項は常に想起させなければいけないということではありません。生徒の状況、家庭学習の課題、直前の休み時間の生徒の状況（本日の授業に向けて練習しているなど）、直前の授業から経った日数などによって、すぐに他の活動に移ることも考えられます。

（2）発展として行う活動

　前段階の想起・確認・定着などの活動で終えることもありますが、より発展的な活動を取り入れることで、定着率が高くなり、授業に面白みも加わります。たとえば、前時に現在完了形の経験を教え、ドリル活動だけで終えている場合には、生徒の実際の経験を述べさせる活動を行います。ドリル活動は文構造を意識させ、慣れさせるための活動なので、たとえば北海道に行ったことがない生徒にも I have been to Hokkaido. と言わせることがあります。内容を重視した活動では、生徒が実際に言ったことのある場所とその感想を話したり書かせたり伝え合ったりさせます。教師の示した英文を現在完了形に直して言わせたり書かせたりするよりも、生徒自身が実際に経験したことを発表させた方が生徒は面白く感じるはずです。

　教科書の本文を扱う際は、スキットやリテリングをさせたり、話の続きを想像させて書かせたり、自分の意見を述べさせたりします。本章の最初にも述べましたが、聞いたり読んだりしたこと（本文）を基に、情報や考え、気持ちなどを話したり書いたり伝え合ったりする言語活動をぜひ行ってください。

3 前時の復習における実際の指導例

私が中学生対象の授業で前時の復習をどのように行っているのか、実際の例を紹介します。

＜例1＞

文法の復習

前時で学習した文法の確認を行うときの手順を紹介します。教師から再度同じ説明を行うのではなく、生徒同士に説明をさせ合い、しっかりと理解できているか確認させています。ここでは現在完了形の経験で例を示します。

（1）生徒同士による確認

My mother has visited Australia three times. の文を示し、生徒同士で説明させ合わせる。教師は生徒の発話をモニターし、しっかりと理解しているかを確認する。

（2）教師による補足説明

生徒を指名し、ペアで説明したことを再現させる。間違っていることや足りないことがあったら教師が補足説明する。

（3）言語活動

実際に自分が行ったことのあるところ（日本または海外）を2、3文で伝え合う活動を行わせる。

（生徒の発話例）I have visited Yamagata many times. My grandparents live there. I'm going to visit them next month.（現在完了形の文を羅列させるのではなく、既習の言語材料を使って組み立てさせる）

＜例2＞

対話文の場合（スキット）

中学生の教科書本文はその一部を暗唱させることを基本としています。対話文の場合は原則としてスキットを演じさせています。文章量が多いときは、その一部を取り上げます。ジェスチャーを使ったり、感情を込めたりして演じるよう生徒に工夫させます。言語活動を通してたくさん聞いたり言わせたりすることで、文法、語彙、表現などの定着につなげることができます。

（1）音読（book open）

① Listening

　内容の想起と発音の確認のために、開本させたまま音声を聞かせる。

② Choral reading

　前時にも音読指導はしているが、読み方の確認をするために本文を復唱させる。生徒の状況や本文の難易度によっては Choral reading を行わずに③で確認させることもある。

③ Overlapping（Paced reading）

　モデル音声と同じスピードで音読できるように、モデル音声に合わせて音読させる。

④ Buzz reading

　次に本文を暗唱して行う活動がある場合、1、2回目は音読、3回目以降は各自で Read and look up をして、本文内容を覚えるように指示することもある。

⑤ Read and look up

　この後にスキットを行わせるので暗唱につなげる。

（2）スキット

　生徒同士をペアにして、二人の登場人物になりきってスキットを行わせる。その際、文脈に合うように自由に１、２文を付け加えさせる。

＜例３＞

人物や事物についての説明文の場合（人物や事物の説明）

　人物や事物についての説明はよく教科書の題材となっている。題材となっている人物や事物を自分の言葉で説明する言語活動を行わせる。想起のためのリスニングを閉本させたままで行い、そのあと本文内容に関するＱ＆Ａを行う。開本させ、＜例２＞と同じ手順で音読を行う。人物の紹介では、イラストを用いたり、重要な語を示したりして、話す際のヒントになるようにしている。

（1）Listening (book closed)

（2）Q&A (book closed)

　人物に関する質問を行い、その答えがこの後に行う人物についての紹介につながるようにする。

　　What was he like when he was young?

　　 – He didn't like studying, but he was interested in fixing things.

（3）Reading aloud (book open)

（4）人物紹介

　少し練習時間を与えたのち、各生徒を立たせて言わせる。

　なお、【㉒：「思考・判断・表現」の観点に関する指導と評価】も参照してください。

08　文法の指導

1 文法を教える目的

　私たちは日本語の文法の知識を知らないままに使えるようになっています。人間は生まれてから接する言語（通常は母語）を自然と覚えられるようになっています。しかし、外国語としての英語は、小学3年生から小学6年生まで週1、2時間程度しか触れる機会はありません。したがって、母語である日本語を覚えたプロセスと外国語である英語を覚えるプロセスは大きく異なります。中学校や高等学校でも週あたりに数時間の授業しかないので、意識的に文法や単語を覚え、教室内で英語を使うことが外国語学習の効率的な方法になります。

　さて、中学1年生の最初の頃の授業を考えてみましょう。

　Hello. I am Akiko. Please call me Aki. Nice to meet you.

　これは教科書の最初の単元によく載っている自己紹介文です。この自己紹介文を扱う際、「I が主語で、am が be 動詞、call のように動詞で始まる文は命令文で、call me Aki は［動詞＋目的語＋補語］です」のように説明したらどうなるでしょうか。生徒はまったく理解できずにすぐに英語嫌いになるでしょう。何回もこの文を言わせ、Akiko や Aki の部分を自分のことに替えて言わせることで、この英文を定着させていくのがふつうです。数日が経ってから生徒に自己紹介をさせたとき、生徒がこれらの表現を使って正しい語順で自己紹介ができれば正しく文法を使えたと言ってよいでしょう。文法を意識的に覚えていなくても、正しい語順と時制で言ったり書いたりでき、英文を聞いたり読んだりして正しく理解できれば、ある程度の文法が身に付いていると言ってもよいのです。文法とは長い間にできた言葉の使い方を体系的にまとめたものです。そしてそれぞれの使い方に名称をつけたものが文法用語です。いちいち「これが主語でこれが述語で」などと考えながら言葉を話したり聞いたりはしていません。文法を知識として覚えさせ、文法問題を解けるようにすることが文法を教える目的ではありません。文法の知識を使って、あるいは何度も触れて覚えることで、聞いたり、話したり、読んだり、書いたりできるようにさせる、誤解なくコミュニケーションをとれるようにさせることが文法を教える目的です。また、文法指導とは文法用語を覚えさせることではありません。「三単現の s」と口に出す生徒が Tom plays baseball. と正しく動詞に s が付けられるとは限りません。また、教師はよく文法用語を口にします。文法用語を使ってはいけないとは言いません。しかし、生徒の学習段階に合わせ、生徒に無理のないように、また、「英語が分からない」という気持ちを起こさせないようにしながら必要な文法用語を使うようにするべきです。黒板に「現在完了（継続用法）」とタイトルを書き、「今日はこれを教えるよ」と日本語で説明を始める授業を目指してほしくありません。

2 学習指導要領で求められている文法指導

　学習指導要領には、文法の指導に当たって配慮する事項が示されています。特に私が重要だと思うところに下線を施しています。

（中学校学習指導要領）

ア　英語の特質を理解させるために、関連のある文法事項はまとめて整理するなど、効果的な指導ができるよう工夫すること。

イ　文法はコミュニケーションを支えるものであることを踏まえ、コミュニケーションの目的を達成する上での必要性や有用性を実感させた上でその知識を活用させたり、<u>繰り返し使用することで当該文法事項の規則性や構造などについて気付きを促したり</u>するなど、<u>言語活動と効果的に関連付けて指導すること。</u>

ウ　<u>用語や用法の区別などの指導が中心とならないよう配慮し、実際に活用できるようにする</u>とともに、語順や修飾関係などにおける日本語との違いに留意して指導すること。

（高等学校学習指導要領）

文法事項の指導に当たっては、文法はコミュニケーションを支えるものであることを踏まえ、<u>過度に文法的な正しさのみを強調したり、用語や用法の区別などの指導が中心となったりしないよう配慮</u>し、使用する場面や伝えようとする内容と関連付けて整理するなど、<u>実際のコミュニケーションにおいて活用できるように、効果的な指導を工夫すること。</u>

　アについては、個々の文法事項を理解させるだけでなく、関連のある文法事項をまとめて整理して理解させることを示しています。たとえば、時制をまとめたり、関係代名詞を教えた後で分詞や前置詞句を用いた後置修飾や to 不定詞の形容詞用法とまとめたりして示すことが考えられます。イについては、文法をその伝える内容や目的、場面、状況等と関連させ、コミュニケーションを図る上での文法であることを意識した導入、指導、練習を行うことを示しています。また、形や意味などを一方的に教え込むのではなく、生徒の気づきを大切にする指導を行います。ウについては、文法の知識を得ることを目標にするのではなく、実際にそれらを使って活用できることを目標にして指導します。そのためには、文法用語を多用して説明するのではなく、ターゲット文を含む英語を聞かせる、意味や形を気づかせる、言わせてみる、書かせてみる、自分で考えて使わせてみるなどのプロセスを大切にした指導を行います。また、英語と日本語の言語的類似点や相違点に目を向けさせる指導を行うことが示されています。たとえば、a small animal であれば「小さな動物」と英語と日本語の語順は一緒ですが、an animal which has long ears であれば「長い耳をした動物」と語順が異なります。こうしたことについても教師が説明するのではなく、生徒に気づかせる指導を行いたいものです。

3 文法事項を定着させるまでの手順

　生徒に文法を正しく身に付けさせるための手順を説明します。

（1）文法事項の導入

　中学校や高等学校では聞いて理解させようとする指導を第1に考え、授業におけるいろいろな場面で聞く活動を取り入れるべきです。新しい文法事項を導入する際も、英語を使って口頭で行いたいものです。いきなり日本語で説明するのではなく、英語による口頭導入を行うことで、生徒が新出文法事項の文を聞き、何を意味しているのか、今まで習った文との違いは何かという「気づき」を大切にした指導となります。英語による口頭導入をオーラル・イントロダクション（Oral introduction）、またはオーラル・

インタラクション（Oral interaction）と呼びます。後者は最近よく使われている用語で、教師が一方的に話すのではなく、生徒とのやりとりを通じて導入していくことを強調した言い方です。

　新出文法事項を使った文（ターゲット文）をいくつも聞かせますが、1つの設定で導入を行うと生徒にターゲット文の意味を誤解させてしまうことがあります。たとえば、週末の予定を話すことで 未来表現の be going to を理解させようとした際、生徒がI'm going to visit my grandmother. を「祖母を訪れたい」という意味に捉えてしまうことがあります。そこで、別の設定（たとえば、スケジュール帳を見せて明日やあさっての予定を紹介するなど）でターゲット文を聞かせることで意味理解をより確実にさせます。これをアウラル・ドリル（Aural drill, oral と区別するためにアウラルと読む）といいます。アウラル・ドリルを行うことで生徒の聞く機会を増やすことにもなります。

（2）ターゲット文の復唱

　文の意味と形がほぼ理解できたら、生徒にターゲット文を言わせます。生徒にとって言いやすく、他の文法事項と混乱しない文を教師のあとについて復唱させ、記憶させます。この活動をミムメム（Mim-mem, Mimicry memorization）と呼びます。

（3）ドリル活動

　文の構造に慣れさせるためにドリル活動を行います。通常は口頭でのドリル活動を行ったのちに書かせる活動を行います。この段階では文の意味内容より文の構造に焦点を

＜文法事項指導の流れ＞

耳から理解させる段階

● 新出文法事項の導入
　（Oral Introduction）
● 他の例文を聞かせる
　（Aural Drill）

口慣らしをさせる段階

● モデルをまねさせ、文を記憶させる（mim-mem）
● ドリル活動
　（Pattern Practice）

実際に使用させる段階

● コミュニケーション活動
　（新しい情報の授受を目的とした活動）

当てているので、たとえ東京に住んでいなくても、I have lived in Tokyo for two years. と言わせたり書かせたりすることもあります。ドリル活動はなるべく短時間で行うようにします。

（4）コミュニケーション活動

　表現内容を自分で考え、文の構造より意味内容、伝達内容に焦点を当てた活動を行います。導入直後の授業では、指導できる時間が限られているのと新出文法事項を使わせたいために、ドリル活動とコミュニケーション活動の中間に属する活動を行わせることが多くなります。こうした活動では、表現内容と使用する文が指示（例示）してあり、教師によるコントロールが強い活動となります。意味内容に焦点を当て、コントロールが弱いコミュニケーション活動は、単元の最後に行う締めくくりの活動、授業のはじめの帯活動、プロジェクト的な活動、次の授業の「前時の復習」などで行います。コミュニケーション活動では、伝えたい内容を自分で決め、それを表現するために必要な語句や文法を自分で考えて使用します。私たち教師は、生徒が何かを表現したいとき、それに必要な文法が使えるようにするために指導しています。また、文法は使うことにより自分のものになっていくので、コミュニケーション活動を授業の中に設けることで、使える文法の幅が広くなっていきます。文法を知識として教え、ドリル活動

や問題を解かせるのに多くの時間を割き、コミュニケーション活動を一切行わない授業では、生徒の英語力を大きく伸ばせません。ただし、文法に特化したコミュニケーション活動（特定の文法事項のみを使う活動）を必ずしも行う必要はありません。本文の中にはターゲットとなる文法事項を使った文が必ず含まれています。むしろ、文脈のある本文を活用した活動を行うことで、文法や語彙などの言語材料をしっかりと定着させられると考えられます。

4 オーラル・イントロダクションの組み立て方

オーラル・イントロダクションはターゲットとなる文法事項の形式、意味、機能を生徒に気づかせる目的で行います。未来表現（be going to）の口頭導入であれば、「今後の予定を言うときは I'm going to ～を使っている」と生徒にわからせれば成功です。英語を使ってどのように理解させられるかを考えてみましょう。まずはダメな例です。I'm going to watch TV this evening. I'm going to see a movie tomorrow. などと be going to を使った英文をただ羅列して聞かせるだけでは理解させられません。be going to が使われる自然な状況を設定したり、既習の文法事項と対比させたりすることが文法事項の口頭導入のコツになります。

オーラル・イントロダクションの組み立て方を、間接疑問文を例にして示します。まず、その文法事項を導入するのに適した話題を考えます。学校生活、身の回りのもの、家庭生活、日本や地域の出来事など、生徒にとって身近なことが適しています。教科書の題材と近い方が授業の流れはよくなりますが、生徒にとっての分かりやすさを第1に考えて決めます。たとえば、間接疑問文を扱った中学校の教科書の該当ページには、次のようなさまざまに題材の中でターゲットとなる英文が載せられています。

I wonder how many countries he visited.（人物について対話している）

I know where the local shelter is.（防災・安全に関するアンケート調査に書かれている）

言葉というのは場面や文脈があってはじめてその文の意味や機能が分かります。上の題材や場面がオーラル・イントロダクションでも扱いやすければ題材に関連させます。しかし、もし扱いにくい場合、生徒にとって身近な話題で文法のオーラル・イントロダクションを考えます。

題材とは関連させないで導入した例を紹介します。who, where, when などを扱う間接疑問であることを考え、生徒にとってよく知っている人物を話題にすることでいろいろな英文を示すことができると考えました。また、既習の文との比較ができるように教師の発話内容を考えます。たとえば、間接疑問文の場合は直接疑問文との語順の違いを気付かせるようにします。Who is this man? と Do you know who this man is? を意識的に聞かせるのです。あとは、イラスト、写真、実物などを利用したり、教師が一方的に話すのではなく、生徒とのインタラクションを利用したりしながら、生徒が理解しやすく、興味がもてるように工夫します。

<オーラル・イントロダクションの例>

　　T：（生徒のよく知っている芸能人やスポーツ選手の写真を見せて）Who is this woman? Do you know who this woman is?

　　Ss：（芸能人の名前）.

　　T：Do you know how tall she is?

Ss：（応答）

T：She is 174 cm tall. Do you know where she is from?

Ss：From Osaka.

T：Good. Do you know how old she is, S$_4$?

S$_4$：No.

T：S$_4$ doesn't know how old（芸能人の名前）is.

（個人に指して、He knows/doesn't know 疑問詞～．の文を多く聞かせる）

T：（芸人の写真を見せて）Do you know who this man is?

Ss：（芸人の名前）

T：Yes. Do you know how old he is?

T：（漫才コンビの一方の写真を見せて）Do you know who his partner is?

（直接疑問とのコントラストを意識したやりとりを以下に行います）

T：Do you know where I live?

　　Please ask me, S$_2$.

S$_2$：Where do you live?

T：I live in -. I don't know where S$_3$ lives. Where do you live, S$_3$.

S$_3$：…

T：Now I know where S$_3$ lives.

5 オーラル・イントロダクションを行う際の留意点

（1）理解の確認

　オーラル・イントロダクションのあとには、生徒の「気づき」が正しいかどうかを確認する活動を行うことがあります。ターゲットとなる英文を下の例のように板書し、英文の形と意味を確認します。その際、（　　）や下線を用い、What word comes here? などと生徒とインタラクションを行いながら確認します。教師が一方的に説明するのではなく、「上の文との違いは？」などと問いかけ、生徒にできるだけ考えさせるようにします。また、このあとにミムメムや口頭ドリルを行うので、あまり細かな文法説明は避け、基本的なことのみに絞ります。

＜板書例＞

```
Where does Kenji live?
I don't know where (        ) (        ) .
```

（2）生徒に復唱させるタイミング

　生徒にすぐに復唱させる授業を多く見かけます。「声を出させたい」「授業にリズムをつくりたい」などいろいろな理由があると思いますが、生徒が英文の意味を理解していない段階で復唱させてはいけません。十分にターゲットとなる英文を聞かせ、生徒が理解したと判断してからミムメムを行います。生

徒の様子を注意深く観察しながら話していれば、生徒が理解しているかどうかは感じとれるはずです。（１）で示した確認の作業のあとで復唱させるのが基本となります。

（３）生徒に聞かせる英文

オーラル・イントロダクションの主な目的はターゲット文の意味と形を気づかせることです。したがって、これ以外のところに生徒の関心が向き過ぎないように注意します。「これはおもしろい」と思って見せた写真で生徒は活発になっても、それに気をとられ、肝心のターゲット文に注意が向かなくなっては本末転倒です。また、複雑な文は言わないようにします。たとえば、I didn't know where my uncle was when I was ten. のように、一度に聞き取る情報量が多かったり生徒を混乱させる要素が入っていたりすると、生徒によっては理解できなくなります。ターゲット文の形がよく分かる簡単な英文を聞かせるようにします。

❻ 新出文法事項のオーラル・イントロダクションの例

実際に行ったオーラル・イントロダクションの例を３つ示します。

＜例１＞

文法事項：主語が三人称単数で現在形の文（三単元の s）

T：I like music.（主語が I の文を意図的に聞かせる）（音楽が好きそうな生徒に）Do you like music, S_1?

S_1：Yes, I do.（No と答えた場合は、Oh, you don't like music. と言って別の生徒に聞く）

T：Oh, you like music.（S_1 との会話ではないことを示すために皆の方を向いて）S_1 likes music. I like baseball. Do you like baseball, S_2?

S_2：Yes, I do.

T：You like baseball.（皆の方を向いて）S_2 likes baseball.

（同様にスポーツや食べ物などの好き嫌いを生徒とやりとりする。）

T：I like pizza. Do you like pizza, S_3?

S_3：Yes, I do.

T：（皆の方を向いて）S_3.（生徒の発話を促し、違いに気づいたか確認する）

Ss：S_3 likes pizza.

T：Repeat. S_3 likes pizza.（理解が確認できたら復唱させる）

Ss：（復唱）

T：I like dogs. Do you like dogs, S_4?

S_4：Yes, I do.

T：Everyone.

Ss：S_4 likes dogs.

T：My home is in Ota-ku. I live in Ota-ku.（その土地の地図と家のマークを描く）

T：Do you live in Ota-ku, S_5?

S_5：No, I don't. I live in Chiyoda-ku.（言えない場合はサポートする）

T：S$_5$ lives in Chiyoda-ku. Do you live in Chiyoda-ku, too, S$_6$?

S$_6$：Yes, I do.

T：S$_6$ lives in Chiyoda-ku.

（以下、何人か聞く）

I like ～ . You like ～ . とのコントラストの中で、S$_1$ likes ～ . と主語が人の名前であると動詞の like に /s/ の音が付くことを気付かせるようにした。生徒とのインタラクションの中でターゲット文を聞かせ、理解できたと判断したのちに言えるかどうか確認することがある。動詞は like に限り、like と likes の違いに気づかせるようにする。次に aural drill として live を使った文を示す。s の発音が異なるので、復唱させずにあとで発音も含めて確認する。

＜例２＞

文法事項：have to ～ , don't have to ～

T：What time did you get to school this morning, S$_1$?

S$_1$：I got to school at 7:50.

T：Good. You have to come to school by 7:55. My working time starts at 8:00, so I have to come to school by 8:00. But I usually come to school at 6:50. So I have to get up at 5:30. What time do you get up, S$_2$?

S$_2$：I get up at 7:00.

T：Do you get up at 7:00 on Sundays, too?

S$_2$：No.

T：You don't have to get up at 7:00. I have to get up at 5:30 on weekdays, but I don't have to get up at 5:30 on Sundays. I love Sunday mornings. You have to come to school by 7:55. This is one of our school rules. We have some school rules. You have to wear school uniforms. Do you have to wear white socks?

Ss：(No.) （この質問により生徒の理解度を確認している）

T：You don't have to wear white socks. You can wear gray or navy blue socks. By what time do you have to leave school? （You have to leave school by?）

Ss：5:45.

T：You have to leave school by 5:45. But we teachers don't have to leave school by 5:45. In English class, you have to speak English. But you don't have to speak perfect English. Try to speak English, please.

（２つの文を書く。（　）で示してどんな語が入るのかを生徒から引き出したあとで簡単に説明する）

You　（have）（ to ）　speak English.

You　（don't）（have）（to）speak perfect English.

> 学校生活を題材にし、「しなくてはいけないこと」「しなくていいこと」の例を出すことで、生徒がターゲット文を理解できると考えた。例1と異なり、生徒に復唱はさせていない。板書での確認のあとでミムメムを行った。

＜例3＞

文法事項 to 不定詞の形容詞用法

T：（①マーケットでいくつかの野菜が山盛りになっている写真、②植木鉢に植えられている観賞用の野菜の写真、③洗った直後のざるに入った野菜の写真を見せて）Look at these three pictures. What are they?

Ss：They are vegetables.

T：Right. They are all vegetables.（①の写真を指して）Look at this picture. There are lots of vegetables. This picture was taken in the market. They are the vegetables to sell. For us, they are the vegetables to buy.（②の写真を指して）Look at these pots of flowers. They are not the vegetables to eat. They are the vegetables to see.（③の写真を指して）Look at these vegetables. They are the vegetables to eat. There are three pictures of vegetables. These are the vegetables to see. These are the vegetables to sell. These are the vegetables to eat.

I like vegetables. I want to grow vegetables. But I don't have a garden to grow vegetables.（別の話題でターゲット文を聞かせるために話題を移す）By the way, are you busy every day?

Ss：Yes. など

Teachers are very busy as you know. I want time to play the guitar. My hobby is playing the guitar. I don't have time to play the guitar. I want time to go on a trip. など。

> 後置修飾を導入する際は、名詞を共通にして、後置修飾の語句を替え、この部分に集中させるとよい。このとき、名詞の選び方が大切になる。生徒にとって身近で、頭に描ける例がいくつか挙げられる語句を考えた。to 不定詞の形容詞的用法であれば、time や thing などがよく使われているが、ここでは野菜を話題に取り上げた。

09 　文法に慣れさせる活動（ドリル活動）

1 パタンプラクティスの基本

　はじめに口頭によるドリル活動について説明します。口頭によるドリル活動は、新出文法事項の導入を行い、ミムメム（Mim-mem）のあとに位置づけられる活動です。日本語を使ったりイラストを使ったりするいくつかのバリエーションがありますが、口頭ドリルの基本であるパタンプラクティス（Pattern practice）の基本的なやり方を説明します。パタンプラクティスは教師のキュー（cue）に従って基本文を次々に変化させる活動です。文構造に慣れさせ、生徒全員にしっかり言えるようにすることがその目的です。代表的な方法には、代入（Substitution）、転換（Conversion）、展開（Expansion）があります。

（1）代入
基本文中の特定の語句を教師が示す語句に置き換えて言わせる方法です。

　　＜指導例＞

　　　T：I have lived in Tokyo for two years.（基本文）

　　　Ss：I have lived in Tokyo for two years.

　　　T：Osaka

　　　Ss：I have lived in Osaka for two years.

　　　T：For ten years

　　　Ss：I have lived in Osaka for ten years.

　　　T：Ken

　　　Ss：Ken has lived in Osaka for ten years.

> 指導例では基本文の３つの部分につき１つずつ示しましたが、実際には１つの部分につき、いくつも置き換えさせます。

（2）転換
教師の指示に従って、肯定文から疑問文や否定文、時制や態などを変えて言わせる方法です。

　　＜指導例＞

　　　T：Ken has lived in Osaka for a long time.

　　　Ss：Ken has lived in Osaka for a long time.

　　　T：Question

　　　Ss：Has Ken lived in Osaka for a long time?

　　　T：I have lived in Osaka for a long time.

　　　Ss：I have lived in Osaka for a long time.

　　　T：Not

　　　Ss：I have not lived in Osaka for a long time.

　　　T：Ken has studied English for three years.

　　　Ss：Ken has studied English for three years.

　　　T：How long

> 教師がその都度基本文を示し、復唱させたあとに"Question"などのキューを出します。英文によっては基本文を復唱させないですぐに転換させる場合もあります。

　　　Ss：How long has Ken studied English?

（3）展開

　最初は単純な構造の文を提示し、それに教師の指示する修飾語句を付け加えさせる方法です。

　＜指導例＞

　　　Ｔ：I have lived in Tokyo.

　　　Ss：I have lived in Tokyo.

　　　Ｔ：with Ken

　　　Ss：I have lived in Tokyo with Ken.

　　　Ｔ：for two years

　　　Ss：I have lived in Tokyo with Ken for two years.

　パタンプラクティスは英文の意味内容を考えさせる活動ではなく、文構造に焦点を当てた活動です。しかし、あまりにも不自然な英文を言わせるのは避けるべきです。教師がどのようなキューを出すのか、事前に十分吟味しておく必要があります。

　はじめのうち、生徒はこの活動に慣れるのに時間がかかるかもしれませんが、慣れてきたらかなり速いスピードで言わせるようにします。上記の例は全員一斉に言わせていますが、全体に言わせたあとに個人を指名して言わせたり、慣れてきたら個人を指名し、全員に繰り返させたりなど、変化をつけて言わせます。また、パタンプラクティスは集中力が必要なのと飽きやすい活動なので、あまり多くの時間をかけないようにします。

② 他の口頭ドリル例

　オーラル・トランスレーション（Oral translation）とイラストを使った口頭ドリルの例を紹介します。

（1）オーラル・トランスレーション

　教師が日本語を与え、生徒に英語に直させていきます。ワークシート等を使って英文を書かせると時間がかかりますが、口頭で英文を言わせる方法であれば、いくつかの英文を練習するのであってもあまり時間をかけずに行うことができます。書かせるタイプの練習を計画していたとしても、その前段階として取り入れるとよいでしょう。高校でも文の形に慣れさせるための有効な方法です。

　＜指導例＞

　　　Ｔ：東京に３年間住んでいて今も住んでいる場合は？

　　　Ss：I have lived in Tokyo for three years.

　　　Ｔ：生れてからずっとなら？

　　　Ss：I have lived in Tokyo since I was born.

　　　Ｔ：相手にどのくらい東京に住んでいるのかたずねたいなら？

　　　Ss：How long have you lived in Tokyo?

（2）イラストを用いた口頭ドリル

　大きなポスターを１枚黒板に貼ったり、個々に描かれた複数のピクチャーカードをキューの代わりに用いたりします。ポスターの場合、位置を示す文やさまざまな動作を表す文に向いています。たとえば、There are three apples on the desk. や Ken is playing the guitar. などがターゲット文の場合です。また、

10 〜 20 枚くらいのピクチャーカードや写真を次々に見せながら、次のように指導する場合もあります。

<指導例>

T：What is Ken doing? Make sentences, please.（ギターを弾いているイラストを見せて）

Ss：Ken is playing the guitar.

T：（ピアノを弾いているイラストを見せて）

Ss：Ken is playing the piano.

T：（コーヒーを飲んでいるイラストを見せて）

Ss：Ken is drinking coffee.

③ ワークシートを用いた口頭のドリル活動

　ワークシートを用いた口頭のドリル活動として、友だちにターゲット文を使った質問を行うインタビュー活動がよく行われています。その目的が新出文法事項の口慣らしであれば、一種のドリル活動として分類できます。しかし、多くのワークシートには英文が載せられており、英文を読む活動になってしまっていることがあります。ドリル活動であるなら、生徒自身に英文を言わせることが目的なので、英文を載せないこともあります。また、生徒が一斉に活動を行うと個々の生徒をモニターできないので、活動の前に十分な口頭練習を行い、全員がすべての英文を正しく言えるようにしておく必要があります。

<活動例>

① 　ワークシート（次ページ参照）を配付する。

② 　ルールの確認を行う。

③ 　口頭ドリルを行う。

T：Aのことを昨日したか質問するには？

Ss：Did you play the piano yeserday?

T：Good. Repeat. Did you play the piano yesterday?

Ss：（復唱）

T：S_1.（個々の生徒に当てて、正しく言えるか確認する）

T：Picture B, S_2.

S_2：Did you drink milk yesterday?

T：Right. Did you drink milk yesterday? Class.

Ss：（復唱）（以下、同様に確認と口頭練習を行う）

④ 　生徒を立たせ、活動を行わせる。

＜ワークシート＞

Enjoy English ― ミッション「毎日、○○した友だちを探せ」―

ミッション！　　イラストのことを毎日した人を探せ！

＜探し方＞

1. じゃんけんで勝った方だけが１つだけ質問できる。イラストのことを毎日したか質問するには、どんな英語を使えばいい？
2. 相手がしていたら、名前を［　　］に書く。した人はどう答える？
3. 全員と行ったら、同じ人と２度目を行ってもよい。じゃんけんに負けた人に再チャレンジしよう。同じ人の名前が２回書かれてあっても OK。
4. ミッションが達成できたら座る。まだ達成していない人は座っている人に質問できる。じゃんけんはしなくてよい。

10 教科書本文（ストーリー）の指導

1 教科書本文の扱い方

　教科書には、対話文、説明文、手紙・メール文、物語文、スピーチ文などいろいろなタイプの文章が載っています。中学校の教科書に特に多いのが対話文です。対話文は文字通り2名以上の対話（話し言葉）を文字化したシナリオのようなものです。したがっていくつかの特徴が見られます。たとえば、Who's that girl?　That's Ms. White. のように縮約形が多用されていたり、質問文や相づちの表現が多く用いられていたりします。対話文やスピーチ文のように音声がもとになる教材では、音声を聞いて理解させる「聞くこと」の言語活動をまず考えます。一方、説明文、手紙・メール文、物語文などは読み手を意識して書かれたものなので、文字を読んで理解させる「読むこと」の言語活動をまず考えます。このように本文のタイプにより、どのような方法で内容理解をさせるのかを考えます。どのタイプの文章であっても、次の手順を基本とした指導方法を考えます。

＜指導手順＞

| 導入 | 本文を黙読させる（全文を聞かせる）前に、題材に興味をもたせるためにやりとりを行ったり、本文内容が理解できるようにするために必要な情報（背景知識や未習語など）を与えたりする。 |

| 本文の黙読
（またはリスニング活動） | 本文を読ませる（閉本したまま全文を聞かせる）。事前に読み取り（聞き取り）のポイントを示したり、必要な情報、概要、要点を捉えるよう指示したりなど、本文のタイプや内容により適した活動を考える。 |

| 解釈・説明 | 内容について生徒同士で話し合わせたり、教師から説明を行ったりする。（リスニングの場合には開本させて文字で確認させてから説明する。）教師が発問することで英文の解釈をより深く行ったり、文法事項や語句などの説明を行ったりする。 |

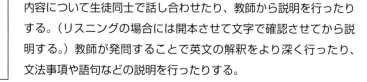

| あとの活動 | 新出語句の発音練習や本文の音読、暗唱やスキット、スピーチ、感想や意見を述べ合う、などの活動を行わせる。 |

　学習指導要領では、「聞くこと」及び「読むこと」において、「必要な情報を聞き（読み）取る」、「概要を捉える」、「要点を捉える」ことが中学校及び高等学校の共通の目標となっています。それぞれの内容を学習指導要領解説から確認しましょう。

　必要な情報を聞き（読み）取ること：書かれている（話される）ことの全てを読み（聞き）取ろうとするのではなく、自分の置かれた状況などから判断して必要な情報を把握する。

　概要を捉えること：一語一語や一文一文の意味など特定の部分にのみとらわれたりすることなく、全体としてどのような話のあらましになっているかを捉える。

　要点を捉えること：全体のあらましを把握するのではなく、話し手（書き手）が伝えようとする最も重要なことは何であるかを判断して捉える。

　たとえば、教科書でメール文を扱うのであれば、伝えたいことがあるためにメールを送るのがふつうなので、「要点を捉える」活動を考えるとよいでしょう。

❷ 本文のオーラル・イントロダクションの組み立て方

　オーラル・イントロダクションは本文を導入するときにもよく行われます。この場合のオーラル・イントロダクションは以下のいずれか、または複数の目的で行われます。

- ・本文の内容をほぼすべてカバーし、音声での理解を行う。（比較的情報量の少ない平易な文章の場合）
- ・本文を読むための動機付けを行う。（題材について興味をもたせる）
- ・本文を読むために必要な語彙を導入する。（内容を理解するのに必要となる語句を扱う）
- ・本文を読むための背景知識を与える。（時代背景や文化的背景を説明し、理解を深める）
- ・本文の概要を理解させる。（どのような題材でどのようなことが書かれているのか説明する）

　本文の内容をすべてカバーして、説明したり単語や文の発音練習を行ったりするタイプのものもありますが、原則としてオーラル・イントロダクションは、本文内容を理解するための導入でしかありません。あとの活動を含め、全体の指導過程を考えることで、どのようなオーラル・イントロダクションを行うかが決まってきます。同じ教材であっても、あとの活動によって、1、2分で終わってしまうこともあれば、10分くらいかかる場合もあります。では、オーラル・イントロダクションを組み立てる際の手順を中学校の教科書を想定して説明します。

［ステップ1］教科書本文を読み込む

　教科書本文を読んで、教師自身が内容をしっかり理解します。生徒に教えるための読み込みなので、全体的な指導計画を頭に描きながら、次のことを把握します。

　ア．テキストのタイプ（対話文、説明文、手紙文、物語文などのうちのどれか）

　イ．場面や題材（題材について生徒が理解できるか）

　ウ．登場人物（「ケンタの父親」など、人間関係などの知識があるか）

　エ．内容理解（困難なところはあるか、行間を理解させるところはあるか）

　オ．イラストと本文との関係（イラストをもとに理解しなければならない文があるか）

　カ．より深めたいところ（生徒に考えさせたいところがあるか）

［ステップ2］新出語句を確認する

　新出語句をチェックし、その導入方法を考えます。教科書には新出語句の欄がありますが、授業で

すでに扱っていたり、生徒が理解できそうな語句もあります。また、既習語であっても、品詞、意味、使い方が異なっていることもあるので、1語ずつ丁寧に見ていきます。

[ステップ3] 内容理解の手順を考える

　口頭導入する内容、生徒に聞かせたり読ませたりして理解させるところ、生徒に考えさせるところ、教師が日本語による説明で補うところを考えます。口頭導入だけですべてを理解させるわけではありません。一連の活動を通して完全に内容理解ができるようにします。

[ステップ4] シナリオを作成する

　オーラル・イントロダクションにおけるティーチャートーク（Teacher talk）、生徒の予想される反応を考えます。シナリオをつくるつもりで書いてみてください。

　教師用指導書には、オーラル・イントロダクションの例を含めてさまざまな情報が載っています。教師の見落としや理解不足を防ぐためにも［ステップ4］のあとに読んでおくとよいでしょう。

　では、実際の教科書本文を例にとり、上記のステップに沿って私が考えたことを紹介します。新出文法事項は比較の文（more や most をつけた比較級及び最上級）ですが、すでに導入したものとします。

＜教材＞

Aya：Kamakura was wonderful. What place do you want to visit next?

Bob：I'm interested in Japanese castles.

Aya：I hear they're popular among history fans.

Bob：Yes. Japanese catles are more interesting than Japanese food to me.

Kenta：Incredible! I prefer eating to sightseeing.

Aya：Let's do an Internet search on castles. This site says Himeji Castle is the most popular castle in Japan.

Bob：I want to see Himeji Castle. I heard it's the most beautiful of all the castles.

Aya：I prefer Kumamoto Castle. It looks more powerful than Himeji Castel.

『ONE WORLD English Course 2』より

[ステップ1]

　学校で主人公のアヤ、ボブ、ケンタが日本の城について話している場面で、対話文で書かれている。1文目は前のパートで訪れた鎌倉のことからアヤが話を切り出している。「次はどこへ行きたい」からボブが日本の城を話題に出し、そこから城の話になっている。生徒に知っている城を挙げさせてもよいかも。教科書にはイラスト（アヤたちがコンピュータで城を見ている）と写真（熊本城）があるが、これに他の城の写真や城を扱っているホームページの例が必要なので準備しておこう。

［ステップ２］

教科書の新出語句欄には、be interested in ～, hear, heard, among, history, fan, incredible, prefer ～ to …, sightseeing, search, site, powerful が載っているけど、この中ですでに生徒が知っているのは、be interested in ～, hear, history, fan, search, powerful だろう。hear については、意味は知っていてもあとに that 節を置くことは知らないので、後で簡単に説明する必要がある。prefer の使い方についても簡単に説明する必要がある。on は新出語句ではないけど、about との違いを後で簡単に説明しよう。

［ステップ３］

オーラル・イントロダクションは、本文内容に関連させて、日本の城について生徒とやりとりをすることにしよう。その中で、be interested in, prefer ～ to …, This site says ～などの語句を入れてみよう。城についてのやりとりのあとに本文の内容の導入に入るが、最初のアヤの Kamakura was wonderful. What place do you want to visit next? については話題の切り出し方に気づかせてもよいかも。対話文なので、デジタル教科書の音声を聞かせて内容を聞き取らせ、ペアワークでどんなことを言っていたのかを確認させよう。その後に開本させ、英文を見ながら聞かせてから、いくつかの質問をしたり、説明をしたりしよう。

［ステップ４］

T：I went to Kyoto three years ago.（自身の旅行の写真を１、２枚見せてから二条城の写真を見せて）I visited this place, too. Do you know this place?

Ss：（二条城）

T：This is 二条城, the Nijo Castle. I'm interested in casltes.（いろいろな城を見せながら）There are a lot of castles in Japan. Do you know any castles? Tell me the names of castles in Japan.

Ss：（城の名前）

T：Thank you, everyone. Which castle do you like, S₁?

S₁：I like Kumamoto-jo. I went there last year.（何人かとやりとりを行う）

T：Which castle is the most popular? I did an Internet search on castles yesterday. Look at this.（日本の城の人気ランキングのホームページを見せて）This site says Himeji Castle is the most popular among Japanese people. The fifth place is Nijo Castle. The ninth place is Kumamoto Castle. S1 likes Kumamoto Castle. He prefers Kumamoto Castle. I also prefer Kumamoto Castle. Actually, I prefer Kumamoto Castle to Nijo Castle. I like Kumamoto Castle better.

（教科書の本文内容に移る）

T：（アヤたちがコンピュータで城を見ているイラストを見せて）What are Aya, Bob and Kenta looking at?

Ss：They are looking at a castle.

T：Right. Now listen to Part 2. After listening, tell your parter what the characters said.

オーラル・イントロダクションのシナリオを考える際のポイントを示します。

ポイント1

なるべく視覚情報を与える。写真、イラスト、実物などがあると理解しやすくなる。視覚教材はデジタル教科書などに準備されていることが多いが、オーラル・イントロダクションの内容に合わせて、適切なものをウェブ上でも探しておく。

ポイント2

教師が一方的に話すのではなく、生徒とやりとりしながら進める。

ポイント3

文字の使用はなるべく抑える。オーラル・イントロダクションなので、原則として文字情報は示さないようにする。示すとしても人物名、場所や行事などの名称、内容を理解するのに鍵となる語句のみにし、文の形では書かないようにする。

ポイント4

抽象的な語や意味を英語で説明するのが難しい場合は日本語をさっと使う。しかし、あまり多用しないで、理解するために重要な語句のみにする。

ポイント5

人称代名詞や指示代名詞はなるべく使わずに、多少どくなっても同じ語を何度も聞かせるようにする。生徒は教師の言う英語を聞き取らなければならないので、はっきりと示すことで理解しやすくなる。また、教科書本文で使われる語句を何度も聞かせることができる。

オーラル・イントロダクションのあとに教師の話した英語が理解できたかどうか確認することがあります。よく行われている方法は True or False クイズやQ＆Aです。しかし、オーラル・イントロダクションですべてを教え込むわけではないので、こうした確認のための活動は行わずに、あとで教科書を開いたときに内容を正しく理解できたか確認すればよいと私は考えます。

❸ オーラル・イントロダクションの後の本文の聞き取り、黙読による理解

オーラル・イントロダクションのあとは、本文の聞き取りの機会を与えたり、黙読をさせたりします。中学校では生徒自身に黙読させる活動が疎かになりがちです。たとえ、口頭で導入したとしても、黙読する機会（読むことの活動）は必ず与えたいものです。開本していきなり教師からの説明に移るのを繰

り返していては生徒の読む力を育てることはできません。❷で示した例では、オーラル・イントロダクションのあとに本文の聞き取りによる内容理解を計画しました。オーラル・イントロダクションでは本文に載っている情報のすべてを扱わないで、聞き取りや読み取りのポイントを残しておくようにします。また、聞き取らせるときには聞きとりのポイントを、読み取らせるときには読み取りのポイントを与え、目的をもって聞いたり読んだりさせます。

❹ 解釈と説明

オーラル・イントロダクションと教科書の黙読である程度のことは理解したとしても、すべてを正しく解釈できているわけではありません。そこで生徒にしっかりと解釈させたり、補足説明したりする時間をとります。一般的に「説明（Explanation）」と呼んでいる活動です。説明では、次のことを取り上げます。

　ア　本文内容の確認
　イ　行間の意味も含めたより深い解釈
　ウ　文法や文構造の説明
　エ　語句、慣用表現、語法などの説明

説明しようとすれば多くのことが考えられますが、説明の時間が長いと生徒の集中力が切れたり、題材から意識が離れたりするので、取り上げることを厳選し、簡潔に、細かく説明し過ぎないようにします。また、教師が一方的に説明をするのではなく、生徒に考えさせるための発問をします。例を示します。

＜指導例＞

　T：Now I'll ask you some questions. What is Bob interested in?

　Ss：He is interested in castles.

　T：Right. Japanese casltes are more interesting than Japanese food to Bob. He prefers Japanese castles to Japanese food. What about Kenta? Kenta prefers?

　Ss：He prefers eating to sightseeing.

　T：What's "sightseeng" in Japanese?

　Ss：（景色を見ること、観光）

　T：Yes. Sightseeing means 観光. Aki did an Internet search on castles. What is the most popular castle in Japan?

　Ss：Himeji Castle.

　T：（写真を見せながら）This is Himeji Castle. Who has visited Himeji Castle before?

　Ss：（挙手）

　T：（挙手した生徒に Was it beautiful? などと感想を聞く）（耳に手を当てるジェスチャーをしながら）Bob heard Himeji Castle is the most beautiful of all the castles. But Aya prefers?

　Ss：Kumamoto Castle.

　T：Aya says it looks more powerful than Himeji Castle. Powerful means 力強い.

　T：Let me ask you some questions in Japanese. アヤの話題の切り出し方で気づいたことは何か

ありますか？ Talk in pairs.

（ペアで話し合わせてから生徒を指名する）

S：前回、鎌倉に行ったので、そのことから次に行く場所はどこがいいかという話題にしています。

T：そうだね。そしたら、ボブが日本の城に興味があるといって、話題が城に移ったね。

（この後、必要に応じて、新出語句などの説明を簡単に行う）

　本文をこのように扱う際、2つの疑問が起こると思います。1つは予習のさせ方、もう1つは日本語訳についてです。私は本文の予習についてはしなくてよいと生徒に伝えています。すでに知っていることであると、口頭導入の意義が薄れるからです。日本語訳については全文を日本語に訳すことはさせません。必要な個所のみ日本語に訳させることはあります。なお、予習のさせ方については【⑮：家庭学習としての予習と復習】で詳しく説明します。

⑤ 本文の扱い方の例

　これまで示したものは1つの例に過ぎません。このとおりにしなければならないということではなく、基本的な指導例です。教科書本文を扱う際の別の例を紹介します。いずれも文法事項は導入したものとします。

＜例1＞　スピーチ文

> 　We use electricity every day. We get most of our electricity from fossil fuels like coal and natural gas. However, they pollute the air and water. Also, they will not last forever.
>
> 　Now we are using renewable energy, too. It comes from sources such as wind, water, and sunlight. It is clean energy because it doesn't cause pollution.
>
> 　Some people say they don't want to use it if it is too expensive. Others say it is not dependable because seasons and weather change.
>
> 　In my opinion, we should use renewable energy more. If we can use fossil fuels less, it will be good for the earth.

『ONE WORLD English Course 2』 より

T：（教科書ではなく上記のように文字だけを書いたプリントを配付して）Bob is giving a speech. What is Bob talking about? Read the passage, please.

Ss：（プリントを黙読する）

T：What is Bob talking about? Talk in pairs in Japanese.

Ss：（隣同士で話し合う）

T：（答え合わせはしないまま）These are key words from his speech.

（electriciy, fossil fuels, renewable energy, clean energy, pollution を示してそれぞれの意味を説明する）

T：Bob is talking about energy, especially renewable energy. What does Bob want to tell us most? Read the passage again.

Ss：（プリントを再度黙読する）

T：What does Bob want to tell us most? Talk in pairs.

Ss：（隣同士で話し合う）

T：（生徒を指名して話し合ったことを報告させる）

---

❶で述べたように、学習指導要領の「聞くこと」及び「読むこと」の目標には、必要な情報、概要、要点を捉えることが示されています。このうち、本文内容から概要と要点を捉える言語活動が可能だと判断しました。本文内容をオーラル・イントロダクションなどで説明してしまうとこれらを捉える言語活動はできなくなってしまうので、ちょっとした説明の後に自力で読ませることにしました。本文には未習語も含まれていますが、未習語があっても分かる語句から意味を推察して内容を理解しようとする態度を育てたいと考えています。最初に何について話しているのか（概要）、次にボブが一番伝えたいことは何か（要点）を読み取らせました。What does Bob want to tell us most? の指示は以前より使っているので、生徒は理解することができます。

<例２> 物語文

A Mother's Lullaby（物語文）省略

A Mother's Lullaby（物語文）省略

『New Horizon English Course 3』より

T：（閉本させたまま。Little Boy の原子爆弾の写真を黒板に貼る）Do you know what this is?

Ss：（応答）

T：It is a bomb.（ジェスチャー等で bomb の意味を知らせる）

This is a bomb called "Little Boy."（bomb と板書）　It is a special bomb. This bomb fell on the city of Hiroshima on August 6 in 1945.（August 6, 1945, Hiroshima と板書）

（原爆投下当時の写真を見せる。）Many people lost their lives. Many people died.（けがをした女性の写真をみせる。）Many people were injured like her. They had burns all over their bodies. Let's read a story called "A Mother's Lullaby."（A Mother's Lullaby と板書する）What is lullaby?

Ss：（応答）

T：（木のピクチャーカードを貼って）This tree is the main character of this story. This tree has seen many things for a long time.（木の下を指さしながら）When it is a hot day, some people rest in its shade. When the bomb fell on the city of Hiroshima, it saw something terrible. What did it see? Please read the story silently.

（黙読シートを配付する）

Ss：（黙読シートを読む）

T：Now answer the five questions on the sheet.

（5つの問いに答えさせ、3人グループにして答えを共有させる）

　　Q1：木が立っていると思われる場所は？

　　Q2：木が物語の中で、最初に見聞きした光景は何？

　　Q3：原爆が落ちたとき、木が見聞きした光景とは？

　　Q4：その日の夜に、木が見聞きした光景は何？

　　Q5：小さな男の子と少女はどうなったか？

T：Now open your textbooks to page 32 and listen to me.（教師が本文を読み聞かせる）

Ss：（文字を目で追いながら教師の音読を聞く）

T：Now read the text again. This time you can see "覚えたい語句."

Ss：（教科書の黙読、「覚えたい語句」には新出語句とその訳語が載せられている。）

どの教科書にも各学年に物語文などの長文が2つくらい載せられています。教科書で長文を読ませる機会はとても限られているので、一気に読み進める活動をさせたいものです。教科書には挿絵や新出語句の意味が載せられている場合があります。教科書を黙読させるとこれらを見てしまうので、文章のみを載せた黙読用のワークシートを読み取られるようにしています。＜例2＞でも述べたように、新出語句があっても、概要を捉える読み方を身に付けさせるべきです。黙読シートを読ませたあとには日本語での問いに個人で取り組ませたあとで、ペアやグループなどで自分の書いた答えを共有させます。グループで答えを共有する際、自分がわかったことを教え合うという効果も狙っています。これで物語の概要は捉えられたので、次は教科書を開本させ、細かなところの理解に移ります。

11 音読指導

1 音読をさせる意義と目的

　音読とは文字通り、書かれてあることを声に出して読むことです。ほとんどすべての教師が「音読は大切だ」と言います。私も生徒に音読をさせるのとさせないのでは英語力に大きな差が出ると考えています。しかし、むやみに音読させているわけではありません。たとえば、教科書に出てくる初見の文章をいきなり音読させるようなことはしません。内容が理解できていないものを音声化しても意味がないからです。音読指導は本文内容を理解したあとに位置付けられるものです。（【①：**学習指導要領で求められている授業**】を参照）

　では、音読指導はなぜ大切なのでしょうか。教科書本文は文字を媒介として、それを教師やデジタル教科書の音声を聞かせることで音声面を補います。そして書かれてある文字を自分で音声化する、すなわち音読ができるようになることで話す力の基礎が養われます。しかし、話すことだけでなく、聞くこと、読むこと、書くこととも連動しています。音読をして音声に慣れさせることで聞き取る力も向上します。また、私たちが文章（日本語でも英語でも）をじっくり読む際、心の中で音声化させて読んでいるはずです。文章を書くときも心の中で文を組み立てながら書いているはずです。また、音読を行うことが習った英文を定着させる助けともなります。モデルとなる音声を真似て正しく音読することで、英語特有のリズム、個々の単語の発音や強勢、文のイントネーションなども身に付けることもできます。このように音読指導を行う効果は計り知れません。

　中学校で教科書を扱う際、同じ教材を音読指導する機会はふつう2回あります。1回目は導入を行ったあと、2回目は次の授業で行う「前時の復習」においてです。この2回の音読指導の目的は異なります。導入のあとの音読では、書かれてある文字を正しく音声化できることを目標にして指導します。前時の復習における音読では、場面や心情に応じた音読を行い、スピーキング活動につなげることを目標にして指導します。したがって、音読のさせ方が異なったり、個々の活動にかける時間も異なったりします。高校では音読する時間が複数回設定できないかもしれません。しかし、私の経験からも音読の時間をしっかりと設け、次の言語活動とつながるように音読を行わせることが重要です。私は高校生によくリテリングやスピーチなどの話す活動をさせていますが、音読に時間を割けなかったときの生徒のパフォーマンスはあまりよくありません。時間を十分に取り、教科書を見ないでも本文内容を少し言える程度まで練習させないと、よいパフォーマンスにつながりません。

2 音読の方法

　音読の方法については何十種類とあるかもしれません。一般的なものもあれば、新たに誰かが命名したものもあります。また、文字から目を離したスピーキング活動に近いものも音読活動として取り上げられていることがあります。私もさまざまな音読方法を取り入れましたが、特に基本となり、有効な音読方法について紹介します。

（1）コーラス・リーディング（Chorus reading または Choral reading）

　通常は教師のあとについて１文ずつ反復練習を行わせます。文字を音声化させ、音声の流れとして十分に再生できるようにさせることがこの読ませ方の目的です。したがって、弱音、強音、強勢、音の連結、イントネーション、音調などに注意を向かせ、正しく音声化できるように導きます。モデルとなる音声は教師が示すかデジタル教科書などの機器を使用することになりますが、教師がモデルを示した方が途中で区切るなど臨機応変に指導ができます。生徒が音読しているときは生徒の口元を見ながら音を聞き、正しく発音できているか確認します。よく生徒と一緒に音読している教師を見かけますが、これでは生徒の口の形と音声をしっかりとモニターできません。

　基本的には１文ずつ音声のモデルを示して復唱させていきますが、長い文の場合にはまず１文を復唱させたあと、意味のまとまりごと（sense group）に、後ろから復唱させます。これをバックアップ・テクニック（Back-up technique）と呼びます。

　＜指導例＞

　T：Listen to me.（全文にわたり、教師またはデジタル教科書等の音声を聞かせる）

　Ss：（自分が音読することを考えながら、音声を聞く）

　T：Repeat after me. Do you like flowers?

　Ss：（復唱）

　T：I do.

　Ss：（復唱）

　T：Flowers are my family's business, so we always have flowers on our kitchen table.

　Ss：（復唱）

　T：From the back. On our kitchen table.

　Ss：（復唱）

　T：So, so we always have flowers on our kitchen table.
　　　（文の中のどこから音読するのか探すのに時間がかかる生徒がいるので、読み始める単語を言ってからモデルを示すとよい）

　Ss：（復唱）

　T：Flowers are my family's business, so we always have flowers on our kitchen table.

　Ss：（復唱）

（2）バズ・リーディング（Buzz reading）

　各自のペースで音読させます。各自がブツブツ練習している音がハチの出す音に似ているのでこの名前がついたそうです。自分の音声を自己チェックさせる、すらすら読めるように各自で音読練習させることがバズ・リーディングの目的です。座ったままより立たせて音読させた方が、教科書を手に持たなければならないので姿勢がくずれない、声がよく出る、立つことにより集中できる、など良い効果が得られます。「１分間」と時間を決めたり、「３回」と回数を決めたりして読ませます。導入のあとやゆっくりと自分のペースで練習させたいときは時間を設定した方が落ち着いて練習できます。「立って３回読んだら座りなさい」のように指示すると、最後に残ってしまう生徒が出るので、「４回目からリード・

アンド・ルックアップで読んでごらん」などの指示を出しておくとよいです。私は生徒を立たせて4回以上読ませることが多いのですが、1回目は正面を向いて、2回目以降は右方向へ90度ずつ回転していくように指示しています。全員（または生徒のほとんど）が4回を読み終えた時点、すなわち全員が正面を向いたら座るよう指示を出しています。読んだ回数を向いている方向で確認できるのと、教師も全生徒の進み具合が確認できるからです。この方法を「四方読み」と呼びます。

（3）インディビデュアル・リーディング（Individual reading）

　個人を指名し、音読させます。コーラスやバズでは正しく読めているかどうか確認し切れないので、個人に読ませて確認します。数人が共通の間違いをしていれば、全体に対して再度指導する必要があります。長い文章の場合、1文ずつまたは2文ずつのように生徒に読ませる方法もあります。ただし、この方法は発音をチェックする目的であればよいですが、感情豊かに読ませたいのであれば、ある程度のまとまりを読ませる必要があります。

（4）パート・リーディング（Part reading）

　ペア・リーディング（pair reading）とも呼ばれます。対話文で用いられる方法で、登場人物の役（パート）に分かれて音読させる方法です。通常、コーラスやバズである程度読めるようになってから行います。登場人物が二人の場合、教師と生徒、男子と女子、教室の座席位置の左半分と右半分、のように役割を決めます。登場人物が三人以上の場合、座席の位置で分けたりします。役割を交代するなど、すべての役について音読する機会を与えます。また、コーラスでなく個人を指名して読ませることもあります。これは正しく音読できているかチェックする目的で行ったり、一連の音読活動の発表（まとめ）として行ったりすることもあります。

（5）オーバーラッピング（Overlapping）

　ペイスト・リーディング（paced reading）とも呼ばれますが、モデル音声に合わせて音読させます。モデル音声にピッタリ合わせて音読させることで、スピード、音調、強音、弱音、音変化、イントネーション、リズムなどを意識させることができます。音量を大きくして、生徒全員が声を出してもモデル音声が聞こえるようにする必要があります。

（6）リード・アンド・ルックアップ（Read and look up）

　英文の1文または1部分を黙読し、教師の Look up. などのキューで顔を上げて文字を見ないで言わせる方法で、スピーキングへの橋渡しとしての役割をもっています。英文を言わせる際、教師の目を見るように指示すると生徒全員がしっかり顔を上げて言うようになります。文が長い場合は、文中の語句を Before ～ . のように言って区切るところの指示を出します。

　＜指導例＞
　　Ss：（黙読）
　　T：Look up.
　　Ss：Do you like flowers?

Ss：(黙読)

T：Look up.

Ss：I do.

T：Before so.

Ss：(黙読)

T：Look up.

Ss：Flowers are my family's business.

Ss：(黙読)

T：Look up.

Ss：so we always have flowers on our kitchen table.

（7）レスポンス・レシテーション（Response recitation）

　リード・アンド・ルックアップで文字を見なくてもある程度言えるようになった段階で行う活動です。本文の途中で音声を止め、そのあとを生徒に続けて言わせます。教科書を閉本させて行うので音読というより一種の暗唱活動です。ちなみに、この活動名は私が名付けたものなので、同じような活動でも呼び名が異なることがあります。

　＜指導例＞

　音源：I want to be a photographer（休止）

　　Ss：like Urashima Koichi in the future.

　音源：like Urashima Koichi in the future.　He is my（休止）

　　Ss：favorite photographer.

　音源：favorite photographer.　He took these pictures of the same elm tree（休止）

　　Ss：in Toyokoro-cho near Obihiro day after day.

　本文を定着させるために、暗唱に近い活動は他にもいくつかあります。文章中の単語や語句を消しておき、その部分を補いながら音読していく穴埋め音読がその代表的なものです。

（8）シャドーイング（Shadowing）

　音声を聞き、すぐあとを追うように聞こえた音を繰り返して言う活動です。通常は文字を見ないで行います。もともとは未習の教材を用い、リスニングの基礎力（知覚する力）を高めるために行われる活動です。音読の過程においては、習ったことを定着させる目的で行われることが多いようです。

3 音読指導の手順

　音読のやり方にはいくつもの種類がありますが、さまざまな音読方法を一連の音読活動にどんどん取り入れればよいというものではありません。そのときどきに何を目的に音読練習をするかによって、方法を選ぶべきです。音読活動が行われる指導過程の2つの代表的な場面で考えてみましょう。

（1）教材を導入した直後の音読活動

　新しい教科書本文を理解したあとは、文字を正しく音声化できることが第1の目的となります。そのため、1文1文がしっかり読めるようになるための音読方法を取り入れます。新出単語がたくさんあって、音声化するのに難しいものがあれば、語（句）単位の練習を行う必要があります。本文を音読させる前に、フラッシュカードを使った語（句）の練習を取り入れると、本文中に新出語句が出てきてもさっと音声化することができるようになります。（【⑭：語彙指導】参照）

　初学者が文字を正しく音声化できるようにするためには次の手順が必要です。

＜導入直後の音読指導＞

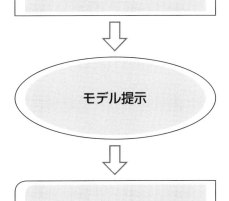

**フラッシュカードを用いた
語句の発音練習**

フラッシュカードに書かれた語（句）を一瞬見て、正しく発音できることを目指した活動です。本文の中の該当の語句を見ても一瞬で発音ができるようにしておきます。生徒の学習状況に応じて取り入れます。

モデル提示

本文全体のモデルを示します。教師が模範朗読したり、デジタル教科書の音声を聞かせたりします。

**コーラス・リーディング
（Chorus reading）**

文ごとに復唱させます。チャンクごとに句切って読ませたり（バックアップ・テクニック）、個人を指名して発音を確認したりしながら丁寧に指導していきます。

**バズ・リーディング
（Buzz reading）**

コーラスで声を出し、正しく読めるようになったら個人のペースで読ませます。教師は机間支援を行いながら、生徒の音声をしっかりモニターします。

**インディビデュアル・
リーディング
（Individual reading）**

文字と音が正しく結び付いているか確認するために個人を指名し、音読させます。段落ごとでも、パートごとでも、全文でもかまいません。

このいずれの活動でも、教師は生徒の口を見ながら生徒の出す音声をしっかりモニターし、発音、強勢、イントネーションなどが一人でも違っている場合には全体に再度復唱させるなどして、クラス全員が正しく読めるように指導します。なお、全文を通して教師が模範朗読を行ったりデジタル教科書等で聞かせたりすることで、本文全体の音声を示す必要もあります。聞かせるタイミングは、コーラス・リーディングの直前がふつうですが、このタイミングであれば読み方のだいたいの感じをつかませることが目的になります。バズ・リーディングの手前でも効果があります。それまでコーラスで1文1文を読んでいたので、文章全体のモデルを聞くことで、全体のスピード、リズム、文と文の間、イントネーション、強弱などを確認させられます。

（2）定着やスピーキング活動につながるための音読活動

音読活動のあとに行う活動によって、（1）のあとの音読活動の種類や手順が異なることがあります。たとえば、中学1年生の対話文教材で生徒にスキットを演じさせることにします。まず、導入した対話文をその日のうちにスキットまで演じさせる場合を考えてみましょう。その日のうちにスキット発表まで持っていくには、（1）の音読を終えた時点で少なくても20分以上の時間を残しておく必要があります。では、私がこの計画を立てるとしたら、スキット発表までどのような活動を行うかを紹介します。

<スキットまでの指導手順>

リード・アンド・ルックアップ （Read and look up）	（1）の一連の活動のあとに行う活動です。これを入れることにより、文字から目を離して言うことになります。すなわち、音読活動からスピーキング活動への橋渡しを行います。

パートごとの暗唱	たとえば教師と生徒に分かれて、一方のパートを言わせます。生徒同士をペアやグループにさせたとき、どれか1つのパートを覚えるだけでは全文を定着できないからです。

生徒同士の練習	生徒同士をペアやグループにして役を決めて練習させます。感情の込め方や演技に工夫を施すように指示します。立たせて練習させる方が生徒はよく動きます。

発表	教室の前で、原則としてすべてのペア（グループ）に発表させます。相互評価をさせたり、教師からのフィードバックを行ったりします。

　生徒の状況や本文の量にもよりますが、練習時間や発表時間を考え、導入直後に行わせることが難しいと感じた場合、次の授業の「前時の復習」において発表させます。私は、スピーチやスキット、内容について意見を述べるような活動については、以下の理由から次の授業で行うことが多いです。

・導入した日に教科書のパート（セクション）を完結させるより、2日間で教科書本文に触れさせることでしっかり定着させられる。また、練習量も確保できる。
・「家で暗唱するくらい音読してきなさい」と指示を出し、家庭における学習につなげられる。
・1日目と2日目でそれぞれ目標を設定し、段階的な指導を行うことができる。たとえば、1日目は「正しく音読できる」、2日目は「暗唱して感情を込めて演じられる」のように目標を設定する。

（3）前時の復習における音読指導

　前時の復習での音読指導の目的は、場面や心情に応じた音読を行い、スピーキング活動につなげることです。しかし、すべてのパートで（2）で示した発表活動まで持っていくわけではありません。言語活動を行わないで前時の復習を終えることもかなりあります。しかし、もし指導時間にゆとりがないとしても、音読活動は行ってください。音読させることで定着の度合いが違ってきます。では、前時の復習ではどのような方法と手順で音読指導を行っているのかを紹介します。

＜前時の復習における音読指導＞

| **コーラス・リーディング**
（Chorus reading） | 家庭学習で音読練習をさせたとしても、教科書本文を正しく音声化しているか確認します。導入直後の指導より時間をかけずに行います。 |

| **オーバーラッピング**
（Overlapping） | 本文を聞かせたあと、モデル音声と一緒に音読させます。スピード、音調、強音や弱音、リズム、イントネーション、音変化を意識させることができます。 |

| **バズ・リーディング**
（Buzz reading） | オーバーラッピングで行ったモデル音声のスピードで音読させます。単にすらすら読むのではなく、感情の込め方を工夫するよう指示します。 |

| **インディビデュアル・**
リーディング
（Individual reading） | 個人を指名し、音読させます。このあとの活動にもよりますが、対話文の場合でも一人で音読させることがあります。また、私は音読テストを兼ねて行うことがあります。 |

このあとは、次に予定している活動によって異なります。暗唱やスキットなどにつなげるなら（2）の手順に進むことになります。音読活動で終えるにしても、上記の手順のあとでリード・アンド・ルックアップやリスポンス・レシテーションなど、文字から目を離して行う活動までは行いたいものです。

４ 音読指導で注意すること

音読指導で注意することをまとめて示します。

その１：音読は生徒が文章を理解してから行う

意味が分かってから言わせるのが原則です。

その２：コーラスだけでなく個人のチェックを行う

コーラスだけでは一部の生徒にしっかり読めない部分があっても気づかない場合があります。個人を指名し、正しく読めるか確認しながら進めます。

その３：生徒の口を見ながら音をしっかり聞く

教師は生徒と一緒に声を出さずに、生徒の口を見ながら生徒の発音をしっかりモニターすることに徹します。

その４：生徒が教科書を見ながら音読しているか確認する

中学１年生の最初に見られることですが、コーラス・リーディングなどでモデル音声のあとに復習させる際、生徒が文字（教科書）を見ないで暗記してしまった文を言っている場合があります。文字を正しく音声化する活動であることを説明し、家庭で教科書を見ても音読できることを目標にさせてください。

その５：目的に応じた読ませ方とその手順を踏む

知っている音読方法をたくさん入れるのでなく、目的に合った方法と道理に適った手順を考えてください。

その６：音変化やリズムなどを意識した指導を行う

教科書の文章を音読させる段階では、個々の単語の発音よりも文全体の音調やリズムを意識した読ませ方をさせます。つまり、語数の多い文であってもまず一文を復唱させ、できない部分のみ指導します。文中の個々の単語を正しく読めることは大切なことです。しかし、音読の目標は文や文章を自然な音調やリズムで読めるようにすることです。単語単位ではなかった音変化やアクセントの変化も現れます。教科書の文章を読ませる段階では、自然に読まれている音声を聞いて真似する感覚で音読させた方が英語特有のリズムや音に慣れさせることができます。ちなみに文章中の読みづらい単語の発音練習は、音読の前の段階（説明やフラッシュカードを用いた発音練習）で行います。

12 ワークシートのつくり方

❶ 作成する上で留意すること

　ワークシートは授業中や家庭学習の多くの場面で使用します。帯活動、文法の説明や練習、教科書本本の5領域の言語活動、自己評価や相互評価など、授業のほとんどの場面でワークシートが作成されています。しかし、ワークシートはとにかくつくればよいというものではありません。ワークシートを使って学習（活動）することが適切であるのか、指示文はどうするのか、問題量はどのくらいなど、作成にあたって考えなければならないことが20項目以上あります。それらを列挙します。

＜ワークシート作成時に留意すること＞

①	目的（ワークシートを使わせる目的）
②	使用場面（指導過程のどの部分で使用するのか）
③	活動時間（どのくらいの時間を想定するのか、どのくらいかかるのか）
④	指示文（指示文を載せるかどうか、簡潔明瞭な指示文になっているか）
⑤	モデル文（発話文のモデルを載せるかどうか）
⑥	用紙の大きさ（基本的には同じ大きさで統一するが、内容による）
⑦	余白（ファイルに綴じさせる場合は左の余白を広く設定する）
⑧	記入欄の大きさ（大きさ、長さは適切か）
⑨	字の大きさ（見やすいか、字の大きさを変えることで分かりやすくしているか）
⑩	レイアウト（分かりやすいレイアウトになっているか）
⑪	タイトル（生徒が後ほど一見して分かるタイトルになっているか）
⑫	言語材料のリサイクル（既習の語句や文法事項を意識的に使っているか）
⑬	語彙や表現の拡充（活動を行うのに必要な語彙や表現を示しているか）
⑭	形式のパタン化（生徒にとって慣れた形式になっているか）
⑮	生徒の学習段階（難易度は適切か）
⑯	集団の中の学力差（学力差を配慮した内容になっているか）
⑰	イラスト（適切なイラストを使っているか）
⑱	提出やファイリング（活動のあとでワークシートをどのようにするのか）
⑲	時間の有効利用（活動を終えた生徒への配慮をしているか）
⑳	活動（問題）の配列（配列や手順は適切か）

　自分で作成したワークシートを見て、これらの点を確認してみてください。この中からいくつか取り上げ、詳しく説明します。

（1）指示文

　指示文はできるだけ短く明瞭にします。もし、活動方法が分かりづらい場合には、例を示したり、最初の１問を一緒に行ったりなどします。

＜ワークシート例＞

> 各質問文の答えを例にならって２文で書きなさい。
>
> Have you ever been to Tokyo?
> 　　　　→（例）Yes, I have.　I've been there many times.
>
> 　（1）Have you ever played golf?

　活動によっては指示文を載せない場合があります。特に授業中に説明しながら行うタイプのワークシートであれば、基本的には指示文を載せる必要はありません。指示文を載せることで、ワークシートを配付したとたんに教師の説明を聞かないでやり始めたり、次に行う活動が分かってしまったりするからです。

＜ワークシート例＞

> 例：Have you ever been to Tokyo ?
>
> 　（1）Have you ever played golf ?

指導例

T：各質問文の答えを書きます。例を見てください。Have you ever been to Tokyo? と質問しています。答えは２通り考えられますね。行ったことがあるなら？

Ss：Yes, I have.（板書）

T：行ったことがないなら？

Ss：No, I haven't.（板書）

T：そうですね。でも、これだけで終えないでもう１文加えます。Yes, I have. なら何回行ったことがあるか書いてください。「たくさん」なら？

Ss：I have been there many times.（板書）

T：そうですね。No, I haven't. なら行ったことがないことを繰り返してみましょう。何と言いますか？

Ss：I have never been there.（板書）

T：そうですね。では、鉛筆を持って書いてください。

（2）発話文

　発話文を載せるかどうかもその活動の目的によって異なります。次の２つのタイプのワークシートを比べてみてください。

＜タイプ１＞

友だちと次の質問をし合いましょう。答える際は２文で答えましょう。相手の応答をメモしましょう。
質問：Have you ever been to Tokyo?
応答：Yes, I have. I have been there three times.
No, I haven't. I have never been there.

	Name	Answer
1		
2		

＜タイプ２＞

	Name	Answer
1		
2		

　＜タイプ１＞のワークシートには指示文、質問文、応答例が載っています。＜タイプ２＞にはメモ欄しかありません。＜タイプ１＞の方が一般的に見かけるワークシートです。しかし、このインタビュー活動で行う質問が Have you ever been to Tokyo? のみであり、この文を何回も言わせて覚えさせることが目的であれば、ワークシートに質問文や応答文を書かない＜タイプ２＞がよいでしょう。英文が書いてあれば生徒はそれを読んでしまいます。ずっと読んでしまってはこの活動を行う目的が達成できなくなります。もちろん、＜タイプ１＞でも＜タイプ２＞でも活動の前に十分な練習を行い、すべての生徒が言えることを確認してから活動に移ります。英文がないと言えない生徒がいるなら黒板やスクリーンなどに示しておく方法もあります。

（3）学力差を考えた活動や問題

　活動や問題は易しいものから難しいものに配列します。学力差のある生徒が混在するクラスなら、基本的なものから発展的なものまで入れるようにします。文法問題などでは力の差がはっきり出て、完成までの時間が大きく異なります。英語が得意な生徒が時間を持て余さないように配慮します。問題を終えたら何をするかの指示をワークシートに書いておいたり、事前に指示しておいたりします。たとえば、「できた人はワークシートの問題をノートに書いて覚えよう」などの指示をします。

（4）ファイリング

ワークシートのファイリングの仕方も指示を出します。ファイリングの方法はいくつかあります。

ア．2穴式のファイルを共同購入し、その都度ファイルに綴じさせる。ワークシートに穴を事前に開けておく必要がある。

イ．レバー式のファイルを共同購入（または各自で購入させる）し、その都度ファイルに綴じさせる。生徒にとってワークシートの整理（不要なものを取ったり、順番を入れ替えたりする）がしやすい。事前にワークシートに穴を開ける必要はないが（準備の時間を少し削ることができる）、ワークシートが落ちてしまうことがある。

ウ．ノートに貼らせる。ノートより小さなサイズでワークシートをつくるときれいに貼ることができる。Ａ4判のノートを共同購入することも考えられる。

ちなみに私はイの方法をとっています。レバー式ファイルは文房具店や100円ショップなどで自由に購入させています。

② 文法に関するワークシートの作成例

文法のワークシートはその目的に応じて次のように形式を変えています。

ア．導入直後の形式

形や意味の確認、よく使われる語句を例示します。問題数を多くしないで短時間でできるようにしています。また、すぐに答えを見て確認できるようにしています。

イ．定着させる形式

問題数を多くし、すべての生徒のレベルに合うように、簡単なものから難しいものまでを取り上げます。

ウ．まとめとしての形式

関連したいくつかの文法事項を教えたあとで、そのまとめとして作成します。たとえば、現在完了なら継続、経験、完了をすべて導入したあとで、3つの用法を整理させるために作成します。まず、それぞれの用法の特徴を確認させたあと、3つの用法を混在させたり、和文英訳など難しいタイプの問題を加えたりして、より確かな定着を目指します。

アのタイプのワークシート例を2つ紹介します。工夫している点は以下のとおりです。

① 例文はオーラル・イントロダクションで用いたものを使う。＜例1、例2＞
② 英文の形を書いて確認するところを設ける。＜例1＞
③ すぐにドリル問題を行わせるのではなく、例文を写させる。＜例1、例2＞
④ 写した英文を少し変えることで、形や語順を理解させ、慣れさせる。＜例1、例2＞
⑤ 同じ英文で統一することで、形や語順のみに集中できるようにしている。＜例1＞
⑥ 答えを書いておくことで、すぐに確認できるようにしている。＜例1、例2＞
⑦ 既習の文法事項を載せて、形の違いなどを確認できるようにしている。＜例2＞

ワークシート例1

Enjoy English   −経験の言い方−

Name[   ]

> 経験したことを述べるときの英語の形は
> 　主語＋[　　　　　　または　　　　　　　]＋動詞の[　　　　　　　　　] 〜.

I have visited Kyoto before. （以前、京都を訪れたことがあります。）

英文を写そう → _____

① **before** をあなたが実際に訪れた回数に変えて書いてみよう。

　→ _____

一度	once
二度	twice (two times)
三度	three times
数回	several times
何度も	many times

> 一度も経験してことがないことを述べるときの英語の形は
> 　主語＋[　　　　　　または　　　　　　]＋[　　　　　　]＋動詞の[　　　　　　] 〜.

I have never visited Kyoto. （京都を訪れたことが一度もありません）

英文を写そう → _____

② 「私はギターを一度も弾いたことがありません」という英文は

_____

> 経験について質問するときの英語の形は
> 　[　　　　　　または　　　　　　]＋主語＋[　　　　　　]＋動詞の[　　　　　　] 〜?
> 　　　　　　　　　　　　　　　　今までに

Have you ever visited Kyoto? （あなたは今までに京都を訪れたことがありますか？）

英文を写そう → _____

③ 「トムは今までにギターを弾いたことがありますか？」という英文は

_____

【①〜③の解答】　①(例) I have visited Kyoto three times.　② I have never played the guitar.
　　　　　　　　③Has Tom ever played the guitar?

Enjoy English　　　　　－名詞を修飾する第７の方法－

Name[　　　　　　　　　　　]

一緒に読んでみよう。
a dog　どんな犬？　（名詞の a dog を修飾する）まずは復習
1．木の下にいる犬　　　　　　→　a dog <u>under</u> the tree　　　（前置詞を使って修飾）
2．そこへ連れて行く犬　　　　→　a dog <u>to take</u> there　　　（to 不定詞を使って修飾）
3．皆に愛されている犬　　　　→　a dog <u>loved</u> by everyone　（過去分詞を使って修飾）
4．走り回っている犬　　　　　→　a dog <u>running</u> around　　（現在分詞を使って修飾）
5．トムが飼っている犬　　　　→　a dog <u>Tom has</u>[keeps] .　（主語＋動詞を続けて修飾）
6．東京に住んでいる女性　　　→　a woman <u>who lives</u> in Tokyo　（who＋動詞を続けて修飾）
そして、今日習った名詞の修飾方法は
7．長い耳をした犬　　　　　　→　a dog <u>which[that] has</u> long ears　（which＋動詞を続けて修飾）

修飾したい名詞（ものや動物）のあとに[which または that ＋ 動詞～]を加える。
which でも that でもどちらでも構わない。
This is the robot which can talk.　　　　これは話すことができるロボットです。
The hotel that stands on the hill is very old.　丘の上に立っているホテルはとても古いです。

I have a robot that can talk.　（私は話すことのできるロボットを持っています。）

英文を写そう　→ _____

上の文の一部を替えてみよう！
① 料理のできるロボットなら？

→ _____

② 空を飛べるロボットなら？

→ _____

③ 私を毎朝起こしてくれるロボットなら？

→ _____

④ 1980 年代に発明されたロボットなら？

→ _____

【解答】① I have a robot that[which] can cook.　② I have a robot that[which] can fly in the sky.
③ I have a robot that[which] wakes me up every morning.　④ I have a robot that[which] was
invented in the 1980s.

＜指導手順＞

ワークシート例１

(1) オーラル・イントロダクションでは、日本のさまざまなところを訪れたことがあるか、生徒とのインタラクションを行いながら、I have visited Kumamoto once. I have never visited Kagoshima. Have you ever visited Nagasaki? などと導入する。

(2) 口頭導入のあと、黒板を用いながら形の確認と once, twice, many times, never などの語句の確認を行う。

(3) 黒板の文字を残したまま、ワークシートを配付し、英文の形の確認を行う。

(4) 英文（I have visited Kyoto before.）を写させる。

(5) 回数を表す語句を復唱させたのち、before の部分を自分に当てはまる回数にして書かせる。ちなみに生徒は修学旅行で京都を訪れている。机間支援をしながら、生徒の英文を確認する。

(6) 否定文を確認したのち、ワークシートの残りと答え合わせを各自で行うように指示する。

ワークシート例２

(1) オーラル・イントロダクションでは、a robot を題材にして which を使った導入を行う。

(2) 口頭導入のあと、ワークシートを配付し、これまで学んだ後置修飾の方法を復習する（声に出して読ませる）。ちなみに、下の例のように、過去に学んだ後置修飾の例を積み上げて示している。

(3) 英文（I have visited Kyoto before.）を写させる。

(4) 一部を替える問題を書き、自分で答え合わせを行う。

一緒に読んでみよう。

a woman　どんな女性？（名詞の a woman を修飾する）まずは復習

1．カナダ出身の女性　　　→　a woman from Canada　　（前置詞を使って修飾）

2．尊敬されるべき女性　　→　a woman to be respected　（to 不定詞を使って修飾）

3．トムに愛されている女性　→　a woman loved by Tom　　（過去分詞を使って修飾）

4．読書をしている女性　　→　a woman reading a book　（現在分詞を使って修飾）

5．トムが愛している女性　→　a woman Tom loves　　．（主語＋動詞を続けて修飾）

そして、今日習った名詞の修飾方法は

6．東京に住んでいる女性　　→ a woman who lives in Tokyo（who ＋動詞を続けて修飾）

修飾したい名詞のあとに［who ＋動詞～］を加える。

I know a woman who lives in Tokyo.　　　東京に住んでいる女性を知っています。

The woman who has just come here is Lucy. たった今ここに来た女性はルーシーです。

---

3 本文に関するワークシート

　本文に関するワークシートは教師によりかなり異なります。教師が、生徒にどのような力を身に付けさせたいか、どのような目的で使いたいのか、どのような授業を行っているかによって内容は千差万別です。よく次の目的で作成しています。

　ア　予習としてのもの
　イ　内容を理解するための活動を載せたもの
　ウ　次の授業の課題
　エ　復習としてのもの（宿題）
　オ　補足的な説明を載せたもの
　カ　本文に関連した言語活動（読んだあとに行う言語活動）用のもの

　この中からイについてもう少し詳しく説明します。内容理解のためのワークシートは、情報を捉えたり整理したりする目的のためのものです。したがって、たとえば時間軸に沿って書かれている物語文または事物や人物についての説明文であれば、以下のことを捉えたり、整理させたりするためのワークシートを作成します。
　・登場人物（関係者）を確認する（登場人物が多い場合には関係図を作成させることもある）
　・起こったことや事実などを古いことから新しいことの順番で確認する（年号などを入れて時間に沿ってまとめる）
　・理由や原因を推測したり、確認したりする（起こったことの理由や原因を書いておく）
　・登場人物の考えや気持ちを把握する（気持ちの変化をまとめる）
　・書き手の意見や考えが書いてある場合には、何に対してどう思っているのかを確認する
　私が作成するワークシートの例（主に高校生を対象とした授業で使用するもの）を紹介します。ワークシートの内容は教師の考え方によりかなり異なると述べましたが、私は教科書本文を初めから終わりまで一気に読ませることを大切にしています。その後、分からなかったところを、生徒同士で解決させたり、教師が指導したりしながら、単元末には本文を活用した産出的な言語活動を行うように組み立てています。最初は概要や要点を捉えるための黙読をさせますが、その次には文章全体または段落ごとに詳細を捉える活動を自作のワークシートを使って行っています。その2つの例（＜ワークシート例1＞及び＜ワークシート例2＞）を紹介します。なお、例示を目的に新たに作成したもので、英文は中学校用の教科書（*ONE WORLD English Course 2*）を使用しています。また、ワークシート全体ではなく、その一部分のみ示します。

＜ワークシート例1＞
　段落ごとに内容を理解するために、右側の欄の質問に対する情報を日本語で書きなさい。辞書を使ってはいけません。分かる語句から推測して書いてもかまいません。

Do you know anything about this person? Have you ever seen Roman Holiday or My Fair Lady? She was the star of these movies! Her name was Audrey Hepburn. She was famous as an actress, but she has left something more than these movies.

Hebburn had a difficult time when she was a child. Although her father was rich, he left the family when she was young. Her mother took Audrey to the Netherlands when she was ten. She thought it was a safe place, but German army took over the Netherlands when Audrey was eleven. Her dream of becoming a ballerina had to wait.

During the war, Hepburn's life was very difficult. After the German army came, their life chages. There was never enough food.（後略）

① オードリーヘップバーンについてわかることは？

② ヘップバーンの子どもの頃の様子は？

③ 戦時中の様子は？

＜ワークシート例２＞

時間の流れに沿って、①いつ、何が起こったのか　②主人公の気持ちなど　についてまとめなさい。

いつ	何が起こったか	主人公の気持ちなど
子どもの頃 　（いつかは不明）	父親が出て行く	書かれていない
10歳 11歳	母親がオランダに連れて行く ドイツがオランダを支配	オランダは安全だと思った バレリーナの夢は中断

※　書かれてあるものは生徒の記入例です。

以下にそれぞれのワークシートを使った指導手順を説明します。

＜ワークシート例１＞

(1)　単元の文章を黙読し、どのようなことが書かれているかアウトラインを捉えさせる。わからない語句はとばして読んだり、推測しながら読んだりするよう指示する。ここではすべての情報を理解する必要がないことを伝えておく。

(2)　ワークシートを配付し、段落ごと（段落の内容によっては複数の段落）に何が書かれているのか、内容を日本語でまとめる。わかることだけでよいのと、推測して書いてもよいことにする。

(3)　２、３人のグループで内容についてワークシートに書いたことを確認する。ここで、分からない内容や語句についてグループで話し合う。ただし、辞書は使用してはいけない。

(4)　(3)の活動が終了するグループが出てきたら、辞書を使って確認してもよいことにする。ただし、多用するのではなく、どうしても必要な語句のみ確認するように指示する。

＜ワークシート例２＞
(1) ＜ワークシート例１＞と同じ
(2) ワークシートを配付し、文章を整理して表に記入していく。分からない語句については教科書に印を付けておき、後ほど確認する。
(3) ２、３人のグループでワークシートに書いたことを確認する。
(4) グループで分からないことについては辞書を使って確認する。

　オの補足的な説明を載せたワークシートについて説明します。特に中学校では教科書の分量が増えて、英文を細かく説明する時間が取れません。そこで、英文の説明を書いた補足的なワークシート（＜ワークシート例３＞を生徒に渡すことがあります。生徒には「丸数字が符ってあるところについて声を出して説明できるか試すといいよ。友だち同士で行うと勉強になるよ」などと伝えます。

＜ワークシート例３＞

（前略）

⑮ Because of her war experience as a child, Hepburn wanted to protect children in countries at war. She felt that working for children was her mission. After her sons grew up, she started to work with UNICEF in 1988. She visited ⑯ children suffering from war and hunger in many countries. （後略）

説明ポイント

（前略）

⑮ because of の後には名詞を置く。because であると後に［主語＋動詞］を置く。

⑯ suffering 以下の語句が children を修飾している。現在分詞による後置修飾。suffer from ～で「～に苦しむ」の意味

（後略）

13 ペアワークやグループワークのさせ方

❶ ペアワークやグループワークを取り入れること

　教師が講義調で行う授業では、生徒は自分自身で考えて発言する機会がないため、受け身の姿勢で授業を受けることになるでしょう。生徒の姿勢を受け身にさせないように、生徒に発言（発話）させる機会の多い授業を目指してください。また、生徒同士で学び合う授業を目指してください。ペアワークやグループワークを取り入れることで生徒が活き活きと活動する場面が増えるはずです。ペアワークやグループワークを適度に取り入れ、うまく活用している授業では、生徒同士で学ぶことが多くなり、さらに全員が一斉に活動しているので、発言・発話の量も増やすことができます。

　では、どんなときに取り入れることができるのでしょうか。授業のさまざまな場面で多くの例が考えられますが、たとえば次のような活動で取り入れます。

例1　口頭によるドリル活動（英語が基本）
　　　友だち同士で質問し合うなどのインタビュー活動を行う。たとえば、What did you do last Sunday? と聞きあい、相手の言ったことをメモする活動を行う。

例2　自由会話や感想を述べ合う活動（英語が基本）
　　　生徒同士のチャット（自由会話）を行ったり、教室の前で行われたスピーチの感想を述べ合ったりする。

例3　スキット活動（英語が基本）
　　　教科書の対話文を導入したあと、定着させるためにスキットを演じさせたり、創作スキットをペアやグループで考えさせたりする。

例4　プレゼンテーション活動（英語が基本）
　　　ペアやグループで何かの説明を行う、調査したことの結果について述べさせるなどのプレゼンテーションをペアやグループで行う。

例5　スピーチ（英語が基本）
　　　全員の前で一人ずつスピーチを行う時間がないときやちょっとしたスピーチのときなど、グループ内で順番にスピーチを行う。

例6　答え合わせ（日本語が基本）
　　　問題の答え合わせを全体で行うのではなく、ペアやグループで確認し合う。分からないところについては生徒同士で教え合う。

例7　意見などの交換（英語または日本語）
　　　教師の与えた発問について自分の考えを述べ合う。たとえば、What do you think of the writer's opinion? といった発問に対して、生徒同士で考えを交換する。または、ペアやグループで考えをまとめる。

例8　相互評価（日本語または英語）

ペアやグループになり、行ったことについて評価し合う。たとえば、音読を行い、パートナーの音読について良かった点や改善点について述べる。

例9　教え合い（日本語が基本）

習ったことについて確認し合う。たとえば、生徒の一方が教師役、他方が生徒役になり、授業で習った文法事項を教師役の生徒が生徒役の生徒に説明できるか試してみる。説明することでしっかり分かったところとまだ不十分なところが明らかになる。また、生徒同士で教え合うことができる。

ペアワークやグループワークには多くの長所がありますが、同時に短所もあります。生徒同士で活動をさせる際、教師はすべての生徒のモニターができないので、生徒が誤ったことを言ったり、正しい発音でなかったりしても修正できないことがあります。しかし、このような短所があるにせよ、ペアワークやグループワークは積極的に取り入れるべきです。

2 ペアのつくり方

ペアのつくり方には「固定ペア」と「自由ペア」が考えられます。固定ペアとは、あらかじめパートナーを決めておく方法で、隣同士でペアになることが多いと思います。自由ペアとは、活動をする直前に生徒自身がその場でパートナーを探してペアを組む方法です。立ち歩いて複数の生徒とやりとりをする場合も自由ペアの一種となります。固定ペアの長所はあらかじめパートナーが決まっているので、ペアを組むのに時間がかからないことです。自由ペアの長所はさまざまな生徒と活動ができることです。

授業を行うに当たって、固定ペアを作っておくと便利です。隣同士を「ペアA」、前後を「ペアB」などと名付けておくと、教師が Talk in Pair A. などと簡単に指示できます。ちょっとしたペアワークの場合には固定ペアで行います。そうすることでペアをつくる際に時間をかけないようにします。ペアをつくるのにバタバタすると、授業にリズムがなくなったり、生徒の集中力が切れたりします。

自由ペアは、生徒全員を立たせてペアになった生徒から座らせるといった方法が考えられます。しかし、中学校では、創作スキットやプレゼンテーションなど時間のかかる活動を除いて、自由にペアを組ませるのはあまり好ましくありません。仲間はずれができたり、仲の良い生徒同士が組むことで授業に集中しなくなったりするからです。私は、「英語の授業ではこのクラスにいるすべての人と話す機会があります。たとえ、直前の休み時間で口喧嘩をした人だとしても授業中はふつうに活動しなさい」とよく生徒に言い聞かせます。私は英語をコミュニケーションの授業でもあると考えているので、生徒同士が誰とでもふつうに接することができることを指導の目標及び信条としています。

固定ペアと自由ペアの両方の長所を取り入れたやり方として、次のようなペアの組ませ方も考えられます。

(1) 2×3cm くらいに切ったマグネットシートをクラス人数分用意し、番号を書いておく。

(2) それぞれの生徒に番号を付ける。クラス単位で男女混合の出席番号の場合は、出席番号を使うとよい。

(3) マグネットシートを教室の座席の位置にペアで貼り、個々の生徒の座席を示す（写真の資料を参照）。

(4) 生徒に自分の番号のところの座席に座るように指示する。

(5) 座った席の隣同士がペアとなる。

　このやり方の長所は、自分の番号が書かれている座席に座ればよいので、あまり時間がかからないことです。また、番号の並べ方も教師が適当に行うので、生徒側からの不平や不満があまり出ないことです。ただ、何回か行うと同じパートナーとなってしまうことがあります。そんなときは、前後の番号をさっと入れ替えるなどして対処します。

　また、生徒の列を動かしてパートナーを替えさせていく方法もあります。6列あるとすると、1、3、5列の生徒（図の灰色の生徒）はそのまま固定し、2、4、6列の生徒（図の白の生徒）を1つずつ移動していくやり方です。インタビュー活動などで10名程度あるいは全員の生徒とのやりとりを行わせたいときなどにこの方法は便利です。S字を描いてヘビのように動いていくので私は「スネーク方式」と呼んでいます。

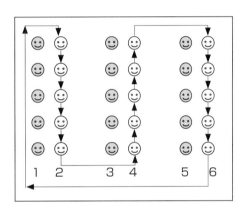

3 ペアワークやグループワーク実施上の留意点

（1）生徒の状況によって困難になる場合

　自由に立ち歩いて会話をさせる活動の場合、同性同士しか話さなかったり、教室の隅に固まったり、生徒が活動をしっかり行わなかったりする場合があります。クラスの雰囲気や生徒の状況によっては自由に教室内を歩き回らせることができないこともあるでしょう。

　生徒の状況が悪く、立ち歩かせるので混乱が予想される場合には座らせたまま、あるいは自席で立たせて行わせます。その場合、2で紹介した「スネーク方式」を取り入れたり、班のメンバー全員と行わせたりするなどと移動できる範囲をコントロールします。

　同性同士で固まることは中学生では自然なことです。教師の働きかけによって改善される場合もありますが、改善しない場合は「まず異性の生徒3名と行ってから同性の生徒3名と行いなさい」などと指示します。また、仲間はずれにされる生徒がいる場合には十分な配慮が必要です。ペアで活動を行うことの目的を生徒にはっきり伝えることが大切です。また、前述したことの繰り返しになりますが、「英語の時間中は誰とでもふつうに会話しなさい」と常に言い聞かせることが大切です。また、特定の生徒と組むことを露骨に嫌がる生徒がいる場合には、学年や学級の運営とも関わってくる問題なので、指導する必要があります。授業が成立するように学年の教師と協力しながら対処していくとよいでしょう。

（2）活動前の指示や練習

　ペアワークやグループワークの最大の短所は生徒全員の発話をモニターできないことです。たとえば、インタビュー活動をさせる場合、生徒全員がターゲット文を正しく言えるようになっているか個々の生徒のチェックを活動前に行うことが大切です。また、指示も活動前に確実にしておきます。活動中の注意、活動を終えたらすることなどをあらかじめ指示し、場合によっては黒板やスクリーンで示しておきます。活動の途中で「終わった人は○○して」のように指示を入れると生徒の活動を途切れさせてしまいます。

（3）モニターの仕方

　生徒が活動している間、教師は生徒の間を歩き回り、生徒の発話に耳を傾けます。もし誤りを発見したら個々に指導していきます。数人の生徒が同じ誤りをしているようなら、活動を止めて生徒全員に指導します。活動が始まったら中止することがないように、（2）で述べた事前の指導をしっかり行いたいものです。教師は個々の生徒を見ながら、全体を把握する必要があるので、常に全体が見られる立ち位置を心がけます。

（4）ペアワークで生徒数が奇数の場合

　ペアワークで生徒数が奇数の場合、1組だけを3人グループにさせるか、教師が生徒のパートナーになります。活動の内容によって、このどちらかを選択するのがよいでしょう。もし、教師が生徒のパートナーになる場合、他の生徒のモニターはできなくなります。生徒全体が見渡せる位置に座り（立ち）、生徒の活動状況を把握できるようにしておきましょう。

14 語彙指導

1 語彙の指導を行うにあたって

　語彙指導の大切さを否定する教師はおそらくいないでしょう。生徒の語彙数を増やすためにいろいろな指導や工夫を行っていると思います。学校によっては単語・熟語集などの副教材を使用しているかもしれません。また、単語テストを行っている教師も多いでしょう。では、1つの語についてどのような指導事項があるのか挙げてみます。

- ・品詞
- ・発音やアクセント
- ・意味（訳語を示す場合が多いが、その語のもつイメージを示す場合もある）
- ・綴り
- ・同じような意味を持つ他の語との違い（例：by と until の違い）
- ・他の語との組み合わせの例（コロケーション）
- ・その語が含まれるイディオム
- ・関連する語（同義語、対義語、類義語など）
- ・語形変化（動詞の変化形、名詞の複数形、形容詞の比較級・最上級など）
- ・その語を含む例文

　これらのうち、主にどのことを教えていますか。また、教えるべきだと思いますか。単語を聞いて理解する、話し言葉として使えるようにするためには、正しい発音の指導が必要です。また、読んだり書いたりできるようにするためには、綴りの指導が必要です。実際に使いこなすためには、コロケーションや語法・文法などの知識も必要です。しかし、日本語の習得状況を考えてみてください。上記のことすべての知識があり、実際に使いこなせる語は限られています。単語の中には聞いて理解できればよいもの、読んで理解できればよいもの、友だち同士で行う会話で頻繁に使用するもの、書く際に用いるもの、日常生活でよく使用する基本的なもの、辞書を調べながら理解したり使ったりするもの、などさまざまです。英語も同様です。教科書に載っているすべての単語について正しく書ける必要はありません。上記のすべての知識が必要なわけではありません。生徒の学習段階、状況、また、その語の一般的な使用頻度などに応じて、教師自身がどこまで指導していくか適切に判断する必要があります。たとえば、中学1年生の教科書で、通常の単元に入る前のページに difficult と beautiful が載っていたとします。文字の指導は行っているにしてもまだ慣れていない段階だとします。あなたは綴りを覚えさせますか。もし、綴りを求めるテストをするなら、生徒に「英語を嫌いになれ」と言っているようなものです。文字に慣れていない生徒にとってこれらを正しく書くことは、小学1年生に「難しい」「嫌い」などの漢字を書かせるようなものです。しかし、ある程度英語を学んだ段階では、difficult も beautiful も正確に書けなければならない単語になるはずです。教科書に載っているかといってどの単語も一様に扱うのではなく、生徒の学習段階に応じた指導が大切なのです。

② 語句の導入

　教科書の新出語句のほとんどは本文の中で扱われています。したがって、ここでは教科書本文に載っている新出語句の導入について考えてみることにします。

　多くの教師が生徒に文章を理解させるためには新出語句をまず導入しなければならないと考え、文章を読む前に新出語句をすべて取り出し、その訳語を文章に合うように示しています。または予習として新出語句の意味を事前に調べさせています。私はこうした指導を続けていては生徒の力を大きく伸ばせないと考えています。語句だけを取り出して事前に指導してしまうことで、生徒が文や文章の中で語句の意味を推測する、分かろうとする機会を奪ってしまうことになるからです。単語は文や文脈の中で具体的な意味が生じます。たとえば beautiful という単語が出てきたとします。一般的な訳語は「美しい」ですが、これを単に「美しい」と事前に教えるのではなく、文脈の中で導入することによって「美しい」という状況、「美しい」というイメージが伝わるのです。These flowers are beautiful. と It's a beautiful day. では頭に描く beautiful のイメージは違っているはずです。単語の導入は文脈の中で行う。これを基本にしてください。文脈の中で語句に触れさせる方法として、たとえば、文章を読んでから分からない単語の意味を調べる。教師のオーラル・イントロダクションを聞いて単語の意味を推測したり理解したりする、などがあります。

　しかし、新出語句が多く、新しい文法事項がある教科書本文の場合、「35 ページを読みなさい」といきなり読ませても、生徒に「分からない」というストレスを感じさせることになります。教科書本文でカギとなる語句を導入しておくことで、生徒が文章を読んだときの理解度はかなり上がるはずです。この一般的な方法がオーラル・イントロダクションです。(【⑩：**教科書本文（ストーリー）の指導**】参照)
オーラル・イントロダクションで語句を導入する際、次の方法がよく用いられます。

①　写真、実物、イラストなどを用いる

　　（例）bear「クマ」：写真やイラストを見せる。

　　　　　postcard「ハガキ」：実物を見せる。

　　　　　eyebrow「眉毛」：自分の眉毛を指さす。

　　また、horseshoe「蹄鉄」など訳語だけでは理解できない場合にも写真を見せる必要があります。

②　マイムやジェスチャーをして示す

　　（例）pour「注ぐ」：ジュースなどをコップに注いでいるジェスチャーをする。

　　　　　huge「非常に大きい」：手で大きさを表す。

　　　　　get on「〜に乗る」：get on the train と言いながら、足を一歩踏み出し、電車に乗る真似をする。

③　黒板に図などを示して説明する

　　（例）above「〜の上に」：四角の上に丸を描き、丸が四角の上（above）であることを示す。

　　　　　quarter「4分の1」：円を描き、4等分した1つをチョークで塗って示す。

③　他の英語に言い替えて示す

　　（例）alone「ひとりで」：only one person

　　　　　plants「植物」：flowers, trees, grasses and so on

　　　　　drive to the airport「空港に車で行く」：go to the airport in a car

④　英語を使って説明する

（例）expensive「（値段が）高い」: the opposite of cheap

　　　puddle「水たまり」: After a rain, you see it on the ground, a small pool of water.

　ここで留意したいことは、語句を導入する際、文に合った意味を生徒に理解させるように導入します。たとえば Tom cut his finger. の cut「切った」を扱う際、cut だけを切り離して、ハサミで紙を切るマイムをして理解させるのではなく、指を切ってしまった状況が分かるように導入します。

③ 語句や表現の説明

　オーラル・イントロダクションなどで導入した単語はそれぞれの文の中での意味が分かったに過ぎません。単語の多くは、「① 語彙の指導を行うにあたって」で示した指導を行う必要があります。これらの指導は通常教科書本文を導入したあとに行う「説明」で行います。何をどのくらい説明するかは生徒の学習段階と関わります。まだ品詞を知らない中学 1 年生に「これは副詞です」と指導しても仕方ありません。では、実際の教科書本文を見て、何をどのように説明するとよいのか考えてみましょう。

Mei：Long time no see! Were you back in America during the summer vacation?

Bob：Yes, I was. How about you? Did you go back to Singapore?

Mei：No, I didn't. I stayed here.

Bob：Did you enjoy your summer vacation?

Mei：Yes, very much. Aya and I went to the summer festival. We enjoyed it a lot. How was your summer vacation?

Bob：It was great. I went to Yellowstone.

Mei：Yellowstone?

Bob：Yes. It's a national park.

『*ONE WORLD English Course 1*』（教育出版）より

　ここでは過去形の疑問文が新出文法事項ですが、did, were などを除いた部分の語句や表現について、たとえば次のように指導します。

Long time no see!：（新出語句）「メイがボブに久しぶりに会ったね。どんな意味で使っている？」と推
　　　　測させる。使い方について確認する。

back：（新出語句）back に「戻って」という意味があることを言ってから、be back in ～及び go back
　　　　to ～などの使い方を確認する。back の a の発音に注意させる。

during：（新出語句）「特定の機関の初めから終わりまで」または「ある期間中のある時に」のいずれか
　　　　の意味で使うことを確認する。during his life「彼の一生を通じて」などの例を示す。

stay：（新出語句）あとの here との関連で、there や home などともよくいっしょに使われることを説
　　　　明する。また、名詞で「滞在」の意味もあることも説明する。during と絡めて、during my
　　　　stay in America で「アメリカに滞在中に」などの例を示す。さらに、stay の ay で /ei/ の発

音になることを確認する。

a lot：（新出語句）a lot of 〜 は既習なので、a lot だけで「たくさん」の意味があり、enjoy といっしょに使われているが、他に like 〜 a lot でもよく使われることを説明する。この説明の後に、Yes, very much. に戻り、これが I enjoyed my summer vacaiotn very much. の省略された表現であること、very much（既習語句）と a lot はどちらも同じ意味で使われることを説明する。

a national park：（新出語句）「国立公園」と教科書に意味が示されている。national だけでは「国有のの」や「国民の」の意味であることを説明する。また、national の発音（強勢）と a national park のときの強勢の置き方の違いを説明する。この説明の後に Yellowstone（新出語句）に戻り、アメリカの 60 くらいある国立公園の 1 つであることと説明してから、アメリカの地図で位置を確認する。

　上に挙げた指導例は、説明するとよいことを列挙しましたが、情報量が多くなると生徒の集中力が切れてしまうので、この中からいくつかを取り上げ、時間をかけないで説明します。たとえば、オーラル・イントロダクションなどで導入し、生徒が理解できた語句については取り上げません。

❹ 語句の発音指導

　主に中学生を対象とした授業で、語句の発音練習を指導過程のどこで取り扱ったらよいかを説明します。教科書本文についてオーラル・イントロダクションを行っている最中や本文を読ませたあとに語句の説明を行っているときでも新出語句を復唱させることは可能です。しかし、オーラル・イントロダクションは本文の内容を導入することが主な目的なので、生徒に復唱させるのはなるべく避けるべきです。教師の話を聞いたり発音練習をしたりなどいろいろな要素をオーラル・イントロダクションに詰め込むのは好ましくありません。また、練習を入れることで、生徒がストーリーを理解しようとする流れを途切れさせてしまいます。導入したあとの説明においては一部の語句の発音指導を行うことがあります。フォニックスと絡めた指導をしたり、発音について注意したりした語句についてはその場ですぐに発音練習をした方が効果的だからです。

　語句の発音指導は音読を行う直前が最も適しています。これから本文を音読する前に、新出語句を正しく発音できるようにしておく必要があるからです。一般的なやり方はフラッシュカードを用いて行います。フラッシュカードの機能はふつう指導者用デジタル教科書に含まれています。また、マイクロソフト社の PowerPoint Ⓡ などのソフトを使用して単語を提示する方法も可能です。

　しかし、フラッシュカードを自分で作成することにより、臨機応変に指導することができます。つくり方のコツは、厚地の画用紙またはケント紙を使用することです。薄い紙だとうまくフラッシュ（一瞬だけ語句が見えるようにカードを操作する）させられません。自分が扱いやすい長方形の大きさ（ヨコ 30cm、タテ 12cm 程度）に切ってマジックで語句を書き込みます。私は厚地の画用紙を用いていますが、表面に英語のみを書くようにして裏面は白地のままにしています。クラスサイズを考え、教室のうしろに座っている生徒に十分に見える字の大きさで書きますが、手で隠してしまうことがあるのでカードの端には文字を書かないようにします。なお、私は黒のマジックを使いますが、動詞だけは赤のマジック

で書いています。また、特に教室の前の端に座っている生徒に見えるような教師の立ち位置やフラッシュカードを持つ高さに注意する必要があります。フラッシュカードを用いた語句の発音指導の手順の例を示します。

（1）カードを生徒に見せながら復唱させます。クラス全体を復唱させたあと、3〜5名の生徒を指名し、正しく発音しているかを確認します。1列の生徒に前から順々に言わせていく方法でもかまいません。生徒の発音が正しくない場合は該当の生徒の発音を指導したあと、クラス全体に再度指導します。通常は気をつけるところを簡単に述べたあと、教師がモデルを示し、クラス全体に復唱させます。個々の生徒に言わせたあとにはもう一度生徒全体に言わせます。全→個→全の手順を基本としてください。この練習ではリズムが大切です。テンポよく短い時間で行うことで生徒を飽きさせないようにします。

＜指導例＞

 T：（フラッシュカードを見せながら）those

 Ss：those（一部の生徒の th の発音ができていない）

 T：th だから舌を歯に挟んで those

 Ss：those

 T：S_1

 S_1：those

 T：S_2

 S_2：those

  （以下、数名の生徒を指名したり、1列の生徒全員の発音を確認する）

 T：Everyone.

 Ss：those

 T：（次の語を見せて）people

 Ss：people（以下、同じ要領で行う）

（2）新出語句の発音ができるようになったら、フラッシュカードをフラッシュさせて、一瞬で語句の認識をして音声化できるように練習します。英文を読む際、those という単語が出てきても th-o-se のように単語を分析しながら音声化しているわけではありません。those という語を一瞬で判断して those と読んでいるはずです。フラッシュカードを使った練習を入れることで、文章の中に those が出てきてもさっと読めるようになるのです。フラッシュのさせ方については次の2通りが一般的です。いずれもコツがあり、練習しないとうまくできません。2つともできるようにしておくと便利です。

＜方法1＞

 ①　すべてのカードを生徒に語句が見えないように写真のように親指と人差し指で持つ。

 ②　中指でカードの下をたたくと単語が書いてある面が生徒の方に一瞬向いて、また元の状態に戻る。

③　見せたカードを束の一番下に置くか、机の上に置く。①〜③の操作を繰り返す。

①

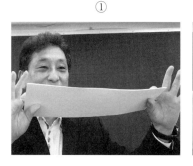

②

③

＜方法２＞
①　語句の書かれているカードの前に白紙のカードを置き、すべてのカードを手に持つ。
②　カードを操作しやすいように少しずつずらしておく。
③　カードを一瞬上に上げることで、書いてある語句を生徒に見せる。見せるカードを替えることで、すべてのカードを言わせる。

①

②

③

　私が拝見した授業で、フラッシュカードの裏面に日本語の訳語が書かれてあり、日本語を見せて指導する活動をよく見かけます。英語の単語を復唱させるときに日本語訳を見せたり、日本語訳を見せて英語に直したり、といった活動です。音読の直前に行うという指導の流れから考えれば、これらは良い活動とは言えません。日本語を使って各語句の意味を確認するのであれば、指導過程の「説明」の中で行うとよいでしょう。また、音読直前のフラッシュカードを使った発音練習では文字を音声化することに集中させるべきです。音読をする際、いちいち日本語を思い浮かべる生徒はいないはずです。たとえば、I often go fishing in the lake. と教科書の登場人物が述べる文では、音読するときに「ぼくはよく湖につりに行きます」とは訳さないし、fishing のときに「つり」という日本語を思い起こす生徒もいないはずです。内容を考えながら音読するように指示したとしても、主人公がつりをしている絵を頭の中に浮かべられることを期待するはずです。せっかく頭が英語に集中しているときに日本語を見せて阻害することは避けたいものです。

一連の指導の中での語彙指導について図でまとめてみます。

新出語句の導入 教科書本文のオーラル・イントロダクション（語句の意味理解・推測）	この段階では、本文に載っているすべての新出語句を導入するわけではない。イラストなどを見せて語句の意味をはっきり理解させる場合もあるが、意味を推測させる程度に留める場合もある。

黙読 教科書を読んで、文字を通して理解する（語句の確認・意味の推測）	教科書を開けて、文字を通して新出語句に触れる。オーラル・イントロダクションで導入された語句の音からどの語句が該当するのか自力で一致させたり、その他の語句の意味を推測したりする。

説明 新出語句や既習の語句の意味、語法などの確認や説明（語句の意味確認・知識）	発音、綴り、語法、品詞、関連語、コロケーションなどの説明を行う。語句によって指導内容は異なる。この説明の時点で、語句の意味は完全に理解させておく。

単語の発音 フラッシュカードを用いた単語の発音練習（語句の音声）	新出語句の発音を練習する。すでに説明で単語の意味は理解させているので、ここでは単語の発音のみに集中させる。

音読 文章を正しく音声化できるようにする（文の中での語句の音声）	フラッシュカードで1語1語指導したときと文章を音読する際では読み方が異なることがある。特に強勢、イントネーション、強音・弱音などに気をつけながら正しく音声化させる。

5 単語テスト

　単語をしっかりと定着させるためには同じ単語に何度も触れさせる必要があります。また、中学校の教科書に出てくる半数以上の単語は綴りを正確に覚えさせる必要があります。そのために、教科書の該当ページ（パート）や単元を扱ったあとで単語テストを行うようにします。単語テストを行う際は、テスト形式、単語数、取り扱う単語を考慮します。

①テスト形式

　単語テストの形式はいくつかありますが、次のものが一般的です。

　　ア．日本語を示し、英語に直させる（綴りを書かせる）

　　イ．語句を示し、その訳語を書かせる

　　ウ．単語の発音を聞かせ、その綴りを書かせる

②単語数

　単語数は生徒の学習段階によって異なります。たとえば、まだ文字に慣れていない中学1年生に「これまで教科書に出てきた100語を覚えてきなさい」と指示しても、多くの生徒が短期間では覚えられないでしょう。最初は簡単な綴りの単語を10語くらいにしぼって出題するなど、徐々に慣らしていくべきです。しかし、中学3年生に毎回10語しか出題しなければ、家庭学習を行わず、授業直前の休み時間に該当の単語を練習しただけでテストに臨む生徒が増えるかもしれません。文字に慣れている生徒は、10語くらいの単語ならちょっとした時間で覚えられるからです。しかし、これでは確かな定着は期待できません。したがって、生徒の学習段階と状況に応じて、教師が適切な語数を決めます。また、出題する単語の事前の示し方（単語リスト）と実際に出題する単語テストの関係も大切な要素です。たとえば、

　　ア．単語リストを配付し、そのままの順番で出題する。（リストの単語をすべて出題する）

　　イ．単語リストを配付するが、順番は変える。（リストの単語をすべて出題する）

　　ウ．単語リストの中から一部の単語を出題する。（リストの単語のうち、一部を出題する）

　の方法が考えられますが、いずれの方法にも一長一短があります。たとえば、アとイでは、イの方が難しくなります。単語の意味と綴りを順番に関係なくしっかり覚えておかなければならないからです。アでは順番がヒントになります。しかし、学習が遅れている生徒にとってはアの方法なら点数が取りやすいので、がんばって勉強してくるかもしれません。ウは生徒に覚えてこさせる単語数は多く設定できますが、実際にテストした単語以外をすべて覚えているかは分かりません。これについても生徒の学習段階と状況を見ながら判断するしかないでしょう。

③取り扱う単語

　取り扱う単語に関しては、読んで意味が分かればよいのか、正しく書けなければならないのかなどの判断を教師が行います。すべての単語を同じように扱う必要はありません。綴りを書かせる単語テストであるなら、綴りが書けるようになってもらいたい語句にしぼって単語リストを示します。

　では、私の単語テストのやり方を紹介します。私は単元が終わるごとに単語テスト（「スペリングコンテスト」と呼ぶこともある）をするようにしています。単語リストをあらかじめ生徒に示し、リストの順番で出題しています。綴りまで要求する単語のみ出題するようにしていますが、私の単語テストの特徴は、語句を教科書と同じ文の中で提示し、文の中で書かせるということです。文の中で出題することで、文の中のどの位置で使われる語句であるのかも覚えさせることができるからです。単語リストを配付した際、各文を復唱させ（教科書本文の場合には十分に音読しているので省略することが多い）、まず穴の空いた文を言えるようにさせ、そのあとで書けるように練習しなさいと指示を出しています。ちなみに中学2年生前半までは30語、その後は高校生も含めて50語程度にしています。既習語であっても、生徒の定着率が低い語や重要だと思う語に関しては何度でも出題するようにしています。

＜単語リストの例＞

○羊をすべてご自身で世話しているのですか。	Do you <u>take care of</u> the <u>sheep</u> all <u>by yourself</u>? 　　　　　　(1)　　　　　　　(2)　　　　(3)
○私はその言語が少し理解できます。	I can <u>understand</u> the <u>language</u> <u>a little</u>. 　　　　(4)　　　　　　(5)　　　(6)
○それは彼らの文化や歴史を学ぶよい方法です。	It's a good <u>way</u> to <u>learn</u> their <u>culture</u> and <u>history</u>. 　　　　　　(7)　　(8)　　　　(9)　　　(10)

＜単語テストの例＞

○羊をすべてご自身で世話しているのですか。	Do you (1) [　　　　　　] the (2) [　　　　　] all (3) [　　　　　] ?
○私はその言語が少し理解できます。	I can (4) [　　　　　] the (5) [　　　　　] (6) [　　　　　] .
○それは彼らの文化や歴史を学ぶよい方法です。	It's a good (7) [　　　　　　　] to (8) [　　　　　] their (9) [　　　　] and (10) [　　　　] .

　この単語テストは次の手順で作成しています。

(1) 学習したところから50語を選ぶ。

(2) 紙面に収めるために、1文で最低2語以上の語句を取り上げるようにする。まず、(1) の単語が3語以上使われている文を選び、他の語を加えたり、単語を入れ替えたりして4語以上になるように英文を修正する。

(3) 同様に、2語以上使われている文を教科書本文より選び、修正する。

(4) 残った単語を使って、オリジナルの英文を作成する。

(5) east, west, south, north など関連語のかたまりは文の中で示さないものもある。

(6) どうしても入れられない単語は無理をして入れるのではなく、他の既習語を対象語にした上で次回以降に回す。

　新しい学習指導要領で中学校及び高等学校で扱う語彙数がかなり増えました。すべての単語を同じように扱うのではなく、受容語彙（聞いたり読んだりしたときに理解できればよい語彙）と発信語彙（話したり書いたりするときに使用できる語彙）の区別を行い、適切に語彙指導を行いたいものです。

15 家庭学習としての予習と復習

◼1 予習と復習のどちらに重点を置くべきか

　「授業だけで理解させられるので宿題は出さない」という考え方では生徒を十分に伸ばすことはできません。また、何でも家庭学習に頼る教え方であっても生徒を伸ばすことはできません。家庭学習は大切です。生徒は家庭学習を行うことで、学習内容をより定着でき、新たなことや疑問点に気づく機会を増やすことができます。

　では、どのような家庭学習をさせたらよいのでしょうか。「予習と復習は大切だからしっかりやりなさい」とよく言いますが、これは英語学習にも当てはまるのでしょうか。確かにこれから習うことを自分の力で調べる、または理解しておく習慣や力をつけることは大切です。しかし、英語の学習では、予習ではなく、復習に重点を置いて家庭学習をさせるべきだと私は考えます。毎回の授業の予習に１時間費やすのなら、毎回の授業の復習に１時間費やした方が、英語力ははるかに伸びます。理由は簡単です。学校で教えられたことや活動したことを家庭でその日のうちに復習することで、忘却を防ぎ、定着につなげることができるからです。

　予習について考えてみましょう。伝統的な予習のやり方として、新出語句の意味を調べる、本文をノートに写す、英文の訳をノートに書く、があります。もし、あなたが生徒の立場だったら、英文をノートに写すときに何を考えていますか。英文の意味を考えながら写しますか。おそらく何も考えないで、英文を写すことだけに集中するでしょう。まだ習っていない意味のわからないものを写すのは時間の無駄とも言えるでしょう。また、日本語訳を毎回の予習で課すことで、英文を見てもすぐに日本語を介する習慣をつくってしまいます。予習の内容は授業のスタイルと大きく関係します。聞くこと、話すこと、読むこと、書くことの４技能の自然な習得順序を大切にし、音声を大切にする授業では、聞いて理解させるところから始めようとします。この本で扱っているように、オーラル・イントロダクションを行ったり、本文の音声を聞かせたりして理解させようとするでしょう。したがって、教科書の本文内容をあらかじめ知る必要はないのです。むしろ、知らない方が音声による導入には効果的でしょう。１文ごとに生徒を指名し、予習してきた日本語訳を言わせ、マニュアルに書いてある訳例を教師が述べ、それを生徒が赤ペンで直し、１文１文の解説で50分間のほとんどを費やす授業では、生徒にバランスの取れた英語力を身に付けさせることはできません。これは高等学校でも同様です。

◼2 家庭学習の課題

　家庭学習では授業で教えたことの復習をさせます。私が生徒に課している教科書の復習のやり方を紹介します。７つのステップがあることから Seven Steps と呼んでいます。この７つのステップは中学１年生から高校生まで共通で行わせています。

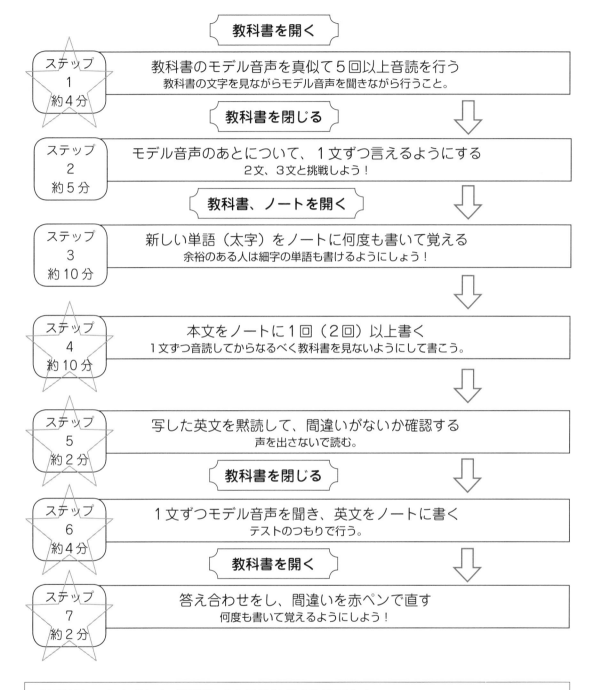

教科書の復習のやり方（指示がなくても毎日行うこと）

教科書を開く

ステップ
1
約4分

教科書のモデル音声を真似て5回以上音読を行う
教科書の文字を見ながらモデル音声を聞きながら行うこと。

教科書を閉じる

ステップ
2
約5分

モデル音声のあとについて、1文ずつ言えるようにする
2文、3文と挑戦しよう！

教科書、ノートを開く

ステップ
3
約10分

新しい単語（太字）をノートに何度も書いて覚える
余裕のある人は細字の単語も書けるようにしょう！

ステップ
4
約10分

本文をノートに1回（2回）以上書く
1文ずつ音読してからなるべく教科書を見ないようにして書こう。

ステップ
5
約2分

写した英文を黙読して、間違いがないか確認する
声を出さないで読む。

教科書を閉じる

ステップ
6
約4分

1文ずつモデル音声を聞き、英文をノートに書く
テストのつもりで行う。

教科書を開く

ステップ
7
約2分

答え合わせをし、間違いを赤ペンで直す
何度も書いて覚えるようにしよう！

時間がないときでも☆（星印）のところは必ずやること！

ノートは自主学習を含めてどんどん使おう！　学期末に復習をしっかり行っているか評価します。
学習した日を「〇月〇日」「〇／〇」のように書いておくこと。

私が復習として重視していることは音読と書くことです。いずれも産出活動の基礎となるもので、文章を定着させるためのものです。授業中にはこれらの練習を十分に確保することはできないので、家庭学習として行わせているのです。

　ステップ１の音読は多くの教師が家庭学習として課していると思います。教師によっては、音読した回数を教科書に記入させたり、音読したら家の人にサインをもらってこさせたり、タブレットに録音させたりなど、さまざまな工夫をしています。学校で音読指導を十分に行ったとしても、何時間か経つと正しく再生できない生徒がいることから、教科書のＱＲコードからモデル音声を聞いたりしながら音読させます。「５回以上音読する」と回数を定めていますが、回数ではなく、英文の途中で文字から目を離しても、あとの部分を言えるくらい音読練習するように指示しています。

　ステップ２はリピーティングと呼ばれる活動で、音声を聞いて、それを再生できるようにします。

　ステップ３の単語を書く練習では「10回ずつ書きなさい」などと指示されることがよくありますが、私は回数を決めることには反対です。中学１年生の初期段階ではよいかもしれませんが、学習段階が進んだら回数を固定するのはあまり意味がありません。代わりに「単語を発音して綴りが正しく書けるようになるまで練習しなさい」と指示を出します。１回で正しく書けるのなら、その１回で終えてもよいことにしています。たとえば、way と language では書く回数が違ってくるでしょう。

　ステップ４の教科書本文のコピーイングはとても大切な練習です。文章を通しで２回以上書かせていますが、書くときにただの写す作業にならないように、１文ずつ音読してから書くように指示しています。また、書いた英文を誤りがないか読み通します（ステップ５）。

　ステップ６のディクテーションはステップ４と同じ要領で、１文ずつ音読してから何も見ないで書けるかどうか試させています。最後に、教科書を見ながら間違いがあれば赤ペンで直します（ステップ７）。

　教科書本文についての復習は必ずさせています。また、これ以外に教科書準拠の問題集（ワークブック）を行わせることもあります。しっかりと教科書本文を書いているかどうかは必ず次の授業でチェックするようにしています。宿題を出したからには必ずチェックしないと、やってくる生徒の数が減ってくるからです。

　宿題以外の自主的な学習については【㉓：「主体的に学習に取り組む態度」の観点に関する指導と評価】のところで述べます。

16 黒板及びＩＣＴ機器の活用

1 板書の基本

　最近は電子黒板やタブレットなどのICT機器が使われていますが、多くの学校では従来からある黒板やホワイトボードを併用していると思います。黒板の良いところは、書くためのスペースが広く、生徒にとって文字がよく見え、書いたことが消さない限り残っているということです。また、磁石やマグネットシートが使えるということも長所の１つです。したがって、授業中ずっと残しておきたい（いつでも生徒の目に留まるようにしておきたい）場合や、イラストなどを貼ってストーリーの流れを一覧できるようにしたい場合には、電子黒板やスクリーンよりも黒板の方が適しています。

　板書に関しての基本的な注意事項を挙げます。

①字の大きさ

　教室のうしろから十分に見える大きさで書きます。慣れていない人は一番うしろの生徒の席に座って自分の書いた字を確認するとよいでしょう。

②レイアウト

　黒板の隅から隅まで使えないこともあります。太陽光の関係で黒板の端に書いた字が一部の生徒から見にくい場合もあれば、黒板の下の方に書いた字が生徒の頭などで見えない場合もあります。指導案を考える際に、これらのことを配慮した板書計画を立てるとよいでしょう。

③色の使い方

　チョークの色は生徒にとっては見やすいもの、見にくいものがあります。一部の生徒にとっては認識できない色もあるので十分に配慮が必要です。ふだんの授業では白色を基本としながら、黄色や赤色を加える程度でよいと思います。ただし、色の使い方は固定しておきます。たとえば、黄色は大切なところに、赤色は矢印などの記号に使う、などのように決めておきます。

④教師の立ち位置

　板書をしている最中に説明しなければならないこともあるでしょう。しかし、生徒に背を向け、黒板に向かって話してはいけません。生徒がしっかり聞いているかどうか把握できないのと、生徒の顔を見ることで理解度を確かめながら話すことが授業の基本だからです。身体を斜めにして板書しては生徒の方を向いて話す、または生徒の方を向きながら板書するなど器用な先生もいますが、話すときは板書をやめて生徒の方を向いて話すことを原則とするとよいでしょう。また、板書したことを使って説明する際は、板書部分がすべての生徒に見える立ち位置に注意します。

⑤消すタイミング

　板書は授業の最後まで消さないことを原則としてください。授業の最後に生徒が黒板を見て、授業内容を確認できるからです。しかし、板書してあることが次の活動に影響を与えるときには消すようにします。たとえば、黒板を使って新しい文法事項や表現を確認したあとに、インタビュー活動を行わせる際、黒板に英文が書いてあるとそれを見てしまって覚えようとしない、などのケースです。

2 黒板を使った活動

（1）暗唱

　長い文や教科書本文を覚えさせるのに、板書に書いた英文を用いる方法があります。まず、黒板に書いた全文を音読または復唱させます。次に、生徒が言えそうなところを少しだけ消し、消したところも含めて言わせます。このように徐々に消していき、最後には全文を言えるようにさせます。教科書を見ながら暗唱するのと違って黒板を見ながら行うので、生徒の表情が把握しやすく、また、だんだんに消されていくというゲーム性があるので、暗唱するという生徒にとって人気のない活動でもおもしろがって行います。

＜指導例＞

　　　T：（黒板に板書する）

① This is Max.　② He was two months old when he came to my house.　③ We went everywhere and did everything together for eight months. ④ We were happy together.

それぞれの文の先頭に番号を書いておくと、すべてを消したときに番号だけが残ります。

　　　Ss：（一斉に音読）

　　　T：（一部を消す）

① This is 　　　.　② He was 　　　　　　old when he 　　　my house.　③ We went everywhere and did 　　　together for 　　　months. ④ We were 　　　together.

生徒の状況に応じて内容語から消すようにします。文頭の語は残しておきます。

　　　Ss：（一斉に音読）

　　　T：（さらに一部を消す）

① This 　　　.　② He was 　　　　　　when 　　　my house.　③ We went 　　　and did 　　　for 　　　. ④ We 　　　together.

文頭の語は残しておきます。生徒が言えなかったところを黄色で加えたりすることもあります。

　　　Ss：（一斉に音読）

　　　T：（すべてを消す）

　　　Ss：（一斉に音読）

（2）文法の説明

　黒板に文法事項の説明を書くことがあります。ふつうはノートに転記させたり、同じ内容のプリントを渡したりします。黒板に書いた文法事項を利用した確認方法を2つ紹介します。

　1つ目は板書内容を生徒自身で説明できるか確認させる活動です。生徒同士をペアにさせ、一方の生徒を教師役、もう一方の生徒を生徒役とさせ、教師役の生徒に黒板の内容を説明させます。そのあと、

生徒同士でまだ理解していないところや疑問に思ったことを確認させます。教師は生徒の発話をモニターし、誤解をしていたり、まだ理解が完全ではないところがあったりすれば生徒全体に補足説明を行います。ときには生徒一人指名し、教師役として他の生徒全員に対して黒板を使って説明させることもあります。授業を聞いて分かったつもりでいても、いざ説明をしようとすると分かっていないことがあります。「教えることは学ぶこと」なので、生徒にも教える機会を通して理解しているかどうか確認させます。

　2つ目の方法は、板書内容をノートに転記させるとき、一部の情報を消すという方法です。生徒は消された情報を補って書かなければなりません。単に写すだけでなく、頭で整理、確認しながら書いてほしいという願いから始めた方法です。書かせたあとには隣同士で確認させ合ったり、もう一度黒板に書き込んだりします。

＜指導例＞

● 板書した内容

表していること：過去に起こったことが現在まで続いている

形：have［has］＋動詞の過去分詞

I have lived in Tokyo for ten years.

　　　　　　　for three months.　for は「〜のあいだ」期間を表す

　　　　　　　since last year.　　since は「〜からずっと」

　　　　　　　since I was six.　　since のあとは語句または「主語＋動詞」

● 生徒に転記させるとき（大事な部分を消してから転記させる）

表していること：　　　起こったことが　　まで続いている

形：　　　　　＋動詞の

I have lived in Tokyo for ten years.

　　　　　　　for three months.　for は「〜　　　　」期間を表す

　　　　　　　since last year.　　since は「〜　　　　」

　　　　　　　since I was six.　　since のあとは語句または「　　　　　」

　なお、板書したことをノートに転記させるか、プリントを配付するかはよく議論になります。転記することで学習内容の確認ができるといった長所もありますが、時間がかかるという短所もあります。転記させる時間の分で他の活動ができ、そちらの方が生徒にとってよいと判断すれば、迷わず板書内容のプリントを渡すべきです。その分、ドリル活動などの時間に費やした方が定着のための効果は上がるでしょう。ノートに転記させる際はその所要時間が生徒によってかなり異なるので、書き写したあとで行う活動を指示しておくとよいです。

❸ イラストの使い方

　イラストや写真などの視覚教材は授業で欠かせないものです。イラストや写真を見れば理解しやすくなるからです。また、イメージも膨らませやすくなります。たとえば、教科書の登場人物二人の会話を聞かせる際、その二人の顔のイラスト（カットアウトピクチャー、cut-out picture）を黒板に貼ったり、電子黒板やスクリーンで示したりすることで、生徒は二人の顔を思い浮かべながら会話を聞くことができます。場面を表すイラストも重要です。会話文なら、誰がどこでどのような状況で会話しているのかを示す必要があるからです。また、単語を導入する際にもイラストや写真は欠かせません。日本語で説明しなくても、イラストや写真を見せれば理解できる単語も多くあります。さらに、イラストや語句を頼りに教科書本文の内容を再生する活動（リプロダクション、Reproduction）や自分の言葉で説明する活動（リテリング、Retelling）を行う際にも役立ちます（この場合には、ICT 機器よりも黒板の方がよいかもしれません）。上の例はほんの数例ですが、イラストや写真は工夫すれば授業のいろいろなところで使うことができます。

　指導者用デジタル教科書に準備されているイラストや写真以外にも必要なものがある場合には、インターネット上で写真やイラストを選ぶことがあるでしょう。こうして自分で探すときに気をつけなければならないことがあります。たとえば、名詞の単複です。教師の説明が単数でも、イラストが複数になっていては生徒に誤解を招くことがあります。イラストや写真は便利ですが、見る側の感覚によって誤解が生じることがあるので、十分に気を付けて使うべきです。

　イラストはそのすべてを見せるのではなく、一部を隠して使うと効果的なことがあります。たとえば、教科書本文を生徒に聞かせるとき、リスニングのポイントとなるところを隠しておきます。たとえば、What does Lisa have in her hand? と質問をすることを予定しているのなら、リサが手に持っているものを隠しておき、あとでその部分を見せるようにします。

❹ ICT 機器の活用

　教師の ICT 機器の活用については指導者用デジタル教科書で利用できる機能やコンテンツが充実しているため、さまざまなことができるようになってきています。多くの機能やコンテンツの中から、指導や言語活動を行うときに活用できるものを把握し、積極的に使用してください。

　また、GIGA スクール構想により小学生と中学生にコンピュータやタブレットなどの端末が配られました。これにより、授業や家庭学習でできることが大幅に広がりました。たとえば、次の活用ができます。
・音声のモデルを聞きながら音読を行う（自分のペースで練習する）。
・音読、スピーチ、リテリングなどを録音して、確認する（自分のパフォーマンスを確認するため）。
・音読、スピーチ、リテリングなどの課題を録音して、提出する。
・スピーチやプレゼンテーション用のスライドを作成し、見せながら発表する。
・ディスカッションやディベートなどの手づくり資料（マッピング図、根拠、言えることなど）をグループで共有する。
・アプリを使って個別に学習を行う（個々の学習状況に合わせた教材を選ぶなど）。
・スキットやプレゼンテーションを録画して、発表前に確認したり、発表後に振り返りを行ったりする。

・インターネット上で興味をもったことや参考になることなどを調べる（調べ学習）。

・短い動画を英語の説明付きで撮って発表する（ＣＭや自分の町の案内など）。

また、ポートフォリオとして、自分の作品を保存して、後日、昔の作品と比較したり、その素材を基にしてより良い作品や作文を作成したりできます。

・手書きのライティング作品や英語新聞などを写真に撮って保存

・自己紹介や環境問題などのライティング作品をアップグレードしていく。

　最後に、電子黒板やスクリーンを主に使って指導する際に生徒にとってマイナスになることを確認します。たとえば、オーラル・イントロダクションで使用することを考えてみましょう。いくつかの画像をスクリーンに映していった場合、次から次へと画面を切り替えていくことになります。したがって、黒板にピクチャーカードを貼っていくのと違って、前の視覚情報を自由に見直すことができなくなります。黒板は横に長いので、黒板の左から右へ向かって流れを示すことができますが、テレビモニターやスクリーンはこうした流れを提示するのには不向きです。電子黒板やスクリーンでの提示の長所と短所をしっかりと認識し、その目的を十分に考え、目的に応じて黒板と使い分けてください。とは言え、ICT機器の活用は無限に広がっていきます。さらに、最近はさまざまな教育用アプリが開発されています。こうしたアプリを活用して、生徒にとって有効な指導方法や言語活動を工夫してください。

17 スピーチの指導

❶ スピーチが有効な理由

中学校及び高等学校の学習指導要領の「話すこと［発表］」の目標は次のようになっています。

（中学校）

ア　関心のある事柄について、簡単な語句や文を用いて即興で話すことができるようにする。

イ　日常的な話題について、事実や自分の考え、気持ちなどを整理し簡単な語句や文を用いてまとまりのある内容を話すことができるようにする。

ウ　社会的な話題に関して聞いたり読んだりしたことについて、考えたことや感じたこと、その理由などを、簡単な語句や文を用いて話すことができるようにする。

（英語コミュニケーションⅠ）

ア　日常的な話題について、使用する語句や文、事前の準備などにおいて、多くの支援を活用すれば、基本的な語句や文を用いて、情報や考え、気持ちなどを論理性に注意して伝えることができるようにする。

イ　社会的な話題について、使用する語句や文、事前の準備などにおいて、多くの支援を活用すれば、聞いたり読んだりしたことを基に、基本的な語句や文を用いて、情報や考え、気持ちなどを論理性に注意して話して伝えることができるようにする。

「話すこと［発表］」で求められていることは、即興で話すこと、まとまりのある（一貫性のある）内容で話すこと、聞いたり読んだりした内容について話すことなどです。したがって、スピーチやプレゼンテーションなどの「話すこと［発表］」の言語活動がどの教科書にも載せられており、年間で数回は設定されているはずです。

スピーチは中学や高校の英語学習者には有効な活動です。なぜならいろいろな要素がスピーチ活動に含まれているからです。スピーチの良さを挙げてみましょう。

①　授業の雰囲気がよくなる。授業に活気が生まれる。

　　生徒が話す量の多い授業には活気が生まれます。授業が和やかになり、また、授業がおもしろいと感じる生徒が増えます。

②　双方向のコミュニケーション活動に発展させられる。

　　各スピーチのあとで聞き手から話し手へ質問をしたり、スピーチの感想を述べ合ったりすることで、話し手から聞き手への一方通行的な活動から双方向的な活動に発展させられます。

③　さまざまな領域の活動が含まれている。

　　（準備を行うスピーチの場合）原稿を書く→原稿を読んで確認する→スピーチ発表者が話す、それを聞く→聞き手から話し手へ質問をする→スピーチについての感想をペアで述べ合う→感想を書くのように、一連のスピーチの活動にさまざまな領域の活動が統合されています。

④ 誰にでもできる。

経験の浅い教師でもスピーチのさせ方を学んでいればできる活動です。また、初学者の生徒にとっても、スピーチのモデル文などを参考にしながらなんとか形にすることができます。

⑤ これまで学習した言語材料から必要なものを自分で選択し、使用する機会を与えられる。

自由度が高い活動なので、これまで習ったものを使用する機会を与えることができます。

⑥ 自己表現ができる。

自分のことや自分の考えについて、人に伝える機会を持たせることができます。

⑦ 言語材料が定着できる。

既習の言語材料を使用する機会を与えることで、自分のものになっていきます。

⑧ 人前で話す度胸をつけ、マナーを学ぶことができる。

複数の人に対して話すことに慣れさせることができます。また、話し手と聞き手の双方に、話をするときや聞くときのマナーを学ばせることができます。

2 よく行われるスピーチの例

教科書に載っているスピーチやよく行われるスピーチの例を紹介します。例に示したやり方にアレンジを加え、必要に応じて行わせてください。

○自己紹介（中学・高校）

自己紹介は3文程度の簡単なものから10文以上のやや長いもの、絵や実物を見せながらなどいろいろなタイプが考えられます。聞き手から話し手へ質問をさせるなどの活動も入れやすいスピーチです。学習段階が進んだら、場面や状況に合った自己紹介を即興でできるようにさせたいものです。

○他己紹介（中学・高校）

友だち、家族の一人、有名人など人物を紹介するスピーチです。年度末に教科書の登場人物についての説明を行わせると教科書のよい復習となります。高校では、4月の最初の授業で生徒同士をペアにし、パートナーに質問したりチャットをしたりした後で、パートナーの人物紹介スピーチをすることも考えられます。

○好きなものや人物の紹介

自分の好きなもの、スポーツ、音楽、人物などを show & tell で行います。音楽だったら実際に好きな音楽をかけながら説明を行わせたり、人物であったら写真を映しながら説明させたりします。

○訪れた場所の説明（中学・高校）

ICT 機器を使って訪れた先のパンフレットや写真から資料を作成させ、見せながら行うと聞き手にとってもおもしろいスピーチになります。

○夏休みの予定（中学）

夏休みの予定について説明させます。予定の中の1つを選ばせ、いつ、どこで、誰と、何をするといった情報を述べさせます。

○夏休みの思い出（中学）

夏休みに行ったことや行ったところなどについて、写真などを見せながら説明させます。5W1Hの情報を組み入れさせます。

○自分の趣味や娯楽（中学）

　興味のあること、暇なときにやっていること、以前より続けているお稽古ごと、趣味などについて説明させます。

○将来の夢（中学・高校）

　将来やりたいことや就きたい職業について説明させます。私は「10年後の私」という名称で、10年後の自分の姿を絵に描かせて説明させています。

○旅行プラン（中学・高校）

　たとえば中学生にお勧めの２泊３日の旅行プランを立てて説明させます。ペアやグループによるプレゼンテーションも考えられます。

○自分たちの町（学校）の紹介（中学・高校）

　自分たちの町や学校について紹介させるスピーチです。ペアやグループによるプレゼンテーションも考えられます。

○私の宝物（中学）

　自分が大切にしているものや写真を持ってこさせ、説明させます。大切にしている理由やいつ手に入れたのかなどの情報を述べさせます。

○修学旅行などの行事の思い出（中学・高校）

　修学旅行の思い出や職場体験で学んだことなどについて述べさせます。事実を述べてから自分の感想を述べさせるようにします。

○コマーシャル（中学・高校）

　商品を売り込むためのコマーシャルを行います。一人でさせてもよいですし、ペアで行わせてもおもしろいものができます。私は「30秒コマーシャル」という名称で、30秒ちょうどのコマーシャルをビデオカメラに向かって行うプレゼンテーションをさせています。

○アンケート調査（クラスリサーチ）（中学・高校）

　各自で調査したいことを考えさせ、それについてクラスにアンケート調査を行わせます。その調査結果をグラフや表などを利用して報告させます。

○即興スピーチ（中学・高校）

　身近な話題について即興でスピーチを行わせます。教師がお題を言って、数文程度で話させます。私はグループ内でサイコロを振らせ、あらかじめ１〜６の各数字に「私の好きな季節」などのトピックを設定しておき、出た目のトピックについて即興で述べさせる活動を行っています。

○立論スピーチ（中学・高校）

　「小学生にとって携帯電話は必要か」などの論題について、自分の立場の意見を述べるスピーチです。

　ここで挙げたスピーチは昔からよく行われてきたものです。本文と関連させたスピーチの例は【㉒：「思考・判断・表現」の観点に関する指導と評価】を参照してください。

３ スピーチを行わせるまでの手順

事前に原稿を書かせるタイプのスピーチを実施するまでの基本的な手順を示します。

| 年間指導計画における設定 | 教科書に載っているスピーチや特に行ってみたいスピーチをあらかじめ考え、年間指導計画の中に入れておくのが理想ですが、思い立ったらやってみてもよいでしょう。 |

| 指導内容・指導方法についての計画 | どの生徒にも無理なく取り組めるスピーチ活動を考えます。１回の授業で全員に発表させるのか、数名ずつ発表させるのか、発表のあとでどのような活動を行うのか、評価方法などを考えます。 |

| ワークシートの作成 | 生徒に配付するワークシートを作成することで、活動についての詳細を具体的に考えます。スピーチの概要、モデル文、補充語彙などを載せたワークシートを作成します。 |

| スピーチの説明 | 生徒にこれから取り組むスピーチの説明を行います。最良の方法は、実際のスピーチを映像で見せたり、教師が行って見せたりして具体的なイメージを持たせることです。 |

| 原稿指導 | 机間支援や面接方式で、生徒と直接やりとりしながらアドバイスを与えます。原稿を集める方法だと、添削に時間がかかってしまうのと、生徒の言いたいことがわからない場合があります。 |

| 音声指導 | 原稿が書きあがったら音声指導を行います。個々の生徒に原稿を音読させ、アドバイスを与えます。音声指導を行った生徒から原稿を覚えるように指示します。 |

| スピーチ発表 | １回の授業で数名ずつ発表する形式では、いつの授業で発表するのか、あらかじめ表などで示しておきます。スピーチ発表の前に、話し手や聞き手に態度について指導しておきます。 |

| 評価 | 評価方法については事前に決めておき、教師による評価の観点や基準についてはあらかじめ生徒に示しておきます。発表を終えた個々の生徒には良かった点や改善点を示します。 |

4 スピーチを行う際のワークシートの例

　スピーチに不慣れな生徒を指導する際の実際のワークシートを紹介します。中学2年生で行うことを想定した「10年後の私」と名付けた将来の夢についてのスピーチです。

```
＜生徒への説明＞
・10年後の自分の姿を想像して、働いている姿を絵に描き、説明します。
・毎回の授業で4名ずつ行いますが、順番は先生が決めます。
・準備した原稿を暗記して行います。原稿を見ながら行うことはできません。
・各スピーチのあとに聞き手側から質問をします。
・評価のポイントは、暗記、英語の発音、話しているときの態度、絵の説明、理由の述べ方などです。
　これらを総合的に判断して評価します。
```

＜ワークシートの例＞

Enjoy English
－将来の自分について語ろう－

「10年後の私」というスピーチを行います。あなたが10年後（24歳）に働いている姿を絵に描き、それを説明します。

＜条件＞
ア．10文以上20文以内で原稿を書く。
イ．絵を見せながら、何をしているところか説明する。
ウ．なりたい理由を述べる。

＜モデル文＞

> 　Hello, everyone. I'm going to talk about my dream. I want to be a childcare worker because I like kids. I often take care of my little brother and his friends in the neighborhood. My mother said to me, "You'll be a good childcare worker because you are good at taking care of children." Her words made me happy.
>
> 　Look at this picture. It's me. Now I'm working at Kudan Nursery School. This is Kenta-kun. He is three years old. I like him and he likes me very much. I'm reading a book to him. He looks happy. I'll try my best to be a good childcare worker. I'll take care of your children someday. Thank you. （17文）

Hi, friends. I'm going to talk about my dream. I want to be a sushi chef for two reasons.

First, I like cooking. I sometimes make dinner for my family. I'm interested in Japanese food.

Second, I want to invite my grandparents to my own sushi restaurant someday. I want them to be my first customers.

Look at this picture. This is me in 10 years time. Now I'm working at a sushi restaurant. I'm making makimono. I have to practice more to be a great chef like my boss. Thank you.（14文）

＜下書きコーナー＞

１．何になりたいですか？

２．その理由は？（２つくらいあるといいよ）

３．どんな絵を描く？　例：パン屋で新しいパンを試しに作っているところ。
　下書きを描こう

【原稿を書くときの注意】

(1)　原稿は最初から英文で書くと良い。難しい単語は絵の中で説明できるようにするとよい。

(2)　何になりたいのか、次の表現を使う。

　　（例）I want to be a nurse.

　　　　I want to work for SONY.（特定の企業で働きたい場合は　work for ～）

(3)　その理由を述べる。理由が一つの場合には次のように述べる。

　　（例）I want to be an elementary school teacher because I like teaching.

(4)　理由が２つ以上の場合には次のように述べる。

　　（例）I want to be an elementary school teacher for two（three）reasons.

　　　　First, I like children. ----　Second, -----

(5)　書き出しはこれから何を述べるのか、または、聞き手を引き付ける文で始める。

　　（例）I'm going to talk about my dream.

　　　　Do you like baseball?　I like baseball very much.

(6)　英文は10 ～ 20文程度で。次の語句も含む。

・最初のあいさつ 　　　（例）Good morning, class. ／ Hello, friends.

・絵を見せるとき 　　　（例）Look at his picture.

　　　　　　　　　　　　　　　　I'm working at Kudan Nursery School.

・自分を指し示すとき 　（例）It's me（in ten years time）.

　　　　　　　　　　　　　　　　This is me（in ten years time）.

・終わりの言葉 　　　　（例）Thank you for listening. ／ That's all.

(7) 絵を説明する英文を2～3文入れる。「私は～している」のような文を現在進行形を使って述べるとよい。

(8) 10年後のことを述べるのだから、想像の世界のことを述べても良い。

　　（例）I am working at Kudan Nursery School. This is Kenta-kun. He is three years old. I like him and he likes me very much.

英文下書き 　　　　　　　　2年［ 　］組［ 　］番 氏名［ 　　　　　　　　　］

5　スピーチを成功させる 10 のコツ

その1：年に1度の長いスピーチではなく、短いスピーチを数多く行わせる。

　　　　スピーチコンテストのような長いスピーチを年1回行うより、学習段階に応じた短いスピーチをいろいろなトピックで行わせます。多くの機会を与えることで生徒の発表力や運用能力が伸びていきます。

その2：モデル文を示す。最初は手本に、次第に見本に。

　　　　ワークシートの中にスピーチのモデル文を示します。生徒にとってはじめのうちは語句を入れ替えたりする手本になりますが、学習段階が進むと、スピーチの構成などを学ぶための見本（例）になります。

その3：スピーチ発表は録画しておく。生徒に先輩の良い例を見せてイメージを持たせる。

　　　　スピーチ発表はぜひ録画しておいてください。将来同じトピックのスピーチを行う際、先輩のがんばっているスピーチを見せることで生徒にとっての良いモデルとなります。モデルを示すことで、スピーチの質が向上します。

その4：原稿は授業で書かせ始める。はじめから宿題にはしない。

　　　　生徒にとってスピーチ活動で嫌だと思っていることは原稿を書くことと人前で発表することのようです。原稿を授業時間内に書き始め、ある程度の時間を与えてから残りを宿題にさせます。書き始めたものは家庭でも手を付けやすいようですが、まったく書いていないとなかなか書き

始められないと生徒からよく聞きます。

その5：原稿チェックは本人の前で行う。授業中にまわりながら行うとよい。

原稿を集めて添削すると、生徒が何を書きたいのかわからない場合があります。また、日本語で考えた表現は英語にしにくいことがあります。生徒と話しながら原稿チェックを行う方が結局は時間がかからずにすみます。

その6：帯活動にして、授業の最初に数人ずつ行わせる。

3文程度の自己紹介なら1度の授業で全員に行わせることがありますが、基本は帯活動として3、4名ずつ発表させるようにします。聞き手も飽きないですし、教師の与えるアドバイスを次の発表者が活かせるからです。ただし、学習評価の材料にする場合には最初の方の発表者が不利にならないように配慮してください。

その7：発表だけではもったいない。聞き手にも何かをさせる。

聞き手から質問をさせる、スピーチ内容の感想を述べさせる、などさまざまな活動が考えられます。スピーチ発表を、コミュニケーションを行うための素材として活用することを考えてみましょう。

その8：10文程度のスピーチは暗唱が基本。原稿を持たせる際はヘソのところ。

10〜15文程度のスピーチであれば暗唱させることを基本とします。覚えさせた方がスピーチで発表する表現をしっかり定着させられるからです。しかし、もし暗唱することでたどたどしくなってしまう状況ならば、原稿を持たせて行わせます。その際は、「なるべく見ないようにしよう。もし、忘れてしまったら2回までなら見てもいいよ」などと指導します。なお、原稿を顔の前に持つと聞き手が話し手の顔が見られなくなるので、ヘソのところで持つなどの具体的な指示を与えます。

その9：家庭での練習法を指示する。

練習方法として次のことを指示します。

・暗唱するためには、音読を何度もしてからリード・アンド・ルックアップをする。
・声の大きさやトーンを変えたり、スピードを変えたりすることで聞き手に言いたいことが伝わる工夫をする。
・ジェスチャーを工夫する。
・鏡の前で自分を見ながら顔の表情を工夫する。

その10：リハーサルを個々に行う。発表では恥をかかせない。

発表で失敗すると「もうスピーチはしたくない」という気持ちにさせてしまいます。自信をもたせるために、場合によっては教師の前でリハーサルをさせて指導を行います。

18 学習評価

❶ 学習評価について

　学習評価とは、「学校における教育活動に関し、児童生徒の学習状況を評価すること」です。学習指導要領改訂に伴い、指導要録における学習評価の在り方も変化してきました。中学校では、平成10（1998）年の中学校学習指導要領改訂に伴う指導要録の見直しにおいて、集団に準拠した評価（相対評価）から目標に準拠した評価（絶対評価）に変わりました。集団に準拠した評価とは、生徒の成績が学習集団全体のどの位置であるかで評価するものです。5段階評定の場合、5と1をつける割合が学年の生徒数の7％、4と2の数が24％、3の数が38％と決まっていました。したがって100名の生徒数の学年であれば、7名に5と1を、24名に4と2を、残りの生徒に3を付ける方式でした。

　中学校では、学習指導要領が完全実施された平成14年（2002）度からは目標に準拠した評価となり、観点別学習状況の評価（略して「観点別評価」と呼ぶことが多い）をもとにして評定を決定するようになり、各評定の人数は生徒の達成度によって変わるようになりました。どの教科も4つの観点（「関心・意欲・態度」「思考・判断・表現」「技能」「知識・理解」）で学習状況を評価することになり、英語科の観点は「コミュニケーションへの関心・意欲・態度」「表現の能力」「理解の能力」「言語や文化についての知識・理解」でした。

　平成29（2017）年の中学校学習指導要領の改訂、平成30（2018）年の高等学校学習指導要領の改訂では、【⓪① : 学習指導要領で求められている授業】で述べたように各教科等の目標及び内容が、「育成すべき資質・能力の三つの柱」に沿って再整理され、各教科等でどのような資質・能力を目指すのかが明確化されました。「学びに向かう力・人間性等」「知識・技能」「思考力・判断力・表現力等」が三つの柱になりますが、これらそれぞれが独立しているのではなく、下図のように相互に関連しています。したがって、これらの達成状況を評価する際にも相互に関連させることになります。

　学習指導要領の実施に伴い、中学校では令和3（2021）年度より、高等学校では令和4（2022）年度より3観点の観点別学習状況の評価が実施されました。また、高等学校においても、各教科等について、学習状況を分析的に捉える「観点別学習状況の評価」と、これらを総括的に捉える「評定」を指導要録に記録することになりました。

　観点別学習状況の評価の観点は、次の図のように、三つの柱に沿って「知識・技能」、「思考・判断・表現」、「主体的に学習に取り組む態度」の3観点に整理されました。

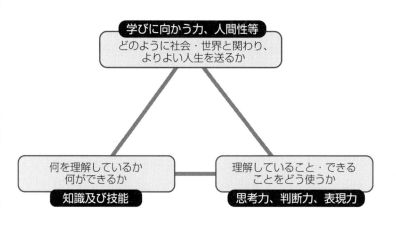

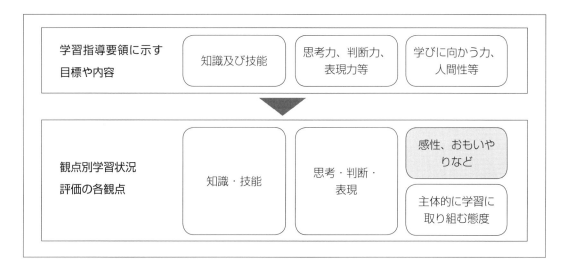

　「学びに向かう力、人間性等」については、「学びに向かう力」の部分である「主体的に学習に取り組む態度」のみ観点別学習状況の評価を行うことになります。「感性、おもいやりなど」については、生徒一人一人の良い点や可能性、進歩の状況などを評価する個人内評価で表します。

　また、外国語科において、これまでの４技能（「聞くこと」「読むこと」「話すこと」「書くこと」）から５領域（「聞くこと」、「読むこと」、「話すこと〔やり取り〕」、「話すこと〔発表〕」、「書くこと」）になりました。

　中学校及び高等学校では、次に示す学習指導要領の領域別の目標の達成状況を評価することになります。領域別の目標の記述は、資質・能力の三つの柱を総合的に育成する観点から、各々を三つの柱に分けずに、一文ずつの能力記述文で示しています。（中）は中学校、（英語コミュニケーションⅠ）は高校の新しい科目である「英語コミュニケーションⅠ」の目標を表しています。

	知識及び技能	思考力、判断力、表現力等	学びに向かう力、人間性等
聞くこと	（中） ア　はっきりと話されれば、日常的な話題について、必要な情報を聞き取ることができるようにする。 イ　はっきりと話されれば、日常的な話題について、話の概要を捉えることができるようにする。 ウ　はっきりと話されれば、社会的な話題について、短い説明の要点を捉えることができるようにする。 （英語コミュニケーションⅠ） ア　日常的な話題について、話される速さや、使用される語句や文、情報量などにおいて、多くの支援を活用すれば、必要な情報を聞き取り、話し手の意図を把握することができるようにする。 イ　社会的な話題について、話される速さや、使用される語句や文、情報量などにおいて、多くの支援を活用すれば、必要な情報を聞き取り、概要や要点を目的に応じて捉えることができるようにする。		

読むこと	(中) ア　日常的な話題について、簡単な語句や文で書かれたものから必要な情報を読み取ることができるようにする。 イ　日常的な話題について、簡単な語句や文で書かれた短い文章の概要を捉えることができるようにする。 ウ　社会的な話題について、簡単な語句や文で書かれた短い文章の要点を捉えることができるようにする。 （英語コミュニケーションⅠ） ア　日常的な話題について、使用される語句や文、情報量などにおいて、多くの支援を活用すれば、必要な情報を読み取り、書き手の意図を把握することができるようにする。 イ　社会的な話題について、使用される語句や文、情報量などにおいて、多くの支援を活用すれば、必要な情報を読み取り、概要や要点を目的に応じて捉えることができるようにする。
話すこと　やり取り	(中) ア　関心のある事柄について、簡単な語句や文を用いて即興で伝え合うことができるようにする。 イ　日常的な話題について、事実や自分の考え、気持ちなどを整理し、簡単な語句や文を用いて伝えたり、相手からの質問に答えたりすることができるようにする。 ウ　社会的な話題に関して聞いたり読んだりしたことについて、考えたことや感じたこと、その理由などを、簡単な語句や文を用いて述べ合うことができるようにする。 （英語コミュニケーションⅠ） ア　日常的な話題について、使用する語句や文、対話の展開などにおいて、多くの支援を活用すれば、基本的な語句や文を用いて、情報や考え、気持ちなどを話して伝え合うやりとりを続けることができるようにする。 イ　社会的な話題について、使用する語句や文、対話の展開などにおいて、多くの支援を活用すれば、聞いたり読んだりしたことを基に、基本的な語句や文を用いて、情報や考え、気持ちなどを論理性に注意して話して伝え合うことができるようにする。
話すこと　発表	(中) ア　関心のある事柄について、簡単な語句や文を用いて即興で話すことができるようにする。 イ　日常的な話題について、事実や自分の考え、気持ちなどを整理し、簡単な語句や文を用いてまとまりのある内容を話すことができるようにする。 ウ　社会的な話題に関して聞いたり読んだりしたことについて、考えたことや感じたこと、その理由などを、簡単な語句や文を用いて話すことができるようにする。 （英語コミュニケーションⅠ） ア　日常的な話題について、使用する語句や文、事前の準備などにおいて、多くの支援を活用すれば、基本的な語句や文を用いて、情報や考え、気持ちなどを論理性に注意して話して伝えることができるようにする。 イ　社会的な話題について、使用する語句や文、事前の準備などにおいて、多くの支援を活用すれば、聞いたり読んだりしたことを基に、基本的な語句や文を用いて、情報や考え、気持ちなどを論理性に注意して話して伝えることができるようにする。

書くこと	（中） ア　関心のある事柄について、簡単な語句や文を用いて正確に書くことができるようにする。 イ　日常的な話題について、事実や自分の考え、気持ちなどを整理し、簡単な語句や文を用いてまとまりのある文章を書くことができるようにする。 ウ　社会的な話題に関して聞いたり読んだりしたことについて、考えたことや感じたこと、その理由などを、簡単な語句や文を用いて書くことができるようにする。 （英語コミュニケーションⅠ） ア　日常的な話題について、使用する語句や文、事前の準備などにおいて、多くの支援を活用すれば、基本的な語句や文を用いて、情報や考え、気持ちなどを論理性に注意して文章を書いて伝えることができるようにする。 イ　社会的な話題について、使用する語句や文、事前の準備などにおいて、多くの支援を活用すれば、聞いたり読んだりしたことを基に、基本的な語句や文を用いて、情報や考え、気持ちなどを論理性に注意して文章を書いて伝えることができるようにする。

❷ 外国語科における評価規準の作成

　観点別学習状況の評価を行うためには、評価規準を設定し、それぞれの評価規準を達成しているか評価します。評価規準とは、学習の評価を行うに当たり、各教科・科目の目標や領域・内容項目レベルの学習指導のねらいを明確にし、それに対する生徒の学習状況を判断する際の目安を明らかにするものです。評価規準は内容のまとまりごとに3つの観点で作成します。外国語科の内容のまとまりは各領域となります。つまり、領域ごとに3つの観点で評価するということです。

　文部科学省国立教育政策研究所より「『指導と評価の一体化』のための学習評価に関する参考資料（以下、「参考資料」）が2020（令和2）年（中学校）及び2021（令和3）年（高等学校）に示されたので、これに沿って評価規準の作成について説明します。

（1）「知識・技能」の観点

　「知識・技能（以下、「知・技」）」については「知識」と「技能」に分けることが可能です。
　「知識」は学習指導要領の「2　内容」の［知識及び技能］における「(1) 英語の特徴やきまりに関する事項」に記されている事項を理解している状況を評価することになります。「英語の特徴やきまりに関する事項」には次の事項が記されています。

　ア　音声
　　　発音、音変化、強勢、イントネーション、文における区切り
　イ　符号（高等学校では「句読法」）
　　　感嘆符、引用符、コンマ、コロン、ダッシュなど
　ウ　語、連語及び慣用表現
　　　語数など
　エ　文、文構造及び文法事項（高等学校では「文構造及び文法事項」）
　　　「重文、複文」、「主語＋動詞＋whatなどで始める節」、「不定詞の用法」などのように記載
　評価規準を設定する際、アは「聞くこと」及び「話すこと」、イは主に「書くこと」に関連します。しかし、

ウとエは5領域全部に関わることになるので、特定の領域として設定しないこともあります。

「技能」では、実際のコミュニケーションにおいて、日常的な話題や社会的な話題について話されたり書かれたりする文章等を聞いたり読んだりして、その内容を捉える技能、事実や自分の考え、気持ちなどを、話したり書いたりして表現したり伝えあったりする技能を身に付けている状況を評価します。

評価規準の例を示します。（中）は中学校、（英コ）は高等学校の英語コミュニケーション、（論表）は高等学校の論理・表現の教科・科目を示しています。

「知識」の評価規準例

（中）　人称及び現在進行形の特徴やきまりを理解している。

（英コ）情報や考え、気持ちなどを理由とともに話して伝えるために必要となる語句や文を理解している。

（論表）自分の意見や主張を伝えるために必要となる論理の構成や展開及び表現等を理解している。

「技能」の評価規準例

（中）　分詞や［主語＋動詞］による後置修飾の特徴やきまりの理解を基に、日常的な対話や発話の内容を聞き取る技能を身に付けている。（「聞くこと」）

　　　　家庭や学校などの日常的な話題について、to 不定詞を用いて伝えたり、質問したり、相手からの質問に答えたりする技能を身に付けている。（「話すこと［やり取り］」）

（英コ）地球温暖化についての文章を読み取る技能を身に付けている。（「読むこと」）

　　　　社会的な話題（環境）についての情報や考えを理由とともに話して伝える技能を身に付けている。（「話すこと［発表］」）

（論表）社会的な話題（環境）について、賛成・反対の意見を論理の校庭や展開を工夫して書いて伝える技能を身に付けている。（「書くこと」）

(2)「思考・判断・表現」の観点

「思考・判断・表現（以下、「思・判・表」）」では、コミュニケーションを行う目的や場面、状況などに応じて、必要な情報、概要、要点などを捉えている状況、事実や自分の考え、気持ちなどを、話したり書いたりして表現したり伝えあったりしている状況を評価します。

評価規準の例を示します。

（中）　自分の考えを広げるために、ユニバーサルデザインなどをテーマにしたスピーチを聞いて、その特徴や話し手の伝えたいことなどの要点を聞き取っている。（「聞くこと」）

　　　　友達の意見等を踏まえた自分の考えや感想などをまとめるために、社会的な話題（盲導犬や聴導犬など）に関して読んだことについて事実や考えたことなどを伝え合っている。「話すこと［やり取り］」

（英コ）自分の考えを発表するために、環境の改善についての説明文を読んで、概要や要点、詳細を整理して捉えている。（「読むこと」）

　　　　※「詳細」は英語コミュニケーションⅡ及びⅢの目標になっている。

　　　　聞き手に自分の考えをよく理解してもらえるように、社会的な話題（環境）についての情報や考えを、聞いたり読んだりしたことを基に、理由とともに話して伝えている。（「話すこと［発表］」）

（論表）自分の意見を、相手によりよく理解してもらえるように、社会的な話題（環境）について、聞いたり読んだりしたことを活用しながら、賛成・反対の意見を論理の構成や展開を工夫して書いて伝えている。（「書くこと」）

(3)「主体的に学習に取り組む態度」の評価規準

「主体的に学習に取り組む態度（以下、「主体」）」では、外国語の背景にある文化に対する理解を深め、聞き手、読み手、話し手、書き手に配慮しながら、主体的に外国語を用いてコミュニケーションを図ろうとしている状況を評価します。外国語科においては、「主体」の評価は基本的に「思・判・表」と一体的に評価します。そのため、「主体」の評価規準は、下の例のように「思・判・表」の評価規準の内容を「〜しようとしている」の形で表すことが多くなっています。

評価規準の例を示します。

（中）　自分の考えを広げるために、ユニバーサルデザインなどをテーマにしたスピーチを聞いて、その特徴や話し手の伝えたいことなどの要点を聞き取ろうとしている。（「聞くこと」）

友達の意見等を踏まえた自分の考えや感想などをまとめるために、社会的な話題（盲導犬や聴導犬など）に関して読んだことについて事実や考えたことなどを伝え合おうとしている。「話すこと［やり取り］」

（英コ）自分の考えを発表するために、環境の改善についての説明文を読んで、概要や要点、詳細を整理して捉えようとしている。（「読むこと」）

※「詳細」は英語コミュニケーションⅡ及びⅢの目標になっている。

聞き手に自分の考えをよく理解してもらえるように、社会的な話題（環境）についての情報や考えを、聞いたり読んだりしたことを基に、理由とともに話して伝えようとしている。（「話すこと［発表]」）

（論表）自分の意見を、相手によりよく理解してもらえるように、社会的な話題（環境）について、聞いたり読んだりしたことを活用しながら、賛成・反対の意見を論理の構成や展開を工夫して書いて伝えようとしている。（「書くこと」）

３ 観点別学習状況の評価の評価方法

観点別学習状況の評価を行うには、あらかじめ評価規準を年間指導評価計画に入れておきます。そして、次のことに留意して評価を行います。

ア　指導した直後には評価しない。

言語活動を十分に行い、しばらく経ってから定着の度合いを評価する。

イ　さまざまな評価方法を用いる。

ペーパーテスト（「聞くこと」「読むこと」「書くこと」）、パフォーマンステスト（「話すこと［やり取り］」「話すこと［発表］」「書くこと」）、作品（「書くこと」）、リスニングテスト（「聞くこと」）、レポート作成（「書くこと」）など、領域に適したさまざまな方法で評価する。

また、学習評価の改善の基本的な方向性として、次のことが挙げられています。

①　児童生徒の学習改善につながるものにしていくこと

②　教師の指導改善につながるものにしていくこと

③　これまで慣行として行われてきたことでも、必要性・妥当性が認められないものは見直していくこと

　高等学校の「参考資料」には、「学校や教師の状況によっては、学期末や学年末などの事後での評価に終始してしまうことが多く、評価の結果が生徒の具体的な学習改善につながっていないなどの指摘があるとしている。このため、学習評価の充実に当たっては、評価のための評価に終わることがないよう指導と評価の一体化を図り、学習の成果だけでなく、学習の課程を一層重視し、生徒が自分自身の目標や課題をもって学習を進めていけるように評価を行うことが大切である」とあります。このことを頭にいれた指導と評価を行うことが求められています。

　評価を行うためには記録を取る必要があります。各種テストや観察などで得た記録を基にして、3つの観点それぞれに、A・B・Cの3段階で評価を行います。

　A：十分満足できると判断されるもの

　B：おおむね満足できると判断されるもの

　C：努力を要すると判断されるもの

　各評価規準の達成度をa, b, cで記録し、観点ごとにA、B、Cに総括するのがよいでしょう。

　「主体」については原則として「思・判・表」と同じ評価になります。しかし、粘り強い取組を行おうとしていたり、自らの学習を調整しようとしたりする態度が、授業、各種テスト、作品などに見られた場合、評価を1段階上げることがあります。この場合、たとえば、「思・判・表」がBであっても、「主体」はAとします。

④ 評定への総括

　学期や学年の終わりに、A、B、Cの3段階の観点別学習状況の評価を5段階の評定に総括します。まず、観点別学習状況の評価と評定との関係を図で見てみましょう。

　　　<観点別学習状況の評価と評定との関係>

観点別学習状況の評価	評　　定
A：十分満足できると判断されるもの	5：十分満足できると判断されるもののうち、特に高い程度のもの
	4：十分満足できると判断されるもの
B：おおむね満足できると判断されるもの	3：おおむね満足できると判断されるもの
C：努力を要すると判断されるもの	2：努力を要すると判断されるもの
	1：一層努力を要すると判断されるもの

　この表を見ると、観点別学習状況の評価と評定との関係がはっきり分かります。観点別学習状況の評価のAと4、Bと3、Cと2の文言がまったく一緒です。ということは、基本的にはA＝4、B＝3、C＝2ということになります。そして、4のうち特に程度が高いものが5、2のうち一層の努力を要するものが1ということになります。つまり、3つの観点と評定との関係は、ＢＢＢでは評定3以外考えられないことになります。ＡＡＡは評定4が基本で、その中で特に程度の高いものは評定5となります。ＣＣＣは評定2が基本で、その中で一層努力を要すると判断されるものは1となります。

19 定期考査の作成

❶ 定期考査の目的

　定期考査は年間４、５回設定され、教師にとっても生徒にとっても大きな意味をもっています。テスト１週間前から「部活動禁止」「職員室入室禁止」などとなったり、教師も「これは今度の期末テストに出すからね」のように定期考査を意識した発言を行ったりするようになります。では、そもそも定期考査を行う意義や目的は何でしょうか。生徒の学習状況を評価するだけならふだんの授業の中だけで十分かもしれません。評価規準が達成できているか評価するための機会は授業の中で持てるからです。定期考査の大きな意義と目的は評価材料を集めるだけでなく、生徒に勉強させるということです。たとえば30語程度の単語テストならちょっとした準備で満点が取れるかもしれませんが、定期考査ではある程度まとまりのある学習範囲となります。しかも英語だけでなくいくつかの教科・科目となるのでかなりの分量になります。これらを計画的に復習し、得点できるように学習しなければなりません。定期考査を特別に重要なテストと位置付けることで、勉強するための動機付けを行っているのです。

　テストにはその目的に応じていろいろなタイプがあります。評価材料にするためにそれまで教えた内容を評価規準に沿って出題するタイプ、いろいろなところから出題する実力テストのタイプ、クラス分けなどをするための幅広い難易度の問題が混在しているタイプ、覚えてもらいたいことを予告したまま出題する暗記タイプ、生徒の習得状況を教師が把握したり生徒にチェックさせたりするために短い学習期間の内容を出題するタイプ、などです。定期考査は、複数の目的が混在しているテストであると言えるでしょう。

❷ 定期考査の作成手順

　定期考査を作成する際は、考えられる問題をどんどん入れ込む方式ではいけません。はじめに設計図をつくることでバランスのとれた良い問題をつくることができるのです。以下に定期考査作成の手順を示します。

［手順１］どの領域と観点をどのくらいの割合で出題するのか決める
　たとえば、外国語科は５領域ありますが、「話すこと［やり取り］」と「話すこと［発表］」をペーパーテストで評価するのは不適切です。話すことの技能は実際に話させることで評価すべきです。したがって、ペーパーテストで評価するのに適した領域は次になります。
　・聞くこと
　・読むこと
　・書くこと
　次に３観点（「知識・技能」「思考・判断・表現」「主体的に学習に取り組む態度」）の割合についてです。ふつう「主体」は配点の中に含めないので、「知・技」と「思・判・表」の割合を決めます。単元テストや単語テストなどで「知・技」の評価をよく行っているのであれば、「思・判・表」の割合を多

くすると最終的にはバランスの取れた評価ができるはずです。このように、ふだんの授業で評価しているものはできるだけ避け、あまり評価していないものを中心に組むとよいでしょう。たとえば、次のように決めます。

＜定期考査の技能や領域の出題割合の例＞

領域	割合	「知・技」の割合	「思・判・表」の割合
聞くこと	３０％	１０％	２０％
読むこと	３０％	１０％	２０％
書くこと	４０％	２０％	２０％

なお、「知識・技能」のうち、「知識」については領域に分けないで出題することもあるので、次のように割合を考えることもできます。

領域	割合	「技能」の割合	「思・判・表」の割合
聞くこと	３０％	１０％	２０％
読むこと	３０％	１０％	２０％
書くこと	２０％	１０％	１０％
「知識」	２０％		

「知識」では、文法と語彙に関する問題を出題する。

［手順２］あらかじめ定めた評価規準のうち、どの規準の達成状況を評価するのかを決める。また、大問構成や配点などを決める。

　１つの大問にはふつう１つの評価規準についての問題を作成します。［手順１］の表で「技能」の割合が10％ということは、100点満点のテストでは10点ということになります。この場合、ふつう１つまたは２つの大問を置くことができます。大問が１つであれば配点は10点、２つであれば５点ずつにするか、6点と4点のように分けることができます。このとき機械的に6点のように配点するのではなく、年間指導評価計画で設定した評価規準のうち、どれについては評価するのか、どのような問題を何問作成するかなどによって配点は決まってきます。

　また、30％の割合とした領域であれば、異なることを評価する問題を考えます。たとえば、「聞くこと」の領域では大問を３つにするとします。このとき、３つの大問のうち、１つを「技能」（内容を聞き取る問題）、１つを「思・判・表」（概要を捉える問題）、１つを「思・判・表」（要点を捉える問題）のように計画します。特に「聞くこと」及び「読むこと」の「思・判・表」には、聞き（読み）取ることとして「必要な情報」、「要点」、「概要」などがあることから、すべての問題が同じことを捉える問題にならないように注意します。

＜「聞くこと」のそれぞれの大問の評価規準例＞
・「技能」関係代名詞の特徴やきまりの理解を基に、スポーツ選手などの有名人について話されたことの内容を聞き取る技能を身に付けている。

・「思・判・表」どんなお知らせであるか知るために、店などのアナウンスを聞いて、概要を捉えている。
・「思・判・表」和食など身の回りのものについての知識をより深めるために、スピーチや講義などを聞いて、要点を捉えている。

[手順3] 設問を作成する

テストを作成する際に留意しなければならないことを思いつくまま列挙します。
　ア．評価したいこと（評価規準）を適切に評価できる問題にする。（妥当性）
　イ．同じテストを行っても同じ結果がでる問題にする。（信頼性）
　ウ．英語以外の要素で生徒に負担をかけさせない。（暗記、特定の知識）
　エ．いわゆる「総合問題」にならないようにする。
　オ．生徒にとって誤解のない明瞭な指示文にする。説明不足により生徒の解答方法などに誤りがでないようにする。場合によっては例を載せる。
　カ．多肢選択問題の場合、錯乱肢は2つ以上用意する。ただし、錯乱肢が異質になってしまう場合は無理に作成しない。
　キ．問題によっては二者択一問題となることがあるが、その場合は同じ観点（項目）の他の問題は多肢選択問題や記述式問題にする。二者択一問題は、問題文を読まずに解答しても50％の正答率が得られるので、他の形式の問題と組み合わせることにより、少しは信頼性を高めることになる。
　ク．文の流れを切らないように、文章中にはなるべく（　　）を置かない。
　ケ．場面や文脈を大切にした意味のある英文を作成する。
　コ．同じ大問が用紙の表・裏の両方に配置しないようにする。生徒にとって解答しやすいように配慮する。
　サ．評価しようとする項目以外のところで誤りが発生しないように作成する。
　　　例：語順整序問題ではピリオドをあらかじめ打っておく。
　　　なお、こうした配慮をしなくても、評価しようとする項目以外のところの誤りは減点しないのが原則である。

[手順4] 生徒の記入例や採点の仕方を考える

　記述問題については生徒の解答予想を実際に書いてみてください。実際に解くことで修正しなければならないことを発見できるからです。特に「書くこと」でまとまりのある内容を書かせる問題では、予想される生徒の文章例を必ず書いておきましょう。
　また、採点方法を考えます。「書くこと」の問題ではルーブリック（【㉒：「思考・判断・表現」の観点に関する指導と評価】を参照）を作成するなど複数の採点者がいたとしても同じように採点できるようにします。なお、複数の英語科教師がいる場合には、それぞれが文章を読み、10点満点で採点したものの平均値を得点とする方法もあります。たとえば、3名の教師で評価した場合、8点、7点、8点であれば、8点を得点とします。2名の教師で採点する場合は、それぞれが0、2、4、6、8、10

点で付け、その平均値を得点として付けるとよいでしょう。あらかじめ評価するポイントを決めておくことで教師間の採点にあまり差がでません。また、複数の目で見るので、より公平な採点ができます。設問に合った適切な採点となる方法をあらかじめ考えておいてください。

［手順５］解答用紙を作成する

解答用紙を作成する際は次のことに気をつけます。

① 解答欄の大きさは十分にとる。

② 語句や文を書かせる場合、解答の長さにより解答欄の大きさを変えない。解答欄の大きさがヒントにならないようにする。

③ 小問の解答欄が横と縦とで混在しないようにする。

④ できれば用紙の片面だけで作成し、両面に解答欄を設けない。解答を終えたら裏返しにさせることで、終了した生徒がわかるのと、答えが見えてしまうのを防ぐことができる。

［手順８］テストの最終チェックを行う。

解答用紙に実際に答えを書いてみます。しかし、自分で作成したテストは客観的に診断できないことがあるので、さらに他の先生（英語科と限らず）にチェックしてもらうか、実際に解答してもらいます。その際、批評的に見てもらい、細かな点も含めて指摘してもらいます。

20 パフォーマンステストの実施方法

❶ パフォーマンステスト

　英語科におけるパフォーマンステストとは、実際に生徒に話したり書いたりさせ、そのパフォーマンスを評価するタイプのテストとなります。本章では、「話すこと」のみを取り上げます。

　「話すこと［やり取り］」と「話すこと［発表］」の評価場面は主に2つが考えられます。1つはスピーチなどの発表を教室の前で他の生徒が聞き手となるようにして行う際に評価も行います。私はこれを「発表評価」と呼んでいます。もう1つはインタビュー形式などのパフォーマンステストを設定して行うもので、私はこれを「面接評価」と呼んでいます。話すことのパフォーマンステストは学期に数回行うことが理想です。いろいろなテストを行うことで、話すことの力をしっかりと測ることができるからです。しかし、パフォーマンステストを行うには時間がかかるため、頻繁に行えないのが現状です。特に面接評価は頻繁に行えません。そこで、発表評価との組み合わせを考えます。私は1つの学期につき、発表評価を数回、面接評価を最低1回以上取り入れるように計画しています。これらの異なる評価機会をもつことで、個々の生徒の話すことの能力が少しでも正確に評価できればと考えています。また、年間指導評価計画に「話すこと」のパフォーマンステストを設定しておきます。その際、学習指導要領の第2章の「2　内容」の［思考力、判断力、表現力等］の「(3) 言語活動及び言語の働きに関する事項」に示されている事項も参考にして設定するとよいでしょう。以下が「話すこと［やり取り］」及び「話すこと［発表］」において記載されている言語活動です。これらの言語活動を授業で行い、それについて評価する機会を設定します。

中学校

　エ　話すこと［やり取り］
　（ア）関心のある事柄について、相手からの質問に対し、その場で適切に応答したり、関連する質問をしたりして、互いに会話を継続する活動。
　（イ）日常的な話題について、伝えようとする内容を整理し、自分で作成したメモなどを活用しながら相手と口頭で伝え合う活動。
　（ウ）社会的な話題に関して聞いたり読んだりしたことから把握した内容に基づき、読み取ったことや感じたこと、考えたことなどを伝えた上で、相手からの質問に対して適切に応答したり自ら質問したりする活動。

　オ　話すこと［発表］
　（ア）関心のある事柄について、その場で考えを整理して口頭で説明する活動。
　（イ）日常的な話題について、事実や自分の考え、気持ちなどをまとめ、簡単なスピーチをする活動。
　（ウ）社会的な話題に関して聞いたり読んだりしたことから把握した内容に基づき、自分で作成したメモなどを活用しながら口頭で要約したり、自分の考えなどを話したりする活動。

エ　話すこと［やり取り］

（ア）身近な出来事や家庭生活などの日常的な話題について、使用する語句や文、やり取りの具体的な進め方が十分に示される状況で、情報や考え、気持ちなどを即興で話して伝え合う活動。また、やり取りした内容を整理して発表したり、文章を書いたりする活動。

（イ）社会的な話題について、使用する語句や文、やり取りの具体的な進め方が十分に示される状況で、対話や説明などを聞いたり読んだりして、賛成や反対の立場から、情報や考え、気持ちなどを理由や根拠とともに話して伝え合う活動。また、やり取りした内容を踏まえて、自分自身の考えなどを整理して発表したり、文章を書いたりする活動。

オ　話すこと［発表］

（ア）身近な出来事や家庭生活などの日常的な話題について、使用する語句や文、発話例が十分に示されたり、準備のために多くの時間が確保されたりする状況で、情報や考え、気持ちなどを理由や根拠とともに話して伝える活動。また、発表した内容について、質疑応答をしたり、意見や感想を伝え合ったりする活動。

（イ）社会的な話題について、使用する語句や文、発話例が十分に示されたり、準備のために多くの時間が確保されたりする状況で、対話や説明などを聞いたり読んだりして、情報や考え、気持ちなどを理由や根拠とともに話して伝える活動。また、発表した内容について、質疑応答をしたり、意見や感想を伝え合ったりする活動。

　紙面の関係で中学校と「英語コミュニケーションⅠ」のみ示しました。高等学校で設定する他の科目については学習指導要領を参照してください。

❷ パフォーマンステストの形式

　従来からよく行われていた「話すこと」のパフォーマンステストの形式を紹介し、個々の形式が新しい学習評価に合っているかについて解説します。

（1）Q＆A

　教師の質問に答えるインタビュー形式のテストです。What time did you get up this morning? や What are you going to do next Sunday? など、それまで教科書で扱った文法事項を中心とした質問を5つ程度行うなどの設定が多いようです。「知・技」（正確さに重きを置く）、「思・判・表」（適切さに重きを置く）のどちらにおいてでも評価できます。ほとんどの場合、教師から生徒への質問で終えていますが、生徒から質問することも設定することもできます。生徒の応答文が I got up at six. のように1文ではなく、I got up at six. I got up a little earlier to do my math homework. のように2文以上で返すように習慣付けたいものです。

（2）スピーチ

　即興で行わせる、自分の考えを述べさせるなどであれば「思・判・表」の観点で評価できます。これまで実施したスピーチは、事前に準備させ、暗唱させるタイプが多かったと思います。生徒の原稿を教

師が事前にチェックする場合、文法的な誤りはほとんどないはずです。場合によっては英語力よりも暗記力を測るテストになっていることもあります。しかし、生徒を教室から取り出し、トピックをその場で与え、即興でスピーチをさせる形式であれば、発話の正確さや適切さを評価できます。また、その場で短いパッセージを読ませ、それに対する自分の考えを述べるタイプのテストは「思・判・表」の力を測るパフォーマンステストとして向いています。

（3）スキット

教科書の対話文をパート別で演じさせたり、対話文を少し改良して演じさせたり、オリジナルのスキットを演じさせたりします。これもスピーチと同じで、生徒が考えたスキットだとしても事前に教師による原稿チェックを行うと、正確な発話や適切な発話を評価するのには適していません。教科書の対話文を素材にする場合でも、ある程度の自由度をもたせ、即興的な部分もあるスキットを演じさせるように工夫すると「知・技」または「思・判・表」の観点で評価できます。

（4）暗唱

事前に教科書本文などのパッセージを指定し、暗唱での表現力を評価します。これも発話の正確さや適切さを評価するには適していません。発音の正確さなどを「知・技」で評価することはできると思いますが、評価としてではなく、指導の一環として行うのがよいと考えます。

（5）音読

教科書等の音読については「知・技」で発音の正確さを評価することは可能ですが、指導の一環として行う活動として捉え、評価を行うのは適切ではないと考えます。

（6）チャット（自由会話）

教師と生徒の間で、あるいは生徒同士でチャットを行い、生徒の発話を評価します。「知・技」及び「思・判・表」で評価できます。話題に沿って即興で話さなければならないことから、正確な発話や適切な発話を評価するのに適しています。「話すこと［やり取り］」の評価方法として一般的な方法になっています。

（7）ディスカッション

テーマを事前に（またはその場で）提示し、3、4人のグループでディスカッションを行わせ、個々の生徒のパフォーマンスを評価します。「知・技」（ディスカッションで用いる表現の適切な使用）や「思・判・表」（内容の適切さ）などで評価することができます。なお、ディベートについても同様です。

（8）ロールプレイ

道案内、買い物、入国、電話などの場面で、用意した指示にしたがって演じさせる形式です。スキットでは暗記したものを演じさせますが、ロールプレイでは即興性が要求されます。「思・判・表」の観点で、指示を適切にクリアしているかを評価します。

よく行われていたとしても、3観点の学習評価には向いていないものがあります。たとえばスピーチを行わせる場合、暗記の力を測るテストにならないようにしてください。たとえば、話すことの内容や順番をメモにして、それを見ながら発表させるとよいでしょう。また、ロールプレイや即興スピーチなどの即興で話す活動を授業に取り入れ、これらの形式のパフォーマンステストを積極的に行うようにしてください。

❸ パフォーマンステストを行うための手順

　授業で言語活動を十分に行った上で評価する機会を設定します。そのとき、発表評価と面接評価のどちらが相応しいかを判断します。「人物紹介」のスピーチを例にして説明します。発表評価では、スピーチ形式で人物を紹介する際のパフォーマンスを評価します。面接評価では、生徒にある人物の情報が書かれてあるカードを見せ、その人物について紹介するパフォーマンスを評価するなどが考えられます。この場合、発表評価では準備を行ってから人物紹介のスピーチを行うので、準備を入念に行ったかどうかが評価の良し悪しに関わります。一方、面接評価ではその場で得た情報に沿って話さなければならないので、話す能力をより正しく評価することができます。それぞれの長所と短所を把握した上でどのように評価するのかを決めてください。

　一般的に面接評価を実施するまでの手順を説明します。パフォーマンステストの具体的な内容を設定するためには、その前提条件となる生徒の人数、テストが行える場所（教室）、指導できる教員の人数などを把握しておく必要があります。

　パフォーマンステストの具体的な方法を考える前に、次の①〜③の実施するための環境を把握しておきます。

① 　生徒一人当たりの実施可能なテスト時間
　　面接評価では、一人あたりに費やせる時間が制限されます。1クラスに40名の生徒がいるとして、1時間の授業で面接評価を終了しようと考えたならば、生徒一人あたり1分間以内で終えなければなりません。1分間としても生徒の入れ替えの時間があるので授業時間の50分間を超えてしまうかもしれません。クラスの人数により、実施可能な時間を決めますが、入れ替えの時間や評価を記入する時間も含めて少し余裕を持たせます。

② 　パフォーマンステストに関わることのできる教師の人数
　　日本人教師が一人で実施するのか、ALTや他の教員の協力は得られるのか、など教師の人数によっても実施できることが制限されます。

③ 　実施場所
　　教室しか使えないのか、隣の教室や別の教室も使うこともできるのか、などもパフォーマンステストを実施するための大切な条件となります。

　②と③の条件により、次のような生徒の動きが可能になります。

条件1：教員が一人で教室が1つの場合
　　この条件では、教員一人が何役もこなさなければなりません。こうした条件の際、教室前の廊下でテストを行います。教室の前のドアを開き、教員が教室の中もモニターできるようにしながら、生徒を一人ずつ呼んでテストを行います。

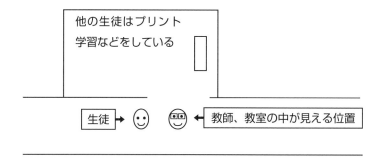

条件2：教員が複数で教室が2つの場合

　ティーム・ティーチングなどで2名以上の教師が関われるのなら、一人が教室でテストを待っている生徒の指導に当たり、もう一人がテストとテストを終えた生徒の指導に当たります。

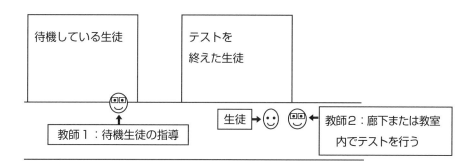

　この他の条件も考えられますが、いずれにしても、パフォーマンステストの内容や生徒の状況により、最良の方法を考えることが大切です。

21 小テストのつくり方、「知識・技能」の観点の評価

■ 小テストの位置付け

　特定の文法事項、単元の内容、語彙、特定の領域（「聞くこと」「読むこと」「書くこと」）などのいずれかを取り上げたテストを本書では小テストと呼ぶことにします。【⑲：定期考査の作成】で、テストにはそれぞれ目的があることを述べましたが、小テストを実施する主な目的を挙げてみます。

　　ア　生徒の習得状況を把握する
　　イ　生徒に自分自身の習得状況を確認させる
　　ウ　大切なことを覚えさせる
　　エ　評価材料にする
　　オ　習ったことを復習・整理させる

　これらの目的は小テストの内容によって異なります。たとえば、指定した単語を覚えるタイプの単語テストならウが主な目的となるでしょう。定期考査だけでは「読むこと」の評価が足りないので、そのために「読むこと」の小テストを行う場合にはエとなるでしょう。既習の文法事項を取り扱った小テストの場合ならアやイなど複数の目的となるでしょう。

　小テストにはさまざまなものがありますが、単元テストを取り上げて説明します。まず、単元テストの大切さについて考えてみましょう。ある単元の最初のパートで言語材料の導入を行ったとします。学習した内容はその授業だけでは定着させられないので、家庭学習で復習させたり、次の授業の前時の復習で取り上げたりします。しかし、単元終了時には多くの言語材料に触れることになるので、中には混乱している生徒や以前に学習したことの理解が曖昧になっている生徒がいるかもしれません。そこで、単元で学習した言語材料を整理し、復習し、必要に応じて覚え直す機会を与える必要があります。また、単元の評価規準をどの程度達成しているかも確認しておく必要があります。教えた少し後にテストを行うことで生徒の達成状況を確認し、場合によっては補足説明や補足活動を行うようにします。この単元テストのように、生徒からすると自分自身の学習状況を把握でき、教師からすると生徒全般または個々の生徒の学習状況を把握し、その結果を事後の指導に活かしていく評価を形成的評価と言います。

　次に、単元テストの問題はどのようなものがよいのかを考えてみましょう。ア、ウ、オの目的であれば、教科書から、授業で渡したプリントから、あるいは授業や家庭学習で行わせている問題集からそのまま出題するか少し変えて出題するとよいでしょう。生徒が単元テストに向けて何を勉強すればよいのかがはっきりするからです。私は単元を終えるごとに単語テストと単元テストの２つをよく行っています。解答時間は、単語テストが約10分間、単元テストも約10分間です。単語テストについては、【⑭：語彙指導】の「⑤ 単語テスト」（p. 101）を参照してください。中学校における単元テストについては、教科書準拠のワークブックからほとんどそのまま出題しています。教科書の１パートを終えるごとにワークブックを宿題として課しているのと、ワークブックの問題が語彙や文法に関わる基本的なものばかりだからです。この結果は「知識・技能」の評価材料としていますが、あまり大きな割合とはしていません。

❷ 授業・家庭学習・テストの関連

　学習したことをテストに反映させるかどうかで生徒の意欲と大きく関わってきます。次の図を見てください。これまで本書で扱った私の授業での指導、家庭学習、小テスト、定期考査の関係を図に示したものです。

＜授業・評価サイクル＞

授業（新言語材料の導入）：言語材料の導入

家庭学習：音読・筆写・ディクテーション・教科書準拠ワークブックなど

授業（前時の復習）：スキット、スピーチ、リテリングなど

授業：帯活動	授業：単元テスト、単語テスト
これまで習った語彙や文法を総動員してコミュニケーションを行う機会の設定（スピーチ、チャット、など）	単元テスト：教科書準拠ワークブックから出題 単語テスト：文の中の単語

パフォーマンステスト
チャット、スピーチほか

定期考査：授業で行った言語活動から関連させて出題
　例：教科書と同じ題材の文章を読んで概要を捉える問題
　　　教科書の題材と関連させた「書くこと」の問題
　　　文法問題（教科書やワークブックからの出題を基にしたもの）

　中学生対象の授業で、ある単元の最初のパートを扱い、文法事項を導入・説明し、ドリル活動を行い、また、教科書本文の導入と音読活動をしたとします。この授業だけでは十分に定着させられないため、家庭学習として Seven Steps（【⑮：家庭学習としての予習と復習】の「❷ 家庭学習の課題」（p. 104 を参照）と教科書準拠のワークブックの課題を出しています。次の授業では、前時の復習として、文法事項の復習、教科書本文の音読、暗唱、スキット、スピーチ、リテリングなどをさせます。この２つの授業で、家庭学習も含め教科書に３回ほど目を通させることになります。

　単元末には単元テストと単語テストを行います。これらのテストは、単元の基本的なことが身に付いているかを確認し、指導の足りないところがあれば補う目的で行っています。また、パフォーマンステストを行うこともあります。教科書とは別のシラバスで行っている帯活動では、これまで学習したこと

を総合的に自分で考えて使用する機会を持たせます。単元で習った新しい語彙や文法事項も帯活動における活動で積極的に使用するように促します。こうして積み上げてきたものがしっかりと定着しているのかどうかを定期考査でも確認します。定期考査では3つ程度の単元が出題範囲になることが多いですが、習ったところを再びしっかりと学習することで得点できる問題にしています（ただし、暗記を中心とした問題ではありません）。このように教科書を何度も学習しなければならない仕掛けをつくっているのです。

❸「知識・技能」の観点の評価

　単元テストや定期考査における文法事項の理解を確認するための「知・技」の観点の問題例を示します。ここでは現在完了形及び現在完了進行形についての問題を例示します。なお、「知・技」のさまざまな設問形式の例を示すために、同じような内容の問題も載せています。また、各問題は2問ずつ示していますが、実際にはもっと多くの問題を作成します。

【1】 次の文の [　　　] に適する語を書きなさい。

(1)　My grandfather moved to Oita 20 years ago. He [　　　] lived there since then.

(2)　This book is really interesting. I have [　　　] reading it for three hours.

> 英文の形の知識があるかを問う「知識」の問題。文脈の中で判断して適する語を入れる形式にしている。選択問題にしてもよい。文法事項の知識についての問題を作成する場合、どのような知識（語順や語句など）があればよいかを考えて作成する。
>
> 答え：(1) has　(2) been

【2】 以下は親子のやりとりです。[　　　] 内の語句を並べかえ、2番目と4番目の番号を書きなさい。

(1)　A：Have [① your room　② you　③ yet　④ cleaning　⑤ finished] ?

　　　B：Yes. Two hours ago.

(2)　A：Did you finish your homework?

　　　B：Not yet. I [① been　② for　③ doing　④ have　⑤ it] two hours.

> 語順の知識を問う「知識」の問題。現在完了形及び現在完了進行形の形として重要なところのみを並べ替えさせている
>
> 答え：(1) ⑤、①　(2) ①、⑤

【3】 以下は友だち同士のやりとりです。次のAとBのどちらかの発話に誤りが1ケ所あります。その誤りがある文を正しい文に書き換えなさい。

(1)　A：You are a good soccer player.

　　　B：Thank you. I have started playing soccer when I was five.

(2)　A：Did you go to Sapporo for the first time?

B：No. I go there three times.

> 完了形が使われる状況を判断できるかを問う「知識」の問題。
> 答え：(1) I started playing soccer when I was five.（when I was ten の語句より過去形が適する）
>
> (2) I have been there three times.（経験を表す現在完了が適する）

【4】以下は友だち同士のやりとりです。対話の流れに合うように、[　　　]内の単語を適切な形に変えたり、不足している語を補ったりして、会話が成り立つように下線部に合う英文を書きなさい。

(1) A：Where is Kaori?

B：She's in the music room. [practice] the piano for an hour.

(2) A：[see] Mr. Tanaka's pictures?

B：Never. I want to see them someday.

> 文脈から現在完了の使用を判断させ、文を書かせる「技能」の問題。文の中に[　　　]を置いて、その部分のみを適切な形にするタイプであると「知識」の問題となる。
> 答えの例：(1) I have been practing the piano for an hour.
>
> (2) Have you (ever) seen Mr. Tanaka's pictures?

【5】あなたは、学級新聞にまとめるためにクラスメートにインタビューしています。それぞれの状況を表す英文を書きなさい。

(1)（カズオ）海外に何回か行ったことあり

(2)（ミワとアキラ）3年間同じクラス

> メモから英文を書かせる「技能」の問題。
> 答えの例：(1) Kazuo has been abroad several times.
>
> (2) Miwa and Akira have been classmates for three years.

　問題を作成すると、「知識」と「技能」のどちらの観点の問題として相応しいのか判断できない場合があります。最終的には「知識・技能」の観点でＡＢＣの評価を決定するので、多少微妙な問題があっても支障はありません。「技能」の評価の問題は、知識を活用して、「聞いて（読んで）内容を理解する」「（言語材料を適切に使って）正しく書くことができる」となります。なお、「技能」の問題が正解できれば「知識」は身に付いていると考えます。

❹ 小テストの採点と返却

　小テストの採点や返却についての工夫を紹介します。どんなテストでも、模範解答は事前に作成しておくべきです。事前に自分で解くことで問題に誤りがあるかどうか確認できるのと、答え合わせの際に

模範解答を生徒に配付することができるからです。模範解答を配付しないで教師が説明していく方式も考えられますが、時間がかかり、他の活動をする時間を削ることになります。また、模範解答を配れば、生徒があとで学習し直すこともできます。

　採点については主に３つの方式が考えられます。教師が採点する方式、生徒が自分の答案を採点する方式、生徒同士で答案を交換させて採点し合わせる方式の３つです。それぞれの方式には次に挙げる長所と短所があります。

　①　教師が採点する方式
　　長所：採点をしながら個々の生徒の習得状況を把握できる。
　　短所：採点に時間を取られてしまう。
　②　生徒が自己採点する方式
　　長所：生徒自身が自分の間違えたところを確認できる。
　　短所：採点が甘くなったり厳しくなったりする。
　③　生徒同士で答案を交換させて採点する方式
　　長所：他の人の採点をすることで、解答をしっかりと確認するようになる。
　　短所：正しく採点できない生徒や採点に時間のかかる生徒がいる。

　②や③の方式を採用する場合でも、テスト用紙を回収し、生徒の習得状況を確認する必要があります。私は単元テストや単語テストでは、テスト終了後に模範解答を配付し、座席の隣同士で採点させ合う③の方式をとっています。生徒は他の人のテストを採点することで、すべての問題の解答をしっかり確認しながら、自分が間違えたところも思い出せるようです。

　テストを返却するときには生徒が自分の間違えたところを確認する時間を取りたいものです。特に、教師が採点して返却する方式では、生徒は得点のみを気にし、間違ったところを確認しないことがあります。授業内で自分が間違えたところを確認させ、間違ったところをノートに書かせるのが最良の方法です。また、多くの生徒に誤りが見られた問題について教師による説明が必要です。私はよく生徒同士をペアやグループにし、間違えたところの説明をし合わせます。教師が説明するよりも生徒同士で説明し合わせる方が、はるかに学習効果が高くなります。

22 「思考・判断・表現」の観点に関する指導と評価

■ 「思考力、判断力、表現力等」とは

「思考力、判断力、表現力等」(理解していること・できることをどう使うか)は、今回の学習指導要領で特に大事だと私は思っています。これまで重きを置いて指導してこなかったことだからです。以下は、「思考力、判断力、表現力等」に関わる学習指導要領の目標です。

> (中学校)
> コミュニケーションを行う目的や場面、状況などに応じて、日常的な話題や社会的な話題について、外国語で簡単な情報や考えなどを理解したり、これらを活用して表現したり伝え合ったりすることができる力を養う。
>
> (高等学校)
> コミュニケーションを行う目的や場面、状況などに応じて、日常的な話題や社会的な話題について、外国語で情報や考えなどの概要や要点、詳細、話し手や書き手の意図などを的確に理解したり、これらを活用して適切に表現したり伝え合ったりすることができる力を養う。

「思考力、判断力、表現力等」の目標のキーワードは「目的や場面、状況など」です。実際場面でコミュニケーションを行う際にはこれらを考えて活動します。教室で言語活動を行う際にも目的や場面、状況等の設定が必要になります。また、中学校及び高等学校学習指導要領解説には、外国語学習における学習過程として次の流れが示されています。

> ① 設定されたコミュニケーションの目的や場面、状況等を理解する。
> ② 目的に応じて情報や意見などを発信するまでの方向性を決定し、コミュニケーションの見通しを立てる。
> ③ 目的達成のため、具体的なコミュニケーションを行う。
> ④ 言語面・内容面で自ら学習のまとめと振り返りを行う。

この学習過程の流れにおいても①に「目的や場面、状況等を理解する」とあります。これを踏まえてどのようにコミュニケーションを行ったらよいのか見通しを立ててから活動を行わせます。

学習指導要領に載っている「思考力、判断力、表現力等」の内容についても確認しましょう。中学校及び高等学校学習指導要領には、「情報を整理しながら考えなどを形成し、英語で表現したり、伝え合ったりすることに関する事項」として、次の指導事項が示されています。

> (中学校)
> ア 日常的な話題や社会的な話題について、英語を聞いたり読んだりして必要な情報や考えなどを捉えること。
> イ 日常的な話題や社会的な話題について、英語を聞いたり読んだりして得られた情報や表現を、

選択したり抽出したりするなどして活用し、話したり書いたりして事実や自分の考え、気持ちなどを表現すること。

（高等学校）※「論理・表現」についてはイとウのみ。

ア　日常的な話題や社会的な話題について、英語を聞いたり読んだりして、情報や考えなどの概要や要点、詳細、話し手や書き手の意図などを的確に捉えたり、自分自身の考えをまとめたりすること。

イ　日常的な話題や社会的な話題について、英語を聞いたり読んだりして得られた情報や考えなどを活用しながら、話したり書いたりして情報や自分自身の考えなどを適切に表現すること。

ウ　日常的な話題や社会的な話題について、伝える内容を整理し、英語で話したり書いたりして、要点や意図などを明確にしながら、情報や自分自身の考えなどを伝え合うこと。

　話題に関しては中学校と高等学校のいずれにおいても日常的な話題及び社会的な話題を扱います。社会的な話題とは、環境問題や人権問題など社会で起こっている出来事や問題に関わる話題のことです。まず、それらを聞いたり読んだりするときに、その目的や場面、状況等に応じてどのような情報を得るべきかを判断します。次に、得た情報を整理したり、吟味したり、既知の知識と照らし合わせて関連付けたりして、必要な情報や考えを理解します。さらに、相手に伝えるために、得た情報から伝えるべき必要な情報を取り上げ、それを伝えるために活用できる表現を考えます。

　「思考力、判断力、表現力等」を育てるためには、「聞くこと」と「読むこと」を単独で考えるだけではなく、これを「話すこと」及び「書くこと」につなげる統合的な言語活動を設定する必要もあります。統合的な言語活動を行うには教科書本文の扱い方が大事です。文法や語彙などの知識を教えるついでに本文を扱うような授業をしてはいけません。本文を深く理解するためにどのような質問ができるか、本文内容から何を考えさせるのか、読んだ後でどのような言語活動を行わせることができるかなどを工夫することが重要になります。

②「聞くこと」及び「読むこと」の指導

　5領域のうち、受容的な言語活動の「聞くこと」及び「読むこと」については、中学校と高等学校の両方において「必要な情報」「概要」「要点」を聞いたり読んだりして捉えることになります。なお、「英語コミュニケーションⅡ」及び「英語コミュニケーションⅢ」では「詳細」が加わります。では、「必要な情報」「概要」「要点」について指導する際のポイントを示します。

（1）必要な情報を聞き（読み）取る指導

　必要な情報を得るために聞いたり読んだりする際には目的や場面、状況の把握をしなければなりません。「自分がどのような状況なので、どのような情報が必要なのか」など、聞く（読む）目的をはっきりさせてから聞く（読む）活動に進みます。必要な情報を聞き（読み）取る際には、耳にする（目にする）英語をすべて理解しようとする必要はありません。文章の流れや語句などから求める情報が「ここらへんにある」と察知し、そのところで「聞くこと」であれば集中し、「読むこと」であれば丁寧に読むことになります。

　教材（教科書）研究を行う際、アナウンス、何かの説明、スピーチなど（聞くこと）、掲示、ポスター、広告、手紙や電子メールなど（読むこと）の教材では、必要な情報を聞き（読み）取る言語活動ができるか確認しましょう。

（2）概要を捉える指導

　「概要」とは、聞く（読む）英語のおおよその内容のことです。全体としてどのような話のあらましなのか、何について話されて（書かれて）いるのかを捉えます。この活動では、知らない語句があったとしても、分かる語句から内容を把握する聞き方（読み方）が必要です。分からないところがあると聞く（読む）ことを止めてしまったり、分からない部分を気にし過ぎて全体の把握ができなかったりする生徒を見かけます。「読むこと」で言えば、文章の1文目から丁寧に読み進め、分からない単語があるとすぐに辞書などで調べる学習ばかり行っていると、概要を捉える力は身に付きません。授業でも、まずは文章全体を読み、概要を捉えてから詳細を理解する手順を頻繁に取り入れるようにします。

　概要を捉えたあとの言語活動も考えます。たとえば、捉えた内容を他の人に伝えたり書いてまとめたりなどの活動を設定するとよいでしょう。

（3）要点を捉える指導

　「要点」とは話し手や書き手が最も伝えたい重要なことです。この活動においては、聞いたり読んだりする英語のおおよその内容を把握しながら、話し手や書き手が伝えたい最も重要なことを捉えさせます。

　教科書本文がスピーチ文や電子メール文などの場合、要点を捉える言語活動ができるか確認します。スピーチを行う際にはふつう話し手の考えが述べられているのと、電子メールは読み手に何かを伝えるために書くものなので、これらのテキスト形式は要点を捉える言語活動に向いています。要点を捉えるのに適している教材があったら、What does the writer（speaker）want to tell us most? や What's the most important point in his speech（e-mail）？などと質問し、要点を捉える活動を行います。このとき教師が教え込むのではなく、生徒の気付きを大切にした指導を行うようにします。たとえば、生徒に最も伝えたいことと思われる文にチェックを入れさせ、生徒同士で確認させ合います。多くの文章の場合、重要なことは文章の終わり、段落のはじめか終わりにありますが、これを教師が言ってしまうのではなく、生徒に活動を通して気付かせるようにしましょう。

　要点を捉えたあとの言語活動では、話し手（書き手）の考えと自分の考えとを比べさせ、それについて生徒同士でやりとりを行ったり、書いたりなどの活動を設定するとよいでしょう。

❸ 「聞くこと」及び「読むこと」の評価

　「思考・判断・表現」の観点における「聞くこと」と「読むこと」の評価は、「必要な情報」「概要」「要点」「詳細（英語コミュニケーションII及びIII）」を捉える問題を作成して評価します。

　テストでは、教科書で聞いたり読んだりしたことをそのまま出題しないで、本文を加工したり、同じような題材のものを他の教科書や教材などから選びます。また、授業で行った言語活動とテストの設問は関連させます。たとえば、人物について読んで時間軸に沿ってまとめる設問を出題するなら、授業で

も同じ言語活動を行っておくべきです。言語活動を設定する際、定期考査などの問題も考えておくと指導と評価を一体化させられます。

　文部科学省国立教育政策研究所が2021（令和3）年に示した高等学校の「『指導と評価の一体化』のための学習評価に関する参考資料」には、ペーパーテストの作成方法が載っています。その中で、「設問の作成」（p. 63）が示されていますので紹介します。

	形式	設問例
必要な情報	選択	・アナウンスを聞いて、次に取るべき行動を選ぶ（L）。 ・プレゼンテーションを聞いて、その内容に合う表やグラフを選ぶ（L）。 ・イベントのポスターを示し、開催日時やスケジュールを聞いたり読んだりして、与えられた条件下で参加できる時間帯を選ぶ。 ・イベントの紹介パンフレットを読み、目的に合うものを選ぶ（R）。
	記述	・話し手の状況や意向、疑問を聞き取り、助言や感想を書く（L）。
概要	選択	・話題を選び。 ・内容に合う絵や図、グラフ、英文を選ぶ。 ・内容に合うように、絵や図を並べ替える。 ・概要をまとめた文章を選ぶ。 ・内容に合うように、英文を時系列に並べ替える。
	記述	・内容に合うように、表やグラフの空欄に単語等を入れる。 ・内容に合うように、タイトルを付ける。 ・概要を書く。
要点	選択	・要点をまとめた文章を選ぶ。
	記述	・要点を書く。 ・要点について、自分の意見とその理由を書く。
詳細	選択	・詳細情報に合う英文を選ぶ。 ・詳細情報に合うように、表やグラフの空欄に当てはまるものを選ぶ。
	記述	・詳細情報を書く。 ・詳細情報について、自分の意見とその理由を書く。

　必要な状況を聞き取る問題では次の2つのタイプが考えられます。
　①　何を聞き取らないといけないのかをあらかじめ伝え、その情報を聞き取るタイプ
　②　場面のみをあらかじめ伝え、聞き取る内容から何が自分にとって必要なのかを判断して聞き取るタイプ

　たとえば、帰りのHRで、翌日の文化祭の連絡をするとき、①のタイプでは、「あなたの学校では明日は文化祭です。帰りのHRで先生が明日の予定で変わったところを言いますので、予定表を訂正しなさい」のように聞き取らなければいけない情報をあらかじめ伝えます。②のタイプでは、「あなたの学校では明日は文化祭です。帰りのHRで先生が言うことの中から大事なことをメモしなさい」とだけ伝え、いくつかの情報の中から何が必要なのかを判断することも含めます。

　定期考査の「聞くこと」で、既製のリスニング教材を使った問題しか使っていないテストをよく見かけます。同僚やALTなどに頼り、自作の「聞くこと」の問題も出題したいものです。

4 「話すこと [やり取り]」「話すこと [発表]」「書くこと」の指導

　中学校及び高等学校の学習指導要領における「話すこと [やり取り]」「話すこと [発表]」「書くこと」の目標はパラレルで設定されています。以下が主な目標です。下線の部分は、他の領域では下線部の直後の（　　　）内の文言に置き換えます。

・即興で伝え合う（話す）ことができる。（中「話すこと [やり取り]」及び「話すこと [発表]」）
・事実や自分の考え、気持ちなどを整理し、伝えたり、相手からの質問に答えたりする（話す、書く）ことができる。（中）
・聞いたり読んだりしたことについて、考えたことや感じたこと、その理由などを述べ合う（話す、書く）ことができる。（中）
・正確に書くことができる。（中「書くこと」）
・情報や考え、気持ちなどを話して伝え合うやり取りを続ける（論理性に注意して話して伝える、論理性に注意して文章を書いて伝える）ことができる。（高「英語コミュニケーション I」）
・聞いたり読んだりしたことを基に、情報や考え、気持ちなどを論理性に注意して話して伝え合う（話して伝える、文章を書いて伝える）ことができる。（高「英語コミュニケーション I」）

　この中から「話すこと [やり取り]」から1つ、「話すこと [発表]」から1つを取り上げ、私の実践事例を紹介します。

（1）チャットの指導

　いきなり生徒同士で話しなさいと指示しても話せるものではありません。【06：ウォーム・アップ活動及び帯活動】で紹介したQ＆A活動を行うなどしてやりとりに慣れさせる必要があります。慣れさせることのできる言語活動の1つが「チャット」です。これは生徒同士の対話活動です。「チャット」は私が1991年頃に名付けた名称です。生徒同士で休み時間にするような会話を継続できるようにという思いを込めて命名しました。chatとは「おしゃべり」という意味です。チャットの長所として、
　ア　これまで習った言語材料を総合的に使用し、運用能力を高めることができる。
　イ　コミュニケーション能力を高めることができる。
　ウ　質問する力が身に付く。
　エ　会話技術を習得することができる。
　オ　pre-reading活動やpost-reading活動などに使える。
　カ　小・中・高のどの学習段階でも行うことができる。
などが挙げられます。
　中学2年生の前期まではOne Minute Chatと称して、上記のア、イ、ウ、エを目的に、帯活動でさまざまなトピックについてチャットを行わせています。中学2年生以降は2分間、3分間と時間を延ばしたり、チャットのあとにレポーティングを行わせたりしています。One Minute Chatでは、同じトピックで3回（3日間）、それぞれ話し相手を替えて行わせています。1回目は上手にできなくても、2回目、

3回目では、友だちが使った表現を取り入れたり、自分で調べた表現を使ったりして、そのトピックについて話せるようになっていきます。One Minute Chat で使用するワークシートを紹介します。

One Minute Chat

Class	Name

Unit-	Topic or First Sentence:

	Date:	Partner:	EVALUATION	
①			・eye contact	A B C D
			・fillers	A B C D
			・	A B C D
			Total	A B C D

こんな表現が言えたら（英語で言いたかったが言えなかったことを日本語で書く）

	Date:	Partner:	EVALUATION	
②			・2 sentences	A B C D
			・help partner	A B C D
			・	A B C D
			Total	A B C D

こんな表現が言えたら（英語で言いたかったが言えなかったことを日本語で書く）

	Date:	Partner:	EVALUATION	
③			・content	A B C D
			・one minute	A B C D
			・	A B C D
			Total	A B C D

こんな表現が言えたら（英語で言いたかったが言えなかったことを日本語で書く）

今回の反省

チャットの活動では、会話技術や会話表現の指導も行っています。１回のチャットで、１つの会話技術や会話表現を生徒に指導し、それをチャットの中で積極的に使うように促します。私が部長をしているＥＬＥＣ同友会英語教育学会実践研究部会で、会話技術や会話表現をまとめたのでその一部を紹介します。

＜態度に関わること＞

（1）　相手と視線を合わせる。

（2）　会話時間を考え、会話を共有する。

　　一人がずっと話すのではなく、限られた時間を二人で共有する。相手に合わせた話題を切り出す。

（3）　質疑応答になるのを避ける。

　　一方的なインタビューのようにならないようにする。

（4）　会話を発展させるために、応答文に情報を付け加えるようにする。Do you like sports? とパートナーが質問してきたら、Yes か No の情報だけでなく、I play tennis. などの情報を加えて応答する。

（5）　会話を続けるためには二人の協力が必要であり、平等に責任をもっている。たとえば、パートナーが黙ってしまったら関連した話題を切り出すようにする。

（6）　話題をすぐに変えないようにする。特に One Minute Chat の場合は同じ話題で通す。

＜基本的な会話技術＞

（1）　フィラー（fillers）を使って間を埋める。

　　相手に伝えたいことがあるが、単語や表現が思いつかなかったときに Well, Um.., Let me see, Er などのフィラーを使う。３秒以上沈黙したら使うように指導するとよい。

（2）　相づち（rejoinders）を打つ。

　　相づちには次に示すように、いくつかの異なる働きがある。

　　① 興味を持って聞いていることを相手に示す。Uh-huh. Yeah. Is that so?（echo*）など

　　② 許可、了解を示す。All right. Sure. No problem. など

　　③ 自分が理解していることを伝える。Oh, I see. I get it! I understand!（echo）など

　　④ 相手の理解が正しいことを伝える。That's right. You're right. など

　　⑤ 賛成、同意を伝える。Oh, yes. I think so, too. Me, too. など

　　⑥ 反対であることを伝える。I disagree. I don't think so. など

　　⑦ 喜びや感動を示す。That's nice. Cool! How exciting! など

　　⑧ 驚きや意外性を示す。Really? Wow! No kidding! など

　　⑨ 悲しさに対する同情、残念な気持ちを示す。That's too bad. That's a shame. など

　　　　※ echo は、相手が言ったことをオウム返しで言うことです。たとえば、相手が I like cooking. と言ったら、Oh, you like cooking. のように言います。チャットの指導の中で、生徒に分かりやすく伝えるために私が命名した表現です。

（3）　質問をする

　　相手が言ったことに質問することで、内容を深めたり、相手の話に興味を持って聞いていることを示したりする。When? Where? Who with? などの基本的な質問から指導する。

・What else did you do?　　・How was it?

・How did you like it?　　・And then?

(4) 自分のことを述べてから相手に質問する

　相手が言ったことに関連した質問をする場合を除いて、自分のことを述べてから相手はどうか質問する。脈絡もなく、むやみに質問するのはよくないことを日頃より指導しておきたい。

　（例）I like action movies. I often watch them.　Do you like action movies, too?

(5) 相手が言ったことを確認したり、わからないことについて尋ねたりする

　相手が言ったことが聞き取れなかったり、理解できなかったりしたときは、確認するために聞き返す。中学1年生では Pardon?　Sorry?　I don't understand. など、2年生以降では You like what?　Where? など部分的に聞き取れなかったことを聞き返す方法や What is it?　What does it mean?　Is it a kind of game? などの表現も指導する。

(6) 自分の感情や感想を述べる

　自分が訪れたところや経験したことについて、It was terrific（great, amazing, fun, exciting, terrible など）. や I was excited（scared, nervous, bored など）. などの感情表現を付け加える。また、I liked the place.　The food was delicious. などの感想を付け加える。

(7) 説明する

　理由を述べたり、他の表現に言い換えたり、具体例を述べたり、定義付けをしたりする。理由は because を使って付け加えたり、理由となる英文をあとに付け加えたりさせる。

(8) 自分が言ったことを確認する

　自分が言ったことが相手に理解されているかどうか Are you with me?　Do you know it? などの表現を使って確認する。また、自分が知っている情報が正しいかどうか、Is that right? などの表現を使って相手に確認する。

(9) ジェスチャーを使う

　大きさや高さを表す際、ジェスチャーを添える。

　（例）I caught a big fish.　It was this big.

(10) 顔に表情をつける

　喜怒哀楽を顔の表情で表す。たとえば、It was great. と言うときはうれしそうに、That's a shame. と言うときは残念そうに言う。

(11) 話題を切り出す

　話題をいくつか用意しておく。話題の切り出し方については、次の表現を利用する。

・Are you interested in action movies?

・I hear you are practicing the piano.

・Have you ever heard of the Sky?　It's a good band.

・How was your spring vacation?

(12) 話題を変える

　基本的には話題を変えないようにするが、どうしても話題がつきてしまったときは、By the way, Speaking of 〜 , Anyway, Well などの表現を使って話題を変える。

(13) 話す順番を得る

　　話す順番を得るときは、相手の述べた文尾に重ねて Me, too. とか I have the same experience. などの表現を使って話し始める。ただし、相手がもっと話したそうなときには相手が話し終わるのを待つ。

(14) 話す順番を相手に渡す

　　ある程度自分が話したら相手に話す順番を渡す。また、数人で話している場合には、あまり発話していない人に話を振るようにする。次の表現を使う。

　　・I ～ . Are［Do, Did, Can, Have］you?　　　　・How about you, Ken?

　　・You ～ ,［aren't, didn't, weren't］you?

(15) 会話を終える

　　会話を終えたいときや、別のグループに行くときなどに次の表現を使う。

　　・Thank you.　　　　　　　・See you.

　　・Nice talking with you.

（2）教科書本文に関連させたスピーチやプレゼンテーション

　聞いたり読んだりしたことを基に、情報や考え、気持ちなどを話して伝えることが学習指導要領の目標の１つになっています。指導過程のどこであってもこの目標に関する言語活動を設定することは可能です。特に単元の最後にはまとめとなる言語活動を設定してください。私が高校生の指導でよく行う言語活動を紹介します。

① 　リテリング

　　教科書本文の内容を自分の言葉で話す言語活動。【01：学習指導要領で求められている授業】にどのようにリテリングをさせているかを説明しています。

② 　要約（＋感想など）

　　本文内容を要約させ、スピーチで発表させています。クラスサイズの関係で「80 秒以内で発表する」などの時間の条件を与えているため、大事なところを中心に要約しないと時間が足りなくなってしまいます。また、要約した後に感想を述べさせます。

③ 　なりきりスピーチ

　　登場人物になったつもりで事実や感想などを述べるスピーチです。学習指導要領では自分の考えを述べることが求められていますが、登場人物の置かれている状況からその人の考えを推測して述べることで、時代を超えてさまざまな場面や状況に合った内容が話せると考えています。

④ 　ロールプレイ

　　登場人物になりきり、創造も交えてほぼ即興で演じさせます。たとえば、２名で演じる際、一方は相手を説得して何かを行わせる側、他方は質問をしながら相手の説得に応じるかを決定する側のように役割を設定して行わせます。

⑤ 　スピーチ（事実や考えを述べる）

　　本文を引用したり本文の表現を使ったりしながら自分の考えをスピーチ形式で述べさせます。この活動については中学生のときから段階的に指導しています。以下にさらに説明を加えます。

今回の学習指導要領では、聞いたり読んだりしたことについて事実（情報）や考え、気持ちなどを話すことが目標となっています。教科書本文について考えなどを述べるスピーチを行わせる際、私は次のような段階を考えて指導しています。ただし、本文の難易度や内容により、第3段階を行った単元のあとの単元では第2段階を行うなどがあり得ます。

＜第1段階＞

スピーチの大部分が教科書本文の英文、それに自分で考えた文を少し述べるタイプ

　教師によって本文の一部を抜粋したりまとめたりした文（30語程度まで）を暗唱させ、それに1文以上自分の考えた文（事実や感想など）を付け加えさせたスピーチを行わせています。このタイプの長所は、生徒の負担が少ないことです。私のこれまでの経験から30語程度であれば、授業の中で暗唱させることができます。その30語程度のパッセージに自分の考え、経験、感想などを付け加えさせます。たとえば、『ONE WORLD English Course 3』の Lesson 2 の part 3 では、けがをしたオオワシなどの野生生物を自然に戻す活動をしている齊藤氏を話題に取り上げています。約130語の説明文となっていますが、この中から次の部分を暗唱させ、このあとに自分の考えなどを付け加えさせます。

Dr. Saito has been working hard to cure birds from their injuries and help them return home. He believes that wildlife should be returned to the wild.（27語）

　ちなみに、1文目について、教科書本文には前の部分を受けて Dr. Saito also has been working ～と also が使われていますが削除しました。暗唱させる部分を整えたり覚えやすくさせたりするために、原文に修正を加えて生徒に暗唱させることもあります。

＜第2段階＞

教科書の内容を自分でまとめ、それに自分が考えた文を加えて話すタイプ

　本文を自分でまとめ（要約）させます。教科書では語数の制限のために一部の情報が省略されていることがあるので、自分で調べたことを加えさせることもあります。そして、考えなどを付け加えさせます。内容をまとめさせるので、ある程度の情報量のある単元で、要約がしやすい文章のときに行います。これにより、文章をまとめる力を高めることもできます。

＜第3段階＞

本文の使用は引用程度にするタイプ

　自分で調べたことや考えなど聞き手にとって新しい情報がスピーチ内容の主となります。本文の一部を使いながら、自分の考え、意見、経験、感想などを述べさせます。According to ～などの引用するための表現を指導します。

⑤「話すこと［やり取り］」「話すこと［発表］」「書くこと」の領域の評価

　【⑳：パフォーマンステストの実施方法】で、「話すこと［やり取り］」及び「話すこと［発表］」のパフォーマンステストの例を挙げましたが、ここでは「書くこと」のペーパーテストの例を1つ示し、評価の仕方について説明します。

作問意図：教科書で環境問題を取り扱ったので、定期考査ではその感想も含めて生徒の考えを書かせて評価したい。その際、「知・技」では、語彙や文法の使用の適切さ、「思・判・表」では、自分の考えを条件に合わせて適切に表現しているか、「主体」では、以前に授業で行った「書くこと」の言語活動での反省を生かして書いているかについて評価したい。条件として、普段から考えていることや行っていることを2つ書かせるが、教科書本文に3つほど例が出ていたので、もし思いつかない場合には、教科書の例を書いてもよいことにする。

評価規準：

「知・技」：考えを述べる際の表現を理解し、語彙や文法を適切に使用して書いて伝える技能を身に付けている。

「思・判・表」：自分の考えを伝えるために、環境問題について読んだことを基にして、自分の考えを整理して書いて伝えている。

「主体」：自分の考えを伝えるために、環境問題について読んだことを基にして、自分の考えを整理して書いて伝えようとしている。

設問

あなたは高校生環境サミットで、環境について普段から考えていることや行っていることを発表します。次の条件でスピーチ原稿を書きなさい。

＜条件＞

①　環境問題について考えていることを書く

②　あなたが普段からしていること（しなければならないと考えていること）の例を2つ書く
（教科書で学んだことを参考にして書いてもよい）

採点基準（10点満点）

次のルーブリックにしたがって採点する。

	a	b	c
知識・技能	語彙や表現が適切に使用されている。	多少の誤りはあるが、理解に支障のない程度の語彙や表現を使っている。	「b」を満たしていない。
思考・判断・表現	条件の①と②を満たした上で、読み手にとても分かりやすく書いている。	条件の①と②を満たして書いている。	「b」を満たしていない。
主体的に学習に取り組む態度	条件の①と②を満たした上で、読み手にとても分かりやすく書こうとしている。	条件の①と②を満たして書こうとしている。	「b」を満たしていない。

「知・技」は、 a を 4 点、 b を 2 点、 c を 0 点とする。

「思・判・表」は、 a を 6 点、 b を 3 点、 c を 0 点とする。

　「話すこと［やり取り］」「話すこと［発表］」「書くこと」のパフォーマンステストでは、この例のように 3 観点を 1 つのパフォーマンスで同時に評価することができます。その際、「知・技」は、英文の正しさ、発音や綴りの正確さ、語彙の適切な使用などで評価します。「思・判・表」は、条件（タスク）を設定して、その条件（タスク）を達成したかどうかで評価する方法がよく取り入れられています。「知・技」と「思・判・表」の配点はこの例のように、10 点満点中、「知・技」は 4 点、「思・判・表」は 6 点のように分けておきます。なお、「主体」については配点には加えず、別に記録します。これについては【㉓：「主体的に学習に取り組む態度」の観点に関する指導と評価】も参照してください。

　採点を行う際には、複数の教師が同じ評価ができるように事前に話し合っておきます。または、この例のようにルーブリックを作成し、その基準に沿って評価します。なお、「構成」や「例の示し方」などの評価項目を設定して採点（評価）する場合には、評価項目をテスト用紙に明記しておきます。評価項目を生徒に知らせないままテストを行うことがないようにしてください。

23 「主体的に学習に取り組む態度」の観点に関する指導と評価

❶「主体的に学習に取り組む態度」の観点とは

　育成を目指す資質・能力の三つの柱の１つである「学びに向かう力、人間性等」では、「学びに向かう力」に関してのみ「主体的に学習に取り組む態度（以下、「主体」）」として観点別学習状況の評価を行います。「人間性」の部分は観点別学習状況の評価ではなく個人内評価を通じて見取ります。

　「『指導と評価の一体化』のための学習評価に関する参考資料（以下、「参考資料」）」には「主体」の評価に際して次のことが示されています。

> 　単に継続的な行動や積極的な発言を行うなど、性格や行動面の傾向を評価するということではなく、各教科等の「主体的に学習に取り組む態度」に係る観点の趣旨に照らして、知識や技能を習得したり、思考力、判断力、表現力等を身に付けたりするために、自らの学習状況を把握し、学習の進め方について試行錯誤するなど自らの学習を調整しながら、学ぼうとしているかどうかという意思的な側面を評価することが重要である。

　「主体」の観点の評価は、次の２つの側面で評価することが求められています。
① 　知識及び技能を獲得したり、思考力、判断力、表現力等を身に付けたりすることに向けた粘り強い取組を行おうとしている側面
② 　①の粘り強い取組を行う中で、自らの学習を調整しようとする側面

　右図は「参考資料」に載っている２つの側面の関係を表している図です。この図から、課題を毎回提出しコツコツ勉強しているなど粘り強い取組を行おうとする状況であったとしても、自らの学習を調整しようとする側面が見られなければ評価はＣ「努力を要する」になります（黒丸のところ）。

　また、「参考資料」には、「生徒の学習の調整が『適切に行われているか』を必ずしも判断するものではなく、学習の調整が知識及び技能の習得などに結び付いていない場合には、教師が学習の進め方を適切に指導する」とあります。指導のやり方については、このあとの「❸ 自主的に学習する態度を育てるには」を参考にしてください。

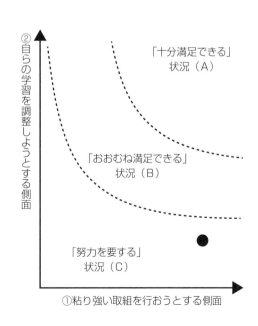

②自らの学習を調整しようとする側面

「十分満足できる」状況（Ａ）

「おおむね満足できる」状況（Ｂ）

「努力を要する」状況（Ｃ）

①粘り強い取組を行おうとする側面

❷「主体的に学習に取り組む態度」の評価方法

　「主体」の評価を行う際は、ノートやレポート等における記述、授業中の発言、教師による観察、生徒による自己評価や相互評価等の状況、ペーパーテストやパフォーマンステストの状況などが評価の材料となり得ます。学期や単元の評価計画を立てる際、「主体」の評価の材料とすることをいくつか決めておき、記録し、総括して評価を決定します。

　「参考資料」によると、「思・判・表」と「主体」の評価規準は文尾が異なるだけです。たとえば、「思・判・表」の評価規準が「外国の人に『行ってみたい』と思ってもらえるように、町や地域のことについて、事実や自分の考え、気持ちなどを整理し、簡単な語句や文を用いて伝えたり、相手からの質問に答えたりしている」であれば、「主体」の評価規準は「外国の人に『行ってみたい』と思ってもらえるように、町や地域のことについて、事実や自分の考え、気持ちなどを整理し、簡単な語句や文を用いて伝えたり、相手からの質問に答えたりしようとしている」となっています。つまり、この評価規準における「思・判・表」の評価がbであれば、原則として「主体」の評価もbとなります。しかし、粘り強い取組や自己調整を行っていることがパフォーマンスに見られたら、「主体」の評価をaにします。

　では、「主体」の評価を行うための具体的な方法について説明します。「主体」の評価を行うためにすべての授業やテスト、提出物を評価する必要はありません。授業中は評価よりも指導に注力すべきです。また、さまざまなことを評価しようとすると時間がいくらあっても足りません。そこで、学期ごとに評価するための材料をいくつか設定し、それらについてのみ記録に残すのがよいと私は考えます。たとえば、ある学期では次のことを評価します。

①　宿題や課題を行っている状況及びその内容

　　ワークブックなどの宿題を行っているか確認します。主に知識及び技能の習得のために粘り強く取り組んでいるかを見取ります。ただし、これだけで「主体」の評価を決めたり、他の項目より割合を高く設定したりしてはいけません。あくまでいくつかの評価材料のうちの1つとして扱います。

②　自主学習ノートの内容

　　自主学習ノートに取り組ませている場合には、その内容を評価します。粘り強く取り組んでいるか、自らの学習を調整しようとしているかを見取ります。

③　ペーパーテスト「聞くこと」の大問のうちの1つ

　　今学期は「思考・判断・表現」の観点の概要を捉えることの大問（記述式）について評価します。授業で行った同様の言語活動の反省を生かした記述内容になっているか、多くの情報を記述しようとしているかなどから評価します。

④　ペーパーテスト「読むこと」の大問のうちの1つ

　　今学期は「思・判・表」の観点の必要な情報を読み取ることの大問（記述式）について評価します。③と同様に、授業で行った同様の言語活動の反省を生かした記述内容になっているか、適切な情報をできるだけ記述しようとしているかなどから評価します。

⑤　ペーパーテスト「書くこと」の大問のうちの1つ

　　今学期は「思・判・表」の観点で、条件に沿ってまとまりのある文章を書くことの大問について評

価します。授業で学んだことを生かして書いているか、多くの情報を書いているかなどから評価します。

⑥　パフォーマンステスト「話すこと［やり取り］」

　　生徒同士によるチャットのパフォーマンスを評価します。授業で下の＜チャットの振り返りシートの例＞に記入させ、それがパフォーマンステストで生かされているかを評価します。振り返りシートや自己評価を「主体」の評価の材料にできるかよく議論になります。記述内容だけで判断するのではなく、それがパフォーマンスに表われている状況を評価するべきであると考えます。

＜チャットの振り返りシートの例＞

　本日授業でチャットを行いました。約１ケ月間活動をした後にパフォーマンステストを実施する予定です。これに向けて次のことについて振り返ったり考えたりして書いてください。

（１）今回のチャットでがんばったことを書こう

（２）今回のチャットの録音を聞き、①言いたかったのに言えなかった、②もっとこうすればよかったと思ったことを書こう

（３）パフォーマンステストの自己目標やそれを達成するためにがんばりたいことを書こう

---

⑦　授業で行うスピーチ発表

　　スピーチ発表で特に聞き手に分かりやすく話そうとしていたかについて評価します。前回のスピーチと比べ、向上していたらチェックを入れておきます。

　　これら７つの記録を吟味し、たとえば４つの項目で良い評価であれば、「主体」の観点別学習の評価を「思・判・評」の評価よりも１つ上げます。なお、下げることは考えません。

❸ 自主的に学習する態度を育てるには

　生徒が自主的に学習するように仕向けることも私たち教師の大切な仕事です。英語に興味をもち、もっと勉強したいという気持ちを持たせることができれば、家庭で勉強する時間が増えていきます。家庭学習の内容は授業に関連したものばかりでなくてもかまいません。教師の指示どおりのことしかしない生徒は100％の英語力までしか育ちませんが、自分でさまざまな勉強をしている生徒は120％、150％の英語力が身に付きます。ＮＨＫテレビ・ラジオ講座、文法や単語の参考書（問題集）、市販のリスニング教材やビデオ教材、アプリ、英語の本（物語や小説）、英語の歌、動画、英語で書かれたマンガなどた

くさんの学習教材が身の周りにあります。さらに英語力を伸ばすためにも、自分ならではの学習を行うように働きかけをしたいものです。

　英語力を高めるためには、教材や学習時間なども大事ですが、学習方法を工夫することが一番重要だと私は考えています。生徒自身に学習方法を工夫してもらうために、また、学習する雰囲気をつくるために毎年何かしらの取り組みを行っています。たとえば、中学1年生の多くが「単語が覚えられない」と悩んでいます。授業で単語の覚え方について指導をしますが、1年生の終わりには個々の生徒が工夫してさまざまな方法を行っているはずです。そこで、グループごとに単語の良い覚え方について自分の経験や先輩などから聞いたことなどを共有させます。また、自分の学習方法についてアンケート調査も行っています。高校2年生に行った学習方法に関するアンケート調査の結果を参考までに紹介します。後輩に紹介するという目的で書かせたものです。生徒の記述をA4判で8ページにまとめ、生徒に配付し、授業で読む時間を取りました。また、後輩にも紹介しました。以下がその一部です。生徒に指導するときの参考になさってください。

① 英語力を高めるために、授業以外でどのような努力をしていますか？　何をするとよいと思いますか？（予備校や塾以外のもの）
　・普段から英単語をつぶやく。
　・英語で海外ドラマ、映画、TED Talks、アニメを見る。
　・映画を字幕で見る。（1回目は日本語字幕、2回目は英語字幕で見る）
　・英文を読むときに線を引きながらポイントを考える。
　・TOEFLやSATなどの教材を使い、外部試験に向けて勉強する。
　・英語の記事や雑誌などを読む。
　・スマホの表示を英語設定にする。
　・英語版のアカウントをフォローして、ツイートを読んでいる。
　・たまに友達と英語で雑談している（楽しい）。（多数）
　・中1の弟に英語を教えている。
　・目にしたものを英語では何というか調べている。
　・映画、本、新聞などで知らない単語があれば、単語帳に書いて覚えている。
　・日常生活で常に英語に触れる時間（ドラマを見るなど）があるとよい。
　・重大なニュースがあったときは、海外のメディアの記事を読んでいる。また、時事的な単語を学ぶようにしている。
　・英語の歌の意味を推測してから調べたり、表現を真似したりする。
　・英検など資格試験の勉強を同時進行でやると自分に合ったレベルの英語力の習得ができると思う。

② 単語や熟語の覚え方で有効であった方法は？　また、どうすれば確実に覚えられると思いますか？
　・分からなかった単語を、暗記カードを使って覚える。
　・見て、言って、書くことが大切。
　・単語を覚えられない自分への罰ゲームとして、覚えられない単語を繰り返すだけでなく、単語帳の

該当ページ全部の単語ができるようになるまでやり続ける。

・例文で覚える。

・３連続で正解したら、その単語を単語カードから外す。

・声に出して、発音やアクセントを意識しながら覚えると効果的だと思う。覚えられない単語や熟語は紙や単語帳にまとめ、集中して覚えると確実に頭に入ると思う。

・とにかく発音して意味を唱えながら書く。黙読するだけの方が楽で手っ取り早いと思うかもしれないが、甘い。すぐに忘れる。たいていの物事は面倒くさいことをコツコツできた人が勝つだろう。

・寝る前に行うとすぐに眠たくなるし、ベッドに入った時点でやる気がなくなるから、布団をかけずにベッドの上で姿勢よくして音読する。

・ただ覚えるだけではなく、文で覚えたり、頭の中でイメージと結びつけながら覚えたりする。

・接頭辞や接尾辞で意味を考えながら覚える。

・覚えられない単語は何かと関連付けて覚えるようにしている。

・寝る前に２時間くらい布団の中で勉強している。単語と意味を言って、その後で赤シートを使う。見開きを覚え（８割くらいできるまで行う）、これが１周目。これで１時間またはそれ以上かかるが、２周目、３周目を行う。２周目以降はスピードアップするので30分程度で終えられる。

・赤シートなどで、英単語とその意味を、単語を音読しながら読む。その後、例文とその訳を見る。単語の意味だけを覚えるより、文で覚えるようにした方がよい。また、間違えたものには正の字を付けていく。音読するとよい。

・長文読解で分からなかった単語は必ずチェックして穴を埋める。

③ 話す力を高めるために努力したり工夫したりしていることは？ 意識していることは？

・reading をしているときなどに、他の言い方が何かないかを考えながら表現の引き出しを増やす。

・海外ドラマで使われている表現を真似てみる。

・話す練習のときに間投詞を入れる。

・言いたいことを難しい日本語で考えてしまうので、それらを簡潔に言い換えるようにしている。

・ニュースをシャドーイングする。

・ALT や帰国生徒の発音を聞いて、いいと思った言い方を真似する。

・友だちとたまにふざけて英語だけで会話することがあるが、続ければ意外と成長できるかもしれない。

・覚えた単語や熟語をチャットで使う。

・授業の発表で他の人の良いところを吸収して真似するようにしている。

・ペアで話す活動を行うとき、できるだけ自分から話すようにする。

・教科書などで覚えた表現をなるべく入れるようにする。

・音読は真面目にやる。

・発音であればネイティブの発音を実際に聞いて練習するとよいと思う。

・風呂の中で、その日話したことを英語にしたらどうなるかなと考えて話している。

・人前で自分がどのように話しているかを知るために、鏡を見ながら練習する。

④ 即興で話せるようになるにはどのような学習をしたらよいと思いますか？　意識していることは？

　・普段からちょっとしたことに対しても英語で感想を言えるようにする。
　・インタビュー動画を見て受け答えをシャドーイングする。
　・即興のときは、文法や単語にあまりこだわらずに、自分のわかる単語や表現に言い換えて話す。
　・日本語で考えてそれを訳すのではなく、思ったことをそのまま英語で言う。
　・文構造とかは考えない。とにかく伝えることを意識する。
　・自分の身の回りのことをネタに持って話せるようにしておく。
　・表現の幅を広げたり、文と文のつなげ方を学んだりする。
　・イントネーションの使い方とか感情がこもっているような話し方も意識するとよい。
　・授業の話す時間を嫌がらずに積極的に話していく。
　・初めは１、２文で質問に答えられるように練習し、慣れてきたら英検の２次試験の過去問にチャレンジする。
　・いろいろなジャンルのことについて言えることを用意しておく。
　・スピーチのときは文章を暗記するのではなく構成を暗記し、リテリングをするときはパラフレーズを自分なりにしている。
　・友だちと英語で会話している。
　・一日数回、独り言で英語を使う。

⑤ 書く力を高めるために努力したり工夫したりしていることは？　意識していることは？

　・記事をたくさん読む。特に堅く難しい文章を読む。
　・完璧な文章を書こうと思って難しい言い回しや単語を使うと失敗する。８割くらいの力ですらすら書いた方がミスが少ない。
　・考えの述べ方を何パタンか覚えておく。
　・構文をとにかく頭に入れる。
　・最初は時間を気にせず、正しい文法であることに注意する。次に、時間制限を設けて、その中で精度の高いものを書けるようにする。
　・他の人の文章を見て、よいところを真似る。
　・同じ意味でも敢えて違う単語を使ってみたり、構文を使ってみたり、常にカッコよさを求めて書いている。
　・Wikipediaで好きなページを英訳したり、逆に和訳したりする。
　・接続詞やつなぎ言葉を覚える。
　・海外で知り合った人とメールのやりとりを続ける。
　・いろいろなジャンルのことについて書けること（自分の意見）を用意しておく。
　・何も考えずに書き始めるのは力がつかないので、いったん頭で構成を考えたり、はじめのうちはテンプレートを参考にしたりしている。
　・日本語をそのまま英語に変えて書くと難しかったり堅苦しくなったりするので、様々な表現方法を覚える。

⑥ 聞く力を高めるために努力したり工夫したりしていることは？　意識していることは？

- Youtube で海外の人が映画を紹介している動画を見る。
- 教科書の CD を活用し、英語を聞くことに慣れるとよい。
- 話の流れや一番言いたいことは何かをつかみながら、内容を理解するようにしている。
- 英語のラジオを聞いたりテレビを見たりするとよい。
- 日頃から英語のアナウンスに耳を傾ける。
- 単語を覚えれば覚えるほど聞いたことのある単語や表現が出てくるのでもっと聞こうという気になる。
- 普段から overlapping や shadowing を行う習慣をつける。
- 動画や映画を見る。
- 初めから字幕なしの映画が難しいなら、見たことのある映画を字幕なしで見たりして段階を踏む。
- The daily late show を見たり、podcast を使ったりする。
- 自分の発音をよくしようとして、ネイティブの人たちの英語を聞き、真似をすれば、リスニング力も上がる。

⑦ 読む力を高めるために努力したり工夫したりしていることは？　意識していることは？

- 知らない単語やイディオムがあってもその意味を推測する。
- 同じ文章を理解した上でもう 1 回読む。
- マンガの英語版を読んだ。抵抗なく読めるし、英語力がなくても内容が分かる。語彙力がついてくると分かるようになる。
- 分からない単語があっても内容をつかめるように、品詞に注目して主語と述語の関係などをつかむようにしている。
- 速読力をつけるために、定期的に長文読解を行う。
- 英字新聞を読む。
- 毎日、長文問題を 1 題解く（20 分くらいで解けるもの）。
- 洋書を読む。結構力になる。
- 英語版のネットニュースを読む。
- 自分の好きな本の英語バージョンを買ったり借りたりして、空き時間に読む。
- 語彙力を高めておき、分からない単語がでてきても推測して読み、意味の分からない文章が出てきたときのためにいろいろな文法の選択肢を持っておくように学習する。

⑧ 学習時間を確保するために工夫していることは？　部活動との両立は？

- 電車に乗っているときの時間を使う。
- 学校でできる宿題はできる限り終わらせる。
- 登校時に単語を覚えるなど、すきま時間を有効活用する。他の教科よりすきま時間は使いやすい。
- 部活動で疲れたら勉強でリフレッシュし、勉強で疲れたら部活動でリフレッシュすると考える。
- 朝早く起きて 1.5 時間は確保している。放課後は自習室で勉強してから帰ることにしている。

- テスト前は電車で教科書の音声を聞く。
- 家に帰るとどうしてもだらだら過ごしてしまうので、自習室でその日にやるべきことをできるだけ終わらせている。
- 家では絶対にできないから、図書館や塾に行く。
- 勉強する時間は絶対に決めた方がよい。
- 1日の予定をカレンダーに書き、スケジュールを把握する。
- 歩きながらブツブツ音読したりしている。
- 朝早く起き、学校に来て勉強している。
- 時間はないのではない、つくるものだ。
- やるべきことを手帳に書き出しておく。
- 私は英語が得意なので、嫌いな教科の箸休めとして英語を使っている。
- 習い事との両立だが、単語などは電車内で覚える。夜は眠くなるので、習い事が始まるまでの時間は家ではなく、外で勉強した。やるべきことは先に先に進めていく。
- 暗記しなければならないものは隙間時間の5～10分を、演習しなければならないものは30分間などの短い時間に絞って行う。
- 「いつ勉強するか」ではなく、「いつ休憩するか」を考える。主体を「勉強」にする。
- スケジュール管理が大切。今日やらなければならないことを把握し、優先順位をつける。
- 部活動が忙しいときは部活動をやり切るのも大切。
- 毎日必ずやることを決めて、それを守るようにすることが有効だと思う。あとは、昼休みや朝学習の時間を利用して、少しでも勉強時間を確保するようにしている。
- 正直、部活と宿題で手一杯だったが、そんな中でも隙間時間を無駄にしないことが大切だと思う。そうすれば学習時間の確保につながるはず。
- 昼休みを有効に活用する。運動部で家が遠い人が家庭学習を2、3時間行うのは無理。
- 家に帰ったら集中力が切れるので、携帯をOFFにする。
- 寝る時間を決めればそこから空く時間がわかる。短い時間は暗記に使えば隙間時間は使える。

24　小中連携・中学1年生の指導

❶ 小学校の外国語科を受けての中学校の授業

　2020（令和2）年に小学校で教科としての外国語科が完全実施され、小学3・4年生で外国語活動（週1時間程度）、小学5・6年で外国語科の授業（週2時間程度）が行われるようになりました。これにより小学校で英語に触れる時間（授業時数）は4年間で210時間となりました。これに先立ち、2011（平成23）年に小学5・6年生に外国語活動が導入されましたが、中学校では導入以前とまったく変わらない指導を行っていました。つまり、小・中連携をほとんど意識していませんでした。しかし、教科として英語の授業が行われるようになり、小・中連携はとても重要になっています。下の図は、外国語活動のみのときと教科としての外国語科が導入された以降の小学校と中学校の指導のイメージ図です。

外国語活動のみのとき　（　　）内はトータル時数

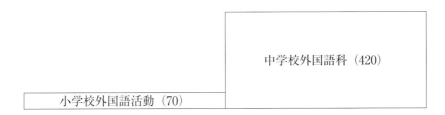

外国語活動＋教科としての外国語科

　外国語活動のみのときは、中学校ではゼロから教えていますが、外国語科が導入されて以降は、小学校で触れてきたことを踏まえて指導します。

❷ 中学１年生の担当者から聞くこと

　中学校の先生方から小学校での学習を踏まえてどう指導してよいのか分からないという声を聞きます。研修会等でよく耳にすることについて、どのようにすればよいのか私の考えを述べたいと思います。

○「文法がわかっていない」「小学校の文法もしっかりと教え込まなければ」

　小学校では文法事項の明示的な説明は行いません。触れながら言えるようにすることが目標になっています。小学校学習指導要領解説には、次の例文が載っています。

・I want a new ball.（単文）
　→重文（〜 , but 〜）や複文（〜 because 〜）は中学校の範囲
・She can swim fast.（肯定の平叙文）
・I don't like soccer very much.（否定の平叙文）
・Please be quiet, David.（肯定の命令文）
・Don't run here.（否定の命令文）
・Do you like blue?（助動詞で始まる疑問文）
・Can you dance well?（　同上　）
　→ or を含む選択疑問文、may や will などの助動詞で始まる疑問文、does や did で始まる疑問文は
　　中学校の範囲
・Are you from Canada?（be 動詞で始まる疑問文）
・What time do you get up?（疑問詞を用いた疑問文）what, what sports, who, where, when など
　→ which や whose などの疑問詞で始まる疑問詞は中学校の範囲
・This is my hero. She can swim fast. She is cool.（代名詞、３人称）
・I am good at swimming. / I like playing the piano.（動名詞）
・I went to Okinawa. I saw the blue sea. It was beautiful.（過去形）
・I usually wash the dishes.（頻度を表す副詞）※ always, often, sometimes, never など
・I want to go to Italy. / I want to be a vet.（不定詞）

　これらをすべて完全に理解していたり言えるようになっていたりする訳ではありません。しかし、中学１年生の様子を見ると、I want to 〜、、I can 〜、 I went to 〜 . などの文はよく使っています。
　中学校の教科書では、小学校で触れてきたこともキーセンテンス（新出文法事項）として載せられています。このため、小学校で学習したことに再び触れることができるのが中学生になって少し経ってからになることがあります。これは小中連携から考えるとかなりのマイナスです。４月の初めから小学校の教科書に出ている表現を意識して使用していくべきです。これとは逆に、中学校の教科書の最初から上記の表現が使われていることがあります。そうであっても個々の英文の文法説明を詳細に行わないでください。言語活動などで触れる機会を何回かつくって、少し経った頃に必要に応じて明示的な指導（確認）を行ってください。

○「単語が書けないんだけど」「教科書に小学校の単語も載っているけど新出語句になっていない」

　小学校では 600 ～ 700 語に触れてきます。しかし、すべての単語を覚えているわけではありません。また、単語を書けるようになることは小学校の目標にはなっていません。小学校学習指導要領の「書くこと」の目標は次のようになっています。

　　ア　大文字、小文字を活字体で書くことができるようにする。また、語順を意識しながら音声で十分に慣れ親しんだ簡単な語句や基本的な表現を書き写すことができるようにする。

　　イ　自分のことや身近で簡単な事柄について、例文を参考に、音声で十分に慣れ親しんだ簡単な語句や基本的な表現を用いて書くことができるようにする。

　つまり、アルファベットの大文字と小文字は書くことはできますが、単語や英文は自由に書くことはできないということです。

　中学校の教科書の中には、本文の中に小学校で学んだ語句が使われている場合には新出語句とはしないで、「小学校の単語」などとして、側中や脚注などに示されています。では、これらも含めてすべて書けるように単語テストを行うべきでしょうか。そんなことをしたら英語嫌いの生徒を増やすだけです。「書くこと」の言語活動の中で使わせたり、本文を写させたりする中で、徐々に書けるようになっていければよいと考えます。

　また、英語の文字に慣れてきて、音読などで文字を見ながら発音させていくことで、綴りを推測できるようになっていきます。中学1年生で基本的なフォニックス（文字と綴りの関係）の指導を行ってもよいでしょう。bake を書けるようにする際、b, a, k, e と覚えるよりも、bake と発音しながら、最後が e で終わっているので、その前が bak の綴りとなることが分かっている方が、単語を覚える際の生徒の負担を減らすことができます。

○「アルファベットを正しく書けない生徒が一部いるんだけど」

　大文字と小文字は小学校で指導していますが、一部の生徒は正しく書けないまま中学校に入学してくると思います。しかし、以前中学校で文字指導を行っていたときも同様のことは見られました。4月にアルファベットを教え始めても、全員が書けるようになるのは6月頃までかかっていました。また、中学3年生になっても正しくアルファベットが書けない生徒がいるときもあります。特にbとdなど似た形の文字について混乱している生徒は、中学生だけではなく高校生や大学生にも見られます。

　もし、一部の生徒が正しく文字が書けないからといって、中学校で全員を対象に以前のように文字指導をするべきではありません。生徒にとっては「またアルファベットかあ」「小学校でやったのに」「私はできるのに」のように思い、中学校の英語の授業はつまらないという気持ちをもたせることになります。正しく書けない生徒については、放課後などに励ましながら、生徒の情意面に配慮しながら指導を行うとよいでしょう。

○「英語が嫌いと言っている生徒がいるんだけど」

　新入生にアンケート調査を行うと、「英語は好きではない」と回答する生徒が少なからず存在します。これにはいくつかの原因が考えられます。保護者や教師からの過度のプレッシャーもその1つでしょう。「英語はできるようにならなくてはダメ」のようなことを言われたり期待されたりすると、何かで挫折

した途端に嫌いになったりするものです。また、私が感じる大きな原因が、周りの人と自分とを比較して劣等感をもち、英語が嫌いになってしまうことです。「○○さんのように発音が上手ではない。うまく話せない」と思ってしまうと、学習に悪い影響を与えます。

さらに、中学生や高校生が英語を嫌いになる原因として、英語をいくら学習しても達成感を得にくいことがあるでしょう。数学であれば、問題が解けることで「できるようになった」という実感が得られます。しかし、英語では達成感をなかなか得られません。英語は言語なので、いくら勉強しても、勉強しなければならないことがどんどん見えてきます。何をもって「できる」と言えるかが分かりにくい教科だと言えます。さらに、文法を理解したり覚えたり、単語や熟語をたくさん暗記しなければならないことが英語嫌いになる原因とも言えるでしょう。「英語の学習＝単語や文法を覚えること」と感じてしまわないようにしたいものです。

❸ 中学1年生の4月の授業

4月の授業では、英語による自己紹介を行うなどの言語活動を通して、入学してきた生徒の英語学習の状況を把握するようにします。生徒の発話から「○○はだいたい言えるけど、○○の誤りが多く見られる」と分かるはずです。

また、4月の授業は「英語を教える」と同時に、「英語の授業の受け方を教える」期間と言ってもいいでしょう。授業中の態度やペアワークなどにおける他の生徒との接し方など、はじめの何回かの授業でしっかり指導しておかないと、次第に私語が出てきたり、生徒同士の活動ができなくなったりすることがあります。最初の授業で配付している英語通信の第1号に載せている「授業での10の約束ごと」を紹介します。

＜授業での10の約束ごと＞

[その1] 体のすべてを使って元気に学ぶ

英語の授業は元気が一番大切です。「英語は実技教科だ」とよく言われます。そうです、英語は体育や美術や音楽のように、耳や口や目で、そして体を総動員させて学ぶものなのです。1時間の授業が終わったあとで、「あー、疲れた」となるくらい元気に授業を受けてください。

[その2] 時間を守る

先生たちは授業が始まる前に黒板の前に立って準備を始めます。そして時間になったら授業をやめます。始まりの時間をきちんと守って着席してください。

[その3] 大きな声で話す

少しだけ大きな声で話すようにしてください。英語は「言葉」です。小さな声では相手に言葉が届きません。先生に「聞こえない」のは「言っていない」のと同じだと判断します。

[その4] 誰とでも仲良く活動する

ペアやグループでの活動が多くなります。同性ペア、男女ペアなどいろいろですが、どんなときも誰とでも仲良く積極的に活動するようにしてください。

[その5] 間違いを恐れない、バカにしない

英語は外国の言葉です。間違えるのは当たり前です。間違えながら上達していくものです。間違い

をバカにしたり笑ったりしては絶対にいけません。

その6　先生の目を見て話を聞く

英語で授業を行うので、あなた方に理解してもらおうとジェスチャーを交えながら授業を行っていきます。先生を見ていないと何を伝えようとしているのか分からなくなります。また、目を合わせながら授業を聞くと集中できます。

その7　毎日学習（復習）すること

英語の単語を覚えるのが苦手という人がいますが、1回で覚えられる人はなかなかいません。単語を完全に記憶するにはその単語に7回出会う必要があると言われています。7回出会うためには毎日コツコツ勉強するしかありません。英語は毎日コツコツ勉強することが大切なのです。また、先生方の英語の授業では予習を要求しません。そのかわりにたくさん復習をしてください。復習の仕方は授業中に指示します。

その8　授業以外に自分の勉強を見つけよう

学校の勉強以外に自分で何か英語の勉強を見つけてください。英検に向けての勉強、英語のアニメや映画を見るなど、何でもいいですよ。

その9　分かっていることでも真剣に行う

塾などで学習している人は分かっていることでも一生懸命取り組みましょう。真剣に行わない人はすぐに追いつかれ、追い抜かれてしまいます。

その10　分からないことは先生に質問しよう

授業で分からないことは先生に質問してください。ただし、あなた自身で調べられることはまず自分で調べてみましょう。こういう人は勉強ができるようになります。

4 英語学習への動機づけ

これから数年間、英語を学習していくにあたり、英語を学ぶ目的や各自の目標を考えさせることで英語学習への動機づけを行いたいものです。次のワークシートは、英語の授業を何度か行ったあとで渡しているものです。

1では英語を学ぶ理由を考えさせ、出てきた意見をクラスで共有させます。

2では自分の目標を考えさせます。四角の中には「英語の先生になり」「外交官」などの文言を入れさせます。具体的な目標を考えさせることで、英語を学習することが将来の可能性を広げることを感じさせるようにしています。

3では英語力を伸ばすために必要な学習方法について話します。授業を中心に、家庭での復習と自主的な学習が大切であること、英語の学習は、文法や単語を覚えるだけでなく、それらを使って聞いたり話したり読んだり書いたりできるようにすること、などと説明しています。

英語を学ぶ目的と学習方法

1．なぜ英語を学ぶのか？

あなたの考え

2．あなたの目標

（し）たいので英語を勉強する

になるために英語を勉強する

3．英語の学習方法

授業

家庭学習
（授業の復習）

家庭学習
（自分の学習）

聞くこと	話すこと	読むこと （やり取り・発表）	書くこと
知識（文法や語彙など）			

25 授業開きや最後の授業に行うこと

❶ 授業開きに行うこと

　年度の最初の授業は教師も生徒も緊張して授業に臨んでいると思います。教師としては生徒がどんな顔で最初のあいさつをするのか、生き生きとした表情をしているか、意欲が感じられるか気になるところです。生徒からしてみれば、前年度と同じ先生であったとしても、学年が1つ上がって新鮮な気持ちでいるはずです。最初の授業で大切なことは、教師の意欲を生徒に伝えることだと私は思います。意欲を伝えると言っても、強引な印象を生徒に与えるということではありません。教師としてがんばろうとする気持ちを授業中に何らかの形で表わすという意味です。「この1年間で、先生はあなたたちの英語の力をもっと伸ばしたい。そのためにあなたたちにとって分かりやすいワークシートをたくさんつくろうと思っています」などと、自分の思いを生徒に語るのも1つの方法です。

　最初の授業では、次のことを生徒に伝えたり、確認したりします。口頭で述べるよりも教科通信を作成し、保護者にも見てもらえるようにするのがよいでしょう。

（1）主な使用教材について

　　授業で用いる教材についての確認をします。教科書以外の教材については、どのような目的でどのような使い方をするのかなどを生徒に説明します。

（2）主な活動について

　　年間指導評価計画で設定した主な言語活動を生徒に説明します。それぞれの活動がどのような目的をもって行うのかも簡単に説明するとよいでしょう。

（3）評価について

　　どのような評価をし、評定をどのように決定するのかをあらかじめ伝えておきます。細かな年間指導評価計画や評価規準を示すのではなく、生徒にとって分かりやすく簡潔に説明します。

（4）家庭学習について

　　予習や復習の仕方についての確認をします。

（5）授業の受け方について

　【㉔：小中連携・中学1年生の指導】で紹介した「授業での10の約束ごと」のような授業におけるルールやマナーについての確認を行います。

　過去に中学3年生に配付した教科通信を現在に合わせて修正したものを紹介します。

＜教科通信例＞

（1）授業での10の約束ごと（2年前に示した約束ごとを確認しよう）

　　（省略）（【㉔：小中連携・中学1年生の指導】のp.164を参照）

（2）授業の内容と担当してくださる先生方

　　（省略）

（3）教科書の復習のやり方（指示がなくても毎日行うこと）

167

（省略）（【⑮：家庭学習としての予習と復習】の p. 105 を参照）

(4) ３年生の主な活動と評価について

① 主な活動

ア　聞くこと

・日頃から授業で英語を聞かせる機会を多くしています。

・内容量の多いパッセージを聞いて概要や要点を捉える活動

イ　読むこと

・長文（徐々に長文に慣れていく練習をします）

・多読（ときどき行います）

ウ　話すこと［やり取り］

・Ｑ＆Ａ（自分の考えを述べるもの）

・チャット（Chat & Report を含む）

・ディスカッション

・ディベート

・教科書本文に関連したスキット（ロールプレイ）

エ　話すこと［発表］

・教科書本文に関連したスピーチ

・プレゼンテーション「３０秒コマーシャル」

・スピーチ「クラスリサーチ」「３文即興スピーチ」

オ　書くこと

・コンポノート（週１回）

・英語新聞

・日本文化紹介

② 評価方法

「知識・技能」は小テスト及び定期考査で評価します。

「思考・判断・表現」は定期考査及びパフォーマンステストで評価します。

　次のパフォーマンステストを予定しています。詳細は実施前に伝えます。

・教科書本文に関連したスピーチやスキット（頻繁に実施）

・ロールプレイ

・ディスカッション

・Ｑ＆Ａ（自分の考えを述べるもの）

③ 使用教材（12月まで）

（省略）

(5) 少人数のクラス分けについて

　２クラス３展開で行います。１クラスを英語の実力が均等になるように３つに分けます（３回ほどクラス分けを行う予定です）。

　ペアやグループにより、相互に学び合う活動を多く設定します。

(6) その他

公立高校の入試に慣れるための活動を計画的に取り入れます。

授業をしっかり受けることで、公立入試の英語力は十分身に付きます。

❷ 年度初めに生徒の意識を高める工夫

❶で示した年度の指導内容、主な活動、評価などについて教師から説明するだけでなく、生徒にこの1年間の英語学習に対する動機付けを何らかの方法でさせたいものです。たとえば、生徒にそれぞれの自己目標を設定させます。「単語テストで常に満点を目指して勉強する」「スピーチをがんばる」「定期考査で80点以上取る」「先生の話をしっかり聞く」「宿題を必ず行う」「音読が上手になるように練習する」など、個々の生徒に応じた目標を設定させます。このような機会を設けることで、これまでの授業態度や学習状況を振り返らせ、これからどのように努力していくのか具体的に考えさせることができます。また、「目標を3つ書きなさい」とか「目標を2つに絞りなさい」などのように数を限定すると、多くのことから特に自分に必要なことを考えさせることができます。これらの目標は新しい教科書の裏表紙などに書かせ、いつでも見られるようにしておきます。また、ときどき自分の目標を見るように指示します。なお、1年間の目標だと先が長すぎると感じる場合は学期の目標を設定させます。

1年後の自分の姿を想像させるのも生徒の意識を高めるのに有効な方法です。たとえば、「1年後にあなた方はこのような活動ができるようになります」と上級生が年度末に行った活動の映像を見せることで、生徒に1年後の具体的なイメージを持たせることができます。自校の生徒の映像がない場合は、教科書に載っている最後の単元を見せ、「1年経つとこの英文が理解できるようになります」と説明します。自分の英語力が伸びていることにあまり実感をもっていない生徒もいるようです。1年前の教科書や教材を見せ、1年間でずいぶん伸びたことを実感させ、さらに1年後の姿を想像させることで学習する意欲を高めるのです。

❸ 学期や学年末の最後の授業で行うこと

学期や年度の最後の授業では次の学期や年度につなげるために、その学期や年度を振りかえる機会を設けたいものです。「がんばったこと」や「足りなかったこと」を用紙に書かせたり、学期や年度の初めに自分で立てた目標が達成できたか評価させたりします。あるいは、「始業時までに座席についていた」「先生の話をしっかり聞こうとしていた」「復習をしっかり行った」「音読をするときにデジタル教科書や先生を真似て正しく読もうとしていた」「隣の人やクラスの誰とでも仲良く練習できた」「習った英語を積極的に使おうとしていた」「スピーチの準備や練習をしっかりと行った」など、教師の設定した項目に、「できた」「どちらかというとできた」「どちらかというとできなかった」「できなかった」などから選ばせる形式の自己評価を行う方法もあります。こうした項目は教師が生徒に望むことであり、各項目を「できた」にすることで英語の力が伸びていくことを生徒に説明します。このような自己評価を行っていくと、各項目を意識しながら学習に取り組むようになります。また、授業の感想や要望を書いてもらうと授業改善の参考になります。これについては【㉗：生徒が選ぶ英語力を向上させた活動】でも紹介しています。

これらの取り組みですべての生徒の意識を高くできるわけではありませんが、一部の生徒でも意識を

高めることができれば、授業の雰囲気が良くなっていきます。「学年末（学期）の振り返りシート」の
例を参考までに紹介します。

＜学年末（学期）の振り返りシートの例＞

英語の授業を振り返って（令和４年度）

2年 [　　] 組 [　　] 番　氏名 [　　　　　]

１．あなたが年度の初めに決めた３つの目標を書こう。

① [　　　　　　　　　　　　　　　]

② [　　　　　　　　　　　　　　　]

③ [　　　　　　　　　　　　　　　]

２．それぞれの目標が達成できたかどうか振り返ってみよう。

　（どのくらいできたか、また、できたところやできなかったところを書いてみよう。）

① [　　　　　　　　　　　　　　　]

② [　　　　　　　　　　　　　　　]

③ [　　　　　　　　　　　　　　　]

３．あなたががんばったことトップ３を書いてみよう。

① [　　　　　　　　　　　　　　　]

② [　　　　　　　　　　　　　　　]

③ [　　　　　　　　　　　　　　　]

４．あなたがまだまだ努力不足だと感じていることを３つ書いてみよう。

① [　　　　　　　　　　　　　　　]

② [　　　　　　　　　　　　　　　]

③ [　　　　　　　　　　　　　　　]

先生に伝えたいこと（授業への要望や特によかった活動など何でも結構です）

先生より

また、CAN-DO リストのそれぞれの到達目標をどの程度達成できたか自己評価を行わせてもよいで
しょう。たとえば、自分の学年の個々の到達目標を４段階（「４　達成できた」「３　どちらかという

と達成できた」「2　どちらかというと達成できなかった」「1　達成できなかった」）で評価させます（＜CAN-DOリストによる振り返りシートの例＞を参照）。CAN-DOリストではふつう領域別に学習到達目標を設定しているので、自己評価の集計を行うと、生徒がどの領域を不十分であると感じているかが把握できます。

　生徒の自己評価の結果を集計しますが、集計は個々の学習到達目標の平均点（4点満点）や4、3、2、1の各段階の割合を算出します。教師の自己目標として、または英語科の目標として、「4と3を選ぶ生徒が7割以上になるようにする」などとあらかじめ設定しておき、目標を達成していない学習到達目標についてはその原因を考えます。言語活動を十分に行えなかったのか、求めることが難し過ぎたのか、教え方が悪かったのかなどいくつかのことが考えられます。教師がしっかりと原因を捉えられるように、2や1を選んだ場合、その理由を書いてもらうとよいでしょう。

＜CAN-DOリストによる振り返りシートの例＞

4月に配付したCAN-DOリストの各到達目標が達成しているか自己評価してみよう！

各到達目標について次の基準で評価してください
4：達成できた
3：どちらかというと達成できた
2：どちらかというと達成できなかった
1：達成できなかった

数字に○をしてください。また、2と1を選んだ場合にはその理由を簡単に書いてください。

領域	学習到達目標	自己評価	2または1を選んだ理由
聞くこと	① 簡単な表現であれば、買い物、食事、電話などの場面で、必要な情報を捉えることができる。	4　3　2　1	
	② スピーチを聞いて、話し手が最も伝えたいことを捉えることができる。	4　3　2　1	
	③ ディスカッションを聞いて、各話し手の言いたいことを捉えることができる。	4　3　2　1	
読むこと	① 広告やパンフレット、また海外の学校での掲示物を見て、自分にとって必要な情報を読み取ることができる。	4　3　2　1	

（以下省略）

26　入試に向けての指導

1 入試問題の傾向

　たとえ中学1年生（高校1年生）を教えている初任者の先生であったとしても公立高等学校の入学者選抜テスト（大学入学共通テスト）の問題は必ず見ておいてください。私たち教師には、生徒の卒業時に進路実現を可能にするための学力を身に付けさせる責任があります。いくら授業がおもしろくても、入試に対応する力が育てられなければ生徒に悲しい思いをさせてしまいます。私は入試で得点を取れる力を「入試英語力」と呼んでいます。この入試英語力は不易のものではなく学習指導要領の改訂とともに変わってきています。公立高等学校や大学入学共通テストの問題は学習指導要領を反映しています。したがって、10年前と同じ指導では入試英語力を十分に身に付けさせることはできません。だからこそ、入試問題を見て、実際に解いて、どんな指導が必要なのかを考えなければならないのです。

　参考までに、保護者の世代の公立高等学校問題と2021（令和3）年度入学者用の問題を比較してみましょう。長文問題を例に挙げて説明します。以前は50〜300語の文章が載せられ、文中に空欄があったり、語順整序の問題が文章中に埋め込まれていたり、発音やアクセント問題があったりなど、さまざまな問題が1つの大問に設けられていました。つまり読解問題というよりもいろいろな力をみるための総合問題でした。文章をすべて読まなくても解答できる問題もいくつもありました。2021年度の入試問題には300〜700語の長文問題が1題ないし2題は入っており、設問の多くは内容が読み取れているかどうかをみるものです。文章のすべてを読まないと答えられない設問も多くなっています。ほとんどの県で、この読解問題がすべての問題の半分以上の割合となっていて、単純な書き替え問題や発音などの問題は姿を消しています。以前は断片的な知識があればほとんどの問題が解けましたが、最近の問題を解くには思考力が必要となっています。今後は2021（令和3）年度から導入された大学入学共通テストに似た問題が高校入試でも出題されることが予想されます。

2 中学校における入試英語力を身に付ける指導

　学習指導要領の目標を達成する言語活動を中心に組み立てた授業であれば、入試に対応する力を十分に身に付けることができます。特に次のことに留意してください。
①　5領域の指導をしっかりと行い、言語活動を通してバランスよく各領域の力を伸ばしていく。
②　分量の多いパッセージを自然なスピードで目的をもって聞く機会を増やす。
③　生徒に英語を話させたり書かせたりする言語活動の機会を頻繁に設定する。特に、教科書本文を読んで、その内容について自分の考えや感想などを述べさせたり書かせたりする領域統合型の言語活動を頻繁に設定する。
④　文章を一気に読み通す機会を増やす。

　中学校では教科書が文法シラバスで構成されているので、授業が文法中心になりがちです。研究授業を拝見しても、文法事項を扱った授業は多いのですが、教科書本文を中心に扱った授業はあまり見かけ

ません。一般的に教科書本文の取り扱いが疎かになっているのではないかと危惧しています。入試では文章を読む形式の問題が多く見られることから、長文に対して慣れさせたり、読み方を教えたりする必要があります。教科書の1つのパートは80語前後で書かれています。公立高等学校の入試問題の中には、1つの大問の文章が600語以上で書かれているものもあります。これは、教科書の2、3レッスン分を1つの大問で読み通さなければならないことといっしょです。80語前後の文章にしか慣れていない生徒にいきなり600語の文章を読みなさいと言っても読めないのは当たり前です。

　では、ふだんの授業でどのようなことに気をつければ、入試英語力の読むことの基礎を身に付けさせることができるのでしょうか。中学1年生の指導から以下のことに注意すべきだと私は考えています。

（1）語彙指導

　私たちが日本語の文章を読んでいるとき、分からない言葉が出てきたときにどうするかを考えてください。「多分こんな意味だろうな」と推測したり読み飛ばしたりするのがふつうで、何かで必要だったり大切だと感じたときのみ意味を調べると思います。もし、生徒が英語の文章を読む際、事前に分からないと思われるすべての単語を示し、その意味を教えてあげらどうでしょうか。その文章の意味は理解できるかもしれませんが、分からない単語が出てきた途端に読むのを中断するような生徒を育ててしまうでしょう。分からない単語があっても日本語を読むときと同じように読み続けることができるようにすることが大切です。生徒はよく「この単語は習っていないから文の意味が分かりません」と言います。このとき、「すべての単語の意味を知っている文章を読むことはほとんどあり得ないよ。日本語の文章を読むときのことを思い出してごらん。分からない単語は『こんな意味かな』程度に推測したり、無視したりしているでしょ。他の部分から推測すればおおよその意味が分かる単語もあるはずだから。分からない単語はあとで調べてみよう」と指導します。生徒に「分からない単語がある文章を読むのは当たり前だ」という考え方を中学の最初から持たせます。

　少なくても教科書で扱われる単語の数が、小学校と中学校を合わせて2,000語を超えることから、入試問題では文章中の注は少なくなることが予想されます。2021年度入試の問題を見ると、いくつかの教科書を使っている県では、受験生の公平さを考え、複数の教科書で扱われていない語であれば、簡単な語であっても注が付いています。しかし、教科書の語数が増えれば、2021年度入試と同じ文章なら注の数が減るのは当たり前です。したがって、教科書の語数を考えると、高校入試問題の文章を理解するためには少なくても1,200語程度の語彙力が必要になります。複数の教科書の共通語彙がこのくらいの数だからです。しかし、できれば1,600語の語彙力があれば、注をいちいち見なくても文章の意味が分かるようになるはずです。これらの語彙を入試直前にまとめて覚えるのは大変です。基本は教科書に載っている語句をしっかり覚えさせていくことです。そのためには、ふだんの授業で既習の語句を繰り返し使ったり、小テストを行ったりしながら確実に定着させていく必要があります。

（2）読解指導

　生徒によって読むスピードに差が出てきてしまうのはなぜでしょう。400語くらいの長文を読ませたときに、4分もかからずに読み終える生徒もいれば10分以上かかってしまう生徒もいます。語彙力や英語力そのものにより差が出るのは言うまでもありませんが、他の原因の1つが読み方の違いです。読

むのが遅い生徒にどのように読んでいるのか質問すると、すべての英文を日本語に置き換えていることがあります。また、意味の分からない文に時間を取られていたりします。これでは速いスピードで読めるようにはなりません。長文問題を1回目に読む際はそのアウトラインを捉えられればよいはずです。話題や題材は何か、登場人物はどう関わるのか、話の流れはどうなっているのか、どこにどのようなことが書いてあるのか、などが理解できれば最初の読み方としては十分です。あとは設問に関わる部分を素早く探し、じっくり読んで正しく理解できれば解答できるはずです。こうした読み方はまさに学習指導要領の「読むこと」の目標にもなっています。現在でもすべての英文の日本語訳をさせている授業を目にします。常に日本語に訳させている授業を受けている生徒は、英文を見ると日本語に直す習慣がついてしまっています。日本語と英語の関係をつかませるために日本語に訳させたり、文章中の一部を訳させたりするならまだしも、常にすべての文を訳させるのは生徒にとって有害と言えるでしょう。

　語数の多いパッセージを読むことの指導についてです。教科書の1つのパートには80語前後の語数しかなくても、2つのパートを合わせれば160語以上に、1つの単元では少なくても240語以上になります。本文の内容によっては、2、3のパートをいっしょに読ませたり、1つの単元を一気に読ませたりしてもよいでしょう。私は複数のパートや単元を通して読ませる際、英文だけを載せたワークシートを作成しています。教科書には写真、イラスト、日本語のリード文、一部の語句の意味などさまざまな情報が載っていて、読む際のヒントになってしまうからです。文字のみが載っているワークシートであれば文章のみに集中させられます。なお、図やグラフなどの説明が載っている場合には、必要なもののみワークシートに載せておきます。

　また、教科書には読み物教材が必ず載っています。読み物教材は最初から最後まで読み通させるのに適した教材です。新出語句も多く含まれていますが、必要に応じてオーラル・イントロダクションで本文を読むために重要な語句を導入したあとに一気に読ませる活動を取り入れたいものです。分からない部分については読んだあとに自分で調べたり、教師が説明したりします。

　中学3年生では、教科書以外でも語数の多い文章を黙読させる活動をしておくとよいでしょう。これを行う理由は、長文を読むことに慣れていない、教科書を使った指導だけでは練習量が足りない、さまざまな話題の文章に触れさせる、などです。はじめは100語程度のパッセージからはじめ、最終的には600語を超える長文を読んで概要や要点を理解できるように訓練します。長文は過去の入試問題を利用します。入試問題は語彙や文法事項がしっかりとコントロールされているので、入試英語力をつけるための練習には最適な教材です。過去の入試問題の長文を読むと、生徒に読ませたい良い内容のものがかなりあります。これらを選んでワークシート（＜ワークシート例＞を参照）を作成します。

　私が作成するワークシートには側注を入れています。入試で実際に注がついていた語句にはアスタリスクを2つ（**）、一部の生徒が分からないと思われる語句には1つ（*）付けるようにしています。最初の練習は時間をかけずに概略を理解するものなので、次のような読み方の指導を行います。

・いちいち日本語に訳さない。

・文章のアウトラインを読み取れればよい。あとで文章のどこにどんなことが書かれてあるのか分かる程度の読み方をする。

・分からない語は推測するか無視して読み続ける。分からない部分についてはおおよその見当をつけたら先を読み続ける。

・側注は最初に読むときには見ない。

＜ワークシート例＞

**Bang‼ A *landmine **exploded. He flew into the air. A *moment later, he was on the ground. The **armor that he was wearing *saved his life. *However, his arm was really *injured. He felt no *pain, but when he looked down, his leg was gone.	ドカン（という爆発音）／地雷／爆発する／短い時間／防護服／救う／しかしながら／けがをした／痛み

　ここでの目的は、長文を読み通すだけの「体力」を付けさせることです。また、1分間に最低80語以上のスピードで概要を理解する読み方ができるようにさせることです。生徒の英語力に差があるはずなので、側注を見ないで読ませる1回目の黙読でほとんどすべての意味が理解できる生徒もいれば、何について書かれているのか少ししか理解できない生徒もいるはずです。しかし、この段階では正確な理解に重きを置かないようにします。

　生徒には「読み終えたら先生（時計）を見て、読むのにかかった時間を記録するように」と指示しておきます。たとえば、400語で書かれた文章を読ませる際、5分で読み終えれば1分間に80語のスピードで読んだことになり、目標が達成できることを読む前に伝えておきます。語数と読むのにかかった時間から生徒自身に1分間で読んだ語数を計算させてもよいでしょう。読み終えた生徒には課題を1つ与えておきます。たとえば、「あなたがこの人物だったらどうしましたか」などのように1つの答えに絞れないような設問にしておきます。後ほど、ペアやグループで自分が書いた答えを述べ合わせると長文の内容について学び合うことができます。時間があるときは2回目の黙読をさせます。このときは側注を見てもよいことにします。なお、入試問題をいくつも読んでいくと使われている語句がかなり似通っていることに気づくはずです。どんな文章でも作成するために必要な語句や表現は同じものになってしまうからです。したがって、側注のアスタリスク1つの語で覚えていないものはその日のうちに覚えるように指示しておくと入試に必要な語彙力を身に付けさせることができます。

　長文を読むことに慣れてきて、かなりのスピードで読めるようになったら、解答へ行きつくための練習を行います。このとき、新たな文章を読ませるのではなく、すでに読んだ文章を再利用すると生徒の負担を減らし、解答することのみに集中させられます。また、文章を正しく理解するために必要な接続詞、副詞（but, so, however, first, then など）、後置修飾（前置詞句、分詞、関係代名詞などによる名詞の修飾）をしっかり押さえさせます。

（3）その他の領域の指導

　「聞くこと」の力はふだんからどのくらい英語を聞かせているかに比例します。授業を英語で行い、「話すこと」の言語活動を頻繁に取り入れていれば生徒の聞く力はかなりついてきます。また、1分間に140語前後のスピードの英語を聞き取る練習も必要です。モデル音声を使って本文を聞かせたり、シャドーイングをさせたり、モデル音声のスピードに合わせて音読（Overlapping）をさせることも有効な

方法です。

　「書くこと」は生徒が最も苦手にしている領域かもしれません。ふだんの授業で１文ずつ書かせるのではなく、２文、３文と書かせるようにすると力がついてきます。たとえば、現在完了の経験を扱ったときに、I have been to Hokkaido. とだけ書かせるのではなく、I have been to Hokkaido. My family took me to Asahikawa when I was ten years old. We went to Asahiyama Zoo. などと既習の言語材料を用いて文と文のつながりを考えた文章を書かせます。

　文法事項については、知識のみを覚えさせるのではなく、自分で使えるようにさせることが大切です。そのためには話すことや書くことなどの産出活動を授業に取り入れることが必要になります。文法だけを扱った問題はあまり出題されていません。「聞くこと」や「読むこと」の問題でいろいろな文が使われていたり、「書くこと」の問題で使用したりすることになります。コミュニケーションのための文法であることを意識した指導を心がけてください。

　スピーキングテストが入試に取り入れられているところもあります。「話すこと」はさまざまな話題で「話せることのピース（piece, 断片）」を生徒にいかにもたせられるかが鍵になります。スピーキングテストでは、質問に応答する、質問する、イラストを描写する、パッセージを聞いてそれについて自分の考えやアドバイスを述べるなどの設問が考えられます。スピーキングテストは開始される前年度までにサンプル問題が示されるので、それによって対策を立てましょう。

　なお、今後のテストはCBT（Computer Based Testing）に移行することが予想されます。コンピュータで受けるテストにも慣らしておくことも必要です。

　入試の直前だからと言って、入試問題ばかりではおもしろくありません。私は３年生最後の授業まで、「３文即興スピーチ」「最後のスピーチ」「ディベート」などいろいろな活動を取り入れています。入試英語力をつけることは確かに大切です。しかし、英語を教える目的は入試問題を解けるようにするためだけではありません。これまでの集大成の時期を、入試指導を行いながらも生徒の思い出に残る授業にしたいものです。

❸ 大学入試に向けての指導

　大学入試があると言って、高校３年生の最初から入試問題演習ばかり行っていると生徒の総合的な英語力は落ちていきます。教科書を使って５領域の言語活動をできるだけ取り入れた授業を続けることで、入試にも良い影響があります。私の経験では、入試用の教材を使う場合でも、少なくても夏休みまでは教科書を使った授業を行い、夏休み明けから習熟度別で入試対策を行い、途中（11月頃）の２、３週間だけは教科書に戻って１つの単元を指導する方がよい入試結果となりました。

　私はここ数年間、高校３年生を指導することが多くなっています。私が大学入学共通テストの対策のために行っている指導方法を説明します。

　リスニングテストは、自然な速さのパッセージを聞いて理解する力が必要です。英語で授業を行い、英語を聞くことを伴う言語活動をかなり頻繁に取り入れてきていますが、それでも音をキャッチするのが苦手な生徒がいます。こういう生徒には昼休みなどで15分程度の特別レッスンを行っています。この特別レッスンでは、リスニング教材を使って次の手順で指導を行っています。

（1）問題を解く前に、指示文も含めてシャドーイングを行う。

(2) 問題を解く。

(3) 答え合わせを素早くする。

(4) 放送原稿と解説を配付する。生徒は (3) でできなかったところのみ確認する。

(5) 放送原稿を見ながら overlapping（音声にかぶせて音読）する。

(6) （放送原稿を見ないで）シャドーイングを行う。

教材によっては速聴で聞かせたりシャドーイングをさせたりすることもあります。

リーディングテストに向けては、大学入学共通テスト用の教材を使って指導しています。習熟度別で英語が苦手な生徒を担当することがありますが、その際、次の手順で指導しています。なお、文章を読むときの目的が大問により異なるので、それに合わせて手順を変えています。

(1) 文章のみを読む。このとき、設問は読ませない。もし、設問が見えてしまうときには文章のみを印刷して配付する。次のことを行いながら黙読するように指示している。

　① どこにどんなことが書いてあるか把握する。

　② 設問を予測する。

(2) 再度、黙読し、どんな設問があり得るか予想させ、ペア・グループで話し合う。

(3) 問題を解く。

(4) 問題の答えをペア・グループで話し合う。その際、答えの根拠も指摘する。もし、メンバーの答えが違う場合には協議する。

(5) 内容理解に特に必要な2文くらいを選び、その解説をペア・グループで行う。

(6) （5）について教師が解説をする。

(7) 解答解説のプリントを配付し、確認した後、「覚えておいた方がよい語句」について、ワークシートにまとめさせる。これについてはその日の夜までに1回覚え、翌日以降、しっかりと覚えているか最低2回は確認する。

学年の後半では、2、3の大問を自分が決めた時間配分で解く練習をさせています。大問により読み方が異なるので、同じような読み方をしないように気を付けさせています。

27　生徒が選ぶ英語力を向上させた活動

1　生徒からの声

　生徒による授業評価が一般的になっているため、生徒から授業の感想を聞く機会が多くなっていると思います。生徒からの意見や感想には厳しいものもあれば、励まされるものもあります。学校にこのような制度がないとしても、生徒からの声を定期的に聞く機会を持つべきです。教師が行っている指導や活動を生徒がどのように思っている（評価している）のかを知ることは、より良い授業を目指すためには欠かせません。

　生徒からフィードバックを得るには、面接方式や質問紙方式などが考えられます。何も書いていない印刷用紙を配付し、記述式で書いてもらうのが最も準備の要らない方法です。「役に立ったこと」「楽しかったこと」「先生の授業のよいところ」「先生の授業で変えた方がよいところ」などの項目を設定して書いてもらうとよいでしょう。特に授業についての改善点を挙げてもらうとさまざまなことに気づかされます。私がこれまでに書いてもらったことでは、私の立ち位置、言葉遣い（生徒が嫌だと感じる言葉）、声量（声が大きすぎるようです）、活動の改善点、黒板に書く文字、話すスピード、進度などがありました。その都度、改善できることは直すようにしてきました。なお、書いてもらう用紙を記名式にするかどうかは教師の考え方によります。私は責任を持って書かせるという理由から記名式にしています。あとから生徒に「○○について書いてくれてありがとう。取り入れてみるね」などと言うことができるのも記名式の長所です。

　また、教師自身が生徒からフィードバックしてもらいたいことや教えてもらいたいことをアンケート調査にする方法もあります。たとえば、次の項目を評定と同じ5段階で評価してもらいます。

　　・英語の授業は楽しかったですか？
　　・教科書の英文をノートに写すのは、英語力を高めるのによいと感じましたか？
　　・スピーチは英語力を上げるのによい活動だと思いますか？
　　・授業は分かりやすかったですか？
　　・スペリングコンテストは単語を覚えるのに役に立ちましたか？

　5段階の平均点を調べたり、5や4を付けた人数、1や2を付けた人数を調べたりすることで、おおよそのことが見えてきます。自分が事前に推測した数値とは違った結果が出ることもあります。しかし、結果の数値だけでは何をどのように改善しなければならないのか見えないので、記述式と併用することで教師にとって貴重な意見が聞けるはずです。

2　中学生にとって英語力を伸ばすのに役に立った活動

　私は授業で行った主な活動や教材などについてアンケート調査を行っています。千代田区立九段中等教育学校にて前期課程の3年間を担当した中学3年生のアンケート調査の結果を紹介します。2017（平成29）年3月に生徒全員を対象に調査したもので、次のアンケート調査用紙を使って実施しました。

3年間の英語の授業についてのアンケート調査

　後輩の指導につなげるために、アンケート調査に協力してください。今まで行った次の活動（教材）について、英語の力をつけることに役立つか、5段階で評価し、コメント（意見や感想）を書いてください。自分がどうかではなく、客観的に評価してください。

	活動等	内容や時期	評価	一言コメント
1	フォニックス	1年生 音とつづりの関係	5・4・3・2・1	
2	辞書の指導	1年生より随時	5・4・3・2・1	
3	Explanaiton Game	全学年、Card Game	5・4・3・2・1	
4	スキット	全学年、教科書	5・4・3・2・1	
5	チャット	1年生より	5・4・3・2・1	
6	スピーチ	全学年 「10年後の私」など	5・4・3・2・1	
7	英語新聞作成	1年生、2年生	5・4・3・2・1	
8	コンポノート	2年生から	5・4・3・2・1	
9	音読	教科書	5・4・3・2・1	

（以下省略、全30項目）

　アンケート調査の結果です。生徒の「一言コメント」（・の文）も紹介します（文尾を「である調」に修正）。また、第1位の活動については＜説明＞を加えます。

第1位 コンポノート［平均値：4.82］
　2年生の1月から行っている教員が指定した話題について文章を書く課題（宿題）。生徒が書く時のモデルとなるようにお題の中に書き方のモデルを示すこともある。また、生徒のいくつかの作品を添削し、アドバイスを載せたプリントを配付した。
・初めは30語程度で書くのがやっとだったが、今では100～150語でも楽に書けるようになった。
・書きたいことがあると、新しい単語や文法を自分で学ぶ機会が生まれる。
・英語の宿題の中でも一番楽しみながらやっている。
＜説明＞
　2年生の1月から始めている「書くこと」の活動です。私が書いたお題（［お題の例］参照）をノー

トの上部に貼り、それを読んでお題に合った自由英作文を下部に書いてくるという週末課題です。お題には生徒が書くためにヒントとなる表現を入れるようにしています。はじめて取り入れたのは前任校の中学3年生を教えた約20年くらい前でしたが、書く力をかなり伸ばすことができたのと、生徒にとても好評な活動でした。最初は30語程度からはじめ、中学3年生前半では50語、中学3年生の最後には100語以上と書かせる語数を増やしていきました。提出された生徒全員の英作文の誤りをすべて直すのは厳しいので、各生徒につき1ヶ所のみ添削を行いました。また、3、4名の生徒の英作文については全文について添削を行った上でコメントを書き、印刷をして全員に配付しました。こうすることで、生徒も添削された英作文を見て学習できると考えたのと、何より教師が無理なく継続することができました。

[お題の例]
次の用紙の形式で配付しています。パッセージ（お題）とお題に合う写真やイラストをインターネット上から探して入れ込んでいます。

第10回目　好きな食べ物

April 19, 2016

What is your favorite food? We are lucky because we can eat many kinds of food in Tokyo, for example, Chinese, Italian, Korean, American, French, Mexican and Indian.

I like Indian food very much. I love curry. I often go to Indian restaurants and eat curry with nan bread. I like bread better than rice. I eat sandwiches every morning.

I also love ramen. I have visited some places famous for ramen like Asahikawa, Sapporo, Hakodate, Kitakata, Hakata , and so on. I like Kitakata ramen the best. It is simple but delicious. Please write about your favorite food.

他のお題の例を紹介します（英文のみ）。

（第1回、中学2年生1月、最初のお題）

I am very busy in the morning. I get up at 5:30 and take a quick shower. After taking a shower, I leave home at 6:00. I don't eat breakfast at home with my family. I buy sandwiches at a convenience store and eat them with a cup of coffee at school. I get to school at 6:45. The trains are not so crowded early in the morning, so I can always take a seat. What time do you get up, and what do you do before leaving home?

（第4回、スポーツ、最初の頃は生徒の身近な話題について書かせる）

Do you like playing sports? I like playing ball games such as baseball, tennis, table tennis, volleyball, and softball. I began playing tennis when I was 12 years old. I practiced volleyball hard in my high school days. I like to play volleyball the best because it is a team sport. I like team sports better than non-team sports. By the way, I don't play soccer, but I like to watch soccer on TV. It is exciting to watch soccer games. Do you like to play sports?

（第20回、中学3年生、教科書の題材と関連させたお題）

You have just learned the problems around the Amazon. We have a lot of environmental problems on Earth, for example, acid rain, desertification, deforestation, global warming, water pollution, air pollution, and endangered animals. We have to solve these problems because the Earth is precious. What can we do to save the Earth? What do we have to do? Please write your opinion about environmental problems.

（第22回、中学3年生、自分の考えを述べるお題）

I think learning English is important for two reasons.

First, we can communicate with a lot of people in the world. When I visited China many years ago, I communicated with hotel clerks in English. I couldn't speak Chinese and they couldn't speak Japanese, so we had to communicate with each other in English or kanji characters.

Second, we can get more knowledge from books, Internet, and so on. Most of them are written in English.

From these reasons, I think learning English is very important.

It is hard for us to learn English, but try your best. Please write about learning English.

第2位 　文法の指導やプリント［平均値：4.78］

　文法の整理のため、新出文法事項の解説や練習問題、本文の文法の解説などを載せたプリントを配付した。

・もやもやしていたことがはっきりした。

・「なぜだろう」と思った文法を補ってくれて参考になった。

・教科書だけでは分からなかった文法を学ぶことができた。

第3位 　2文で応答するQ＆A［平均値：4.73］

　帯活動として、プリントに書かれた20〜40文の質問文の中から毎回10文について、相手に質問し、質問された側は2文以上で応答する言語活動。文と文のつながりや質問文の定着などを目的にしている。

・回数を重ねるごとに話しやすくなった。

・日常的な会話や質問に対しての応答ができるようになる。

・2文というのが難しく、伝えたいことをどうやって伝えるのか勉強になった。

第4位 英語による指示や説明 ［平均値：4.72］

1年生の最初から原則として英語で授業を行っている。

・わからないときは簡単な英語で言い直してくれるのがよい。

・英語を使う雰囲気づくりになっていたと思う。

・日本語よりよい。何を言っているのか分からないこともあるが、それも含めて良い。

第5位 音読 ［平均値：4.69］

4技能のすべての基礎となる活動なので、時間をかけて指導した。本文導入時及び復習時の最低2回は音読を行った。また、家庭学習でも音読練習を課した。

・表現を覚えると同時に、単語の発音や意味を文章の中で覚えることができた。

・何度も音読することが本文を覚えることにつながっている。

・音読で教科書の文章を身に付けることで、新しい文法や語句を使えるようになった。

第6位 スペリングコンテスト ［平均値：4.69］

教科書の基本的な単語を覚えるために、教科書の文に穴をあけたテストを行わせた。

・間違ったスペリングで覚えていた単語も覚えなおせる。

・2、3年でも満点の人を発表してほしい。1年生の頃、それでやる気がでた。

・毎回の授業で少し行う時間がほしい。

第7位 Explanation Game ［平均値：4.65］

単語を説明するゲーム。自分が言った単語を相手が理解できないときや自分が単語を思い出せないときにこのストラテジーが使える。1年生では動物、2年生では反意語などの言い方、3年生ではあらゆる種類の単語の説明を練習した。

・友達の言う文を聞いて勉強になることが多くあった。

・関係代名詞の組み立て方を自分の頭で考えられる。

・アドリブで対応するのに慣れた。

第8位 英語の歌 ［平均値：4.64］

英語に親しんでもらいたいと思い、帯活動として行っている。教科書に載っていない単語に触れることもできる。

・楽しく英語に触れられるし、歌えるようになるとうれしい。

・洋楽に興味をもったり、歌詞を通して単語を覚えたりできた。また、洋楽に興味をもつことで、日々聞くようになり、聞く力が備わった。

・言葉の略され方を知ることができたり、何となく聞いていた歌詞の意味を知ることができたりした。

第9位 スピーチ（教科書＋α）［平均値：4.62］

主に3年生で、教科書の説明文の全部または一部に自分の考え、意見、感想などを加えてスピーチ形

式で行った。

- ・言いたいことや調べたことを発表する良い機会だと思う。
- ・教科書の内容がしっかり頭に入り、且つ、新たな単語の習得にもつながる。
- ・プラス α の情報を付け加え、自分なりに説明する練習になった。

[第 10 位] センテンステスト［平均値：4.59］

　文法や構文を覚えること、正しい文構造で書けるようになるために頻繁に実施した。できなかった文については 7 回（または 10 回）ずつワークシートに書いて提出させた。

- ・文ごと覚えるので、その中に入っている単語が違うところで出てもすぐに意味がわかる。
- ・文を丸暗記することに専念してしまっているとダメだと感じる。
- ・嫌いだが、役に立っていると認めざるを得なく悔しい。

[第 11 位] 教科書などの初見読み［平均値：4.59］

　初めて読む文章を、辞書などを使わずに自力で読む練習を行った。知らない語句があっても推測する力や黙読スピードのアップなどを目的としている。まず、黙読し、分からないことについて自分で調べたり、教師が教えたりする手順を踏んでいる。

- ・自分がどのくらいのスピードで読めるか分かった。
- ・時間を気にしながら読むので、読むスピードが上がった。
- ・自分がどれだけできるのか確かめられる。

[第 12 位] マーフィー英文法（教材）［平均値：4.54］

　「マーフィーのケンブリッジ英文法（初級編）」（Basic Grammar in Use の日本語版 , Cambridge University Press）という文法についての問題集。文例や文法が自然なので採用している。ペアやグループでの学習を行いながら覚えさせている。テストを頻繁に行い、8 割に届かない場合には補習を行った。

- ・何となく覚えていることを論理的に理解できる。
- ・授業で欠かせない存在。何度か繰り返し、テストしたらもっと身に付くと思う。
- ・よりネイティブに近い表現が学べると思う。

[第 13 位] リテリング［平均値：4.53］

　制限時間の中、イラストなどを指さしながら、自分の言葉で物語の説明を行った。

- ・自分でもう一度説明することで内容も理解しやすい。
- ・話を頭でまとめ、処理する力がついた。
- ・教科書の内容を再構築することで、より良い構成について考えた。

[第 14 位] Seven Steps（宿題）［平均値：4.53］

　音読や筆写などの家庭学習の課題。授業で宿題をしっかり行っているか確認している。

- ・音読してから書くという方式がよい。

・これをしっかりやるかやらないかが3年間を通すと大きい。

・発音、要点をしっかり押さえられるから本当に良い学習法だと思う。

(第15位) チャット ［平均値：4.52］

　即興で会話を継続させるための活動。毎回、会話ストラテジーを1つずつ指導した。様々な話題で会話ができるようにした。2年生の終わり頃にはディスカッションのようなチャットを行った。

・友達の発話からこんな表現方法もあるんだと学べた。

・チャットを行っていたことがオーストラリアに行ったときに役に立った。相手の話を膨らませることもできた。

・相手の予期できない英語を聞き、即座に自分の英語で返さなければならないから、実践的でよい。

(第16位) スキット ［平均値：4.49］

　教科書の本文が対話文のときに二人一組で行わせることが多かった。対話文に自分たちで考えたセリフを付け加えさせた。

・発表があると思うと集中できて覚えやすい。

・教科書の文を覚えられてよい。文をプラスするのがとてもためになった。

・教科書の人物になり切ってスキットをすることで、表現をどのようなタイミングで使うかという感覚が身に付いた。

(第17位) プレゼンテーション（30秒コマーシャルなど）［平均値：4.43］

　「30秒コマーシャル」や「アンケート調査」などのプレゼンテーションを行った。

・将来、英語でプレゼンすることもあると思うので大事だと思う。

・どうしたら聴衆が楽しめるかを考えながら英文の組み立てをした。

・ＣＭづくりの過程を楽しめるし、皆で共有できるので楽しかった。

(第18位) フォニックス ［平均値：4.40］

　アルファベットの音を聞き取れたり正しく発音できたり、3文字の単語を聞いて書けるレベルまで指導した。また、文字と綴りの関係について随時指導した。

・当時はあまり意味がないと思っていたが、今になって本当にやってよかったと思う。

・初見の英単語の読み方が推測しやすくなった。

・これのおかげで綴りの誤りが減った。

(第19位) スピーチ（「10年後の私」など）［平均値：4.39］

　自己紹介、有名人紹介、「10年後の私（10年後の自分の姿を描いた絵を説明する）」などを行った。聞き手から質問させたり、感想を述べさせたりした。

・実際にスピーチすることで、使う表現もよく身に付き、人前で発表し、意見を英語で言うことで自信もついた。

・人前に立ってスピーチする機会が多く、つらいけれど、楽しかった思い出が多い。

・アンケート調査のスピーチが楽しかった。

（第20位）info box（教材）［平均値：4.34］

「info box」（エミル出版）という時事的社会的な話題が載った読み物集。中学3年生の1月以降に時事的社会的な話題に触れさせるために採用した。教科書で扱わない語彙に触れさせる目的もあった。

・「英語＋社会＝めっちゃ力つく！」awesome って感じ。

・これを使って要約スピーチとかやればよかったのでは？

・少し難しい英文だったが、内容が興味深かった。

（第21位）ペア・グループでの教え合い［平均値：4.33］

「マーフィーのケンブリッジ英文法（初級編）」や教科書の英文などの解説をペアまたはグループで行わせた。相手に合わせて自分なりの説明を行うことで、本当に理解しているのかを確認させた。

・人に教えることで新たに自分の課題も見つけられた。

・みんなの意見を聞くことで、分かったことや理解が深まったことがある。

・分かりやすく伝えるために自分が分からなくてはいけないので、よく理解しようと頑張ることができる。

（第22位）サイコロトーク（即興スピーチ）［平均値：4.31］

即興スピーチ。どのような話題であっても即興である程度のことが言えることを目的として行った。友だち同士で学び合うことも期待している。

・その場で文を構成する力がついた。

・自分の意見を瞬時に述べる練習になった。

・即興で何かを話すのは難しかったが、何とか伝えようとする力がついた。

（第23位）穴あき音読［平均値：4.31］

教科書本文を何度も言って覚える、文構造から瞬時に判断して言える力を身に付けさせるために、2年生の後半から数回取り入れた。あとで空所に単語を書いて練習することも期待している。

・教科書の内容を覚えたいときには有効活用できた。

・次にどんな言葉がくるか分かる。

・覚えやすく、テストに向けても上手に使うことができた。

（第24位）「短文英単語」を使っての学習［平均値：4.30］

「本多式中学英語マスター単文英単語」（文藝春秋）を使った指導。3年間で主に習う文法事項や単語を2年生で触れさせるために用いた。毎回ディクテーションテストを行い、文構造を把握しながら単語を正しく書けることを求めた。

・この授業で覚えた単語や文法はすごく多い。2年で先取りしていたのもよかったと思う。

・家で CD が聴けないので、プリントで覚えるしかなかった。

・授業より先に新しい文法に触れられてよかった。

(第 25 位) 教科書準拠のワークブック ［平均値：4.28］

教科書について学習したことの基礎基本を確認するために使用した

・教科書の復習やその文法の活用の具体例が分かった。

・基本的なことが全部載っているので外せないと思う。

・スペコンやセンテンステスト、Seven Steps があるのであまり必要性を感じない。

(第 26 位) 会話文を説明文に直す活動 ［平均値：4.26］

主に 1 年生の後半で教科書の対話文の内容を説明文に直してまとめる活動を行った。文と文のつながりを意識して書かせた。最初に生徒が書き、あとで教師がモデルを示した。

・says とか said とか形に気をつける習慣ができた。

・第三者の視点から書くことで、動詞などの変化に気づける。

・主語を変えることで動詞が変化するなど、文法を学べた。

(第 27 位) 英語新聞 ［平均値：4.14］

2 年生で春号、夏号、冬号の 3 つの英語新聞を書かせた。授業で行ったスピーチを新聞に記事として載せたりもした。新聞にまとめる方法を指導した。

・英語で長い文章を書く力がついてよかった。

・3 年生でもやりたかった。

・思い出のまとめとしては良かったが、英語力としてはあまり上がっていない。

(第 28 位) 辞書指導 ［平均値：4.14］

辞書の引き方や辞書に書かれている様々な情報について指導した。たとえば、動詞の過去形、発音、熟語などの調べ方について指導した。

・辞書はずっと使うものなので、初めに使い方を学べたのはよかった。

・発音記号についてもう少し教えてほしい。

・辞書で調べることの重要さを感じる。インターネットよりも辞書がよいとわかる。

(第 29 位) 人形劇 ［平均値：3.70］

教科書（*NEW HORIZON English Course 2*）の "A Magic Box" をグループごとに人形劇にした。

・楽しかったが、音読するだけでもよいと思った。

・楽しい。「走れメロス」のように劇をしてもいいと思う。

・つくる方に熱中してしまい、英語が二の次の人も多かった。

第30位 Picture Dictionary［平均値：3.27］

主に English Activity（英語母語話者による授業）の時間で使用した。教科書には載っていない身の回りの単語なので、海外研修旅行で聞き取れたり言えたりするために行っている。

・イラストをもとにものや職業を表す単語を覚えられた。

・新しい単語が学べるのはよいが、使う機会が少ないため定着しない。

・もっと単語力を付けたいので、単語テストもしたい。

3 高校生にとって英語力を伸ばすのに役に立った活動

中学3年生に行った同様の形式のアンケート調査を後期課程の高校2年生対象に行いました。全部で25項目の活動や教材について学年末に調査しました。以下はその結果です。簡単な解説と生徒のコメントを載せます。なお、本校では高校1年生を4年生、高校2年生を5年生、高校3年生を6年生と呼んでいます。

第1位 単語帳の単語テスト［平均値：4.68］

単語帳の単語や熟語を計画的に学習させ、テストした。このテストだけでは覚えにくいので、教科書の単語テストや洋書を読んだりしながら、何度か同じ単語に出会うことで覚えてほしいと思っている。

・暗記するのは大変だけど、話せる単語量が増えるからよい。

・語彙力がついていることが実感できている。

・つらいけど、来年、もっとがんばるべきこと。

第2位 文法問題集の学習［平均値：4.68］

文法問題集「Vintage」（いいずな書店）を5年生から6年生前半にかけて計画的に取り組ませた。また、テストも行った。

・理解していないところを確認することができた。

・現在、3周目に入っているが、かなり文法力が身に付いた。

・今まで教科書などで学んだ文法以外も勉強できた。

第3位 コンポノート［平均値：4.63］

2年生（中学2年生）の1月から行っている教員が指定したお題について文章を書く課題。前期課程では、モデルとなる文章を載せることで、書き方のモデルも示した。4年生（高校1年生）では意見を書くお題を多くした。また、ときどき入試問題にも取り組ませた。生徒のいくつかの作品を添削し、アドバイスを載せたプリントを全員に配付した。

・辞書などで調べながらだが、100語以上で文を書くことが身に付いた。

・コンポノートの文をちょっと変えてそのまま書いたら、英検や模試のライティングやスピーキングで◎をもらえることがたくさんあって、とても役立っている。

・すぐに書くことのアイディアが浮かぶようになった。

(第4位) 手づくりの文法プリントや文法指導［平均値：4.50］

高校で学ぶ文法を項目ごとにまとめたプリントを作成し指導した。前期課程よりも文法を教えるスピードが速くなったため、that や to の使い方などまとまりで整理したプリントを作成し、復習を行った。

・分かりやすく整理されているので理解しやすい。
・文法書を読むだけだと分からないことがあるから、もっとやってほしい。
・文法の再確認ができた。

(第5位) 音読［平均値：4.48］

4技能のすべての基礎となる活動なので、後期課程に入っても多くの時間を割いて指導した。後期課程では、四方読みの途中（3回目くらい）から、Read and look up を行うことで次の言語活動（概要を述べる教師からの質問の応答及び Impromptu retelling）の準備となっている。

・単語の発音や文章を読む力が上がる。
・3、4回目の Read and look up で大体の暗記ができる。
・発音が難しいところは何度かやり直して言ってもらえることがありがたい。

(第6位) Impromptu Retelling ［平均値：4.43］

教科書のパートの学習を終えるごとに、それまでのパートの内容についてほとんど準備をしないで、リテリングを行った。音読を十分に行った後の活動なので、内容は覚えている。生徒は教科書の表現や自分なりの表現を使い、聞き手に分かりやすい構成を考えながら行っていた。

・文章の内容の理解が深まる。また、言い換えができるようになる。
・正直、すごく苦手だが、最近は日本語から変換せずに英語が出てくるようになった。
・毎回長くなっていくから、自分の定着度がわかる。

(第7位) 教科書の初見読み［平均値：4.41］

予習は課さないで、初めて読む教科書などの文章を、辞書などを使わずに自力で読む活動を行った。知らない語句があっても推測する力や黙読スピードのアップなどを目的としている。まず、文章を読み、その後でから分からないことについて自分で調べたり、教師が教えたりする手順を踏んでいる。

・新しい文章を辞書を使わずにまず読んでみると力になるのでいい。
・単語の意味が分からなくても推測する力が身に付く。
・どのくらいの時間で読めるのかがわかる。

(第8位) 構文の問題集［平均値：4.37］

基本構文の問題集に取り組ませた。また、私が重要構文100のプリントを作成し、ペアワークで問題の出し合いをさせた。

・難しいものもあったが、理解すればとても大きな力になると思う。
・構文がまとまっている左側のページが役立った。
・文法事項が頭の中で混乱していたが、各ページのまとまった説明で確認することができた。

188

[第9位] 文法調べ学習［平均値：4.37］

　教科書本文を初見読みした後、単元の中から重要と思う 12 文程度を選んだプリントを配付し、文法の解説が翌日できるように調べてくる課題を出した。難解な文構造を生徒同士で確認したり、構文を指摘し合ったりすることにより、より深い理解につなげることを目的にしている。

・自ら主体的に学ぶことができた。
・文法書を開くきっかけになる。
・やってこない人がいると進まない。自分でやることかもしれないが、どこが一番大事とかを知りたい。教科書に大事な文法が載っているが、あっさりしているので、もうちょっと教えてほしい。

[第10位] 英語による指示や説明［平均値：4.34］

　英語と日本語の使用にメリハリをつけている。基本的に英語で授業を行っている。

・英語で考えるのがふつうになった。
・頭の中が自然に英語モードになっていた。
・もうこれが当たり前という感じ。

[第11位] 段落ごとの内容把握［平均値：4.31］

　初見読みを行った後、段落ごとに内容を把握する練習を行った。文章全体の概要を把握する読みから、段落ごとに意味を取る読みを行う。いずれも辞書を使用しないで行っている。最初は個人で行い、グループで共有する手順を踏んでいる。教師がモデルとなる答えを言うことはしない。ある程度の時間が経ったら、辞書の使用を許可し、分からない語句をグループで調べる。

・友達と単語や文の意味などを推測し合うので、気付きを得られる。
・自分が分からなかったところを相手が教えてくれたりするから理解が深まる。
・文章の意味を細かく理解するきっかけづくりになっている。

[第12位] ２文で応答するＱ＆Ａ［平均値：4.30］

　ワークシートに書かれてある質問に対して、２文以上で応答する練習。１年生（中学１年生）より帯活動で行ってきたが、４年生と５年生では、主に考えを求める質問と応答を行った。

・英検とかで役立つと感じた。全員が言えるようになるというのがポイントだと思った。
・自分の考えを述べる力を付けるためにとても良いと感じている。
・難しいけど、相手の良い文を真似し、使うことで身に付いた。

[第13位] 単語テスト［平均値：4.19］

　教科書の各単元で何度も音読した語句を、文の中に入れてそのまま覚えさせた。授業で十分に触れているので、50 点満点で常に平均点が 40 点以上であった。

・文章中の重要語句のまとめとして押さえることができる。
・慣れているので、とてもやりやすく、対策の仕方も皆が分かっている。１回くらいコンテスト形式に戻してもよいと思う。

・Seven Steps をやってたらできる。

<u>第 14 位</u> ペア・グループによる教え合い［平均値：4.18］

　文法や文章の内容についての確認や教え合いを多用している。英語が得意な生徒がすぐに言ってしまうのではなく、得意・不得意の双方が学び合えるような教え合いをすることを目指している。だんだんと分担の仕方や教え方・教わり方が上手になってきている。

・ペアよりも 4 人グループの方がいろいろな考えが聞ける。※逆の意見もあり
・人に教えることでより理解が深まる。
・互いに分からないことを補って教えることで身に付く。

<u>第 15 位</u> スピーチ（教科書の単元ごと）［平均値：4.14］

　単元の最後の活動として、感想を述べたり、要約をしたり、人物になりきって言うなど、いくつかの設定でスピーチを行った。

・スピーチを行うごとに新しい単語を覚えることができた。
・皆のレベルが高すぎて、終始圧倒されているが、学べることが本当にたくさんある。
・自分の考えを発表する場があるのはいい。また、自分で調べることで英語の記事を見ることにつながる。

<u>第 16 位</u> 段落の内容についての Q & A ［平均値：4.05］

　音読の直後に段落の内容について、概要を問う質問を行い、ペアで応答させた。全員が英語を話す機会を与えたり、答え方や表現の学習を行ったりなどの目的で、ペアで答えを言い合わせている。

・文を丸ごと覚えて言うのでは意味がないので、「自分の言葉で」など制約があるとよいと思う。
・読んだ内容をしっかりと理解できる。また、話す力が向上する。
・要約する能力や言い換えの能力が鍛えられる。

<u>第 17 位</u> Seven Sentences （教科書の重要文のテスト）［平均値：4.04］

　教科書のパートの学習を行った後、教科書の重要文を 7 文選び、次の授業でテストを行った。書かれている和文を英文に直すテストであるが、重要な構文や表現を頭に残すために行っている。

・答えが 1 通りに絞られるため、一字一句暗記しなければいけないのが辛いところだが、暗記を通して身に付けられる文法事項やイディオムもあるので、今の形がベストだと考える。
・作業している感覚があるが、重要文は押さえられる。
・Seven Sentences を覚えることによって、その一部を他の場面で使う機会があるときにスムーズに出てくる。

<u>第 18 位</u> Definition Sheet ［平均値：4.01］

　教科書本文の中から 12 語くらいを選び、英英辞典で調べさせ、定義文を書かせている。6 年生ではまず自分で定義文を書いてから英英辞典で確認させている。

（生徒のコメント省略）

＜6年生のワークシート例＞

a part of speech　名詞：noun　動詞：verb　形容詞：adjective　副詞：adverb

		word	part of speech	definition
1	p.22 ℓ 1	linguist		You:
				Dictionary：
2	p.22 ℓ 1	language		You:
				Dictionary：
3	p.22 ℓ 10	earthquake		You:
				Dictionary：

第19位　教科書に関連した動画の視聴［平均値：3.98］

教科書の題材に関連した動画をときどき見せた。

（生徒のコメント省略）

第20位　教科書のワークブック［平均値：3.83］

　4年生のときは生徒が行うことが多かったため教科書準拠のワークブックを採用しなかったが、5年生では採用した。宿題として行わせた。

（生徒のコメント省略）

第21位　穴あき音読［平均値：3.77］

　パートの指導の最後として、穴あき音読をペアで行った。文に番号を符っておき、順番に言い合い、相手が分からないときにはヒントを出すように指導した。3つのレベルのものを1枚のプリントに載せた。授業の残り時間に合わせて活動時間はその都度変わっていた。できないときもあった。

・いきなり暗記は無理でも、段階を踏んでいるので何とかなる。
・テスト前などにやると、教科書の文章が確実に覚えられてとても役立っている。
・穴あきになっている部分を考えながら読むため、暗記しやすくなる。

第22位　ディベートの指導や活動［平均値：3.72］

　「英語表現Ⅱ」の授業でディベートの指導を行った。半年間かけて、ディベートに必要な表現、立論スピーチ、質問の仕方、反駁などの練習を行い、最後に生徒全員を3人ずつのチームに分け、ディベー

ト大会を行った。

（生徒のコメント省略）

第23位 Seven Steps ［平均値：3.64］

　前期課程から続けている、授業のパートを学習した後の家庭学習。7つのステップがあるため、Seven Steps と呼ぶようになった。音読、筆写、ディクテーションを中心としている。
・友達から批判的な意見もよく聞くが、これがなくなると、普段、英語を書いたりする機会がなくなるので、あった方がよい。
・取り組み方で大きな差がでる課題の一つ。
・覚えるつもりで書くと、自然と構文なども身に付く。

第24位 洋書回し読み ［平均値：3.63］

　生徒を GTEC のリーディングの点数により3人グループにし、リストから好きな本を自分で買わせ、1年をかけて回し読みをさせた。
・洋書にあまり触れる機会がないのでよい。
・単語帳で覚えた単語が出てくるので単語が身に付く。
・単語が実際にどう使われているのか知ることができたのと、読む力もつくと思った。

第25位 洋書レポート ［平均値：3.32］

　洋書の回し読みの第2回と第3回で、本のストーリー、好きな言葉、感想を書かせて提出させた。
・自分がどれだけ内容を理解できたか、アウトプットすることで分かる。
・レポートだけだと読んだ洋書の語句を覚えられないから、スピーチの場があるといいなと思った。
・読んだ内容をどう表現すればいいのか分かるようになった。

　また、生徒の書いた自由記述欄からいくつかを取り上げ、それにコメントを書いて、生徒全員に配付しました。

＜自由記述欄に書かれていたことと私のコメント＞（原文のまま掲載）
・今までの九段生活5年間で、英語は特に塾などに通わず、九段イングリッシュのみで学んできました。7ステップや7センテンスなど、やるべきことは多少なりとハードでしたが、結果として学校の授業のみでも外部試験、資格で十分なスコアを取れて、本当に感謝しています。宿題とテストさえしっかり取り組んでいけばちゃんと着実に英語力が蓄積されて、九段に入学してよかったことの1つになっています。また、前期過程の授業の最初に洋楽を歌うコーナーは、様々な曲に出会うチャンスとなりました。追加で望むことはないですが、生徒全員がこの九段イングリッシュの恩恵を享受すべく課題に取り組んでいってほしいと思います。
　→ありがとう！　とてもうれしいです！　がんばってきてよかったです。
・こういったアンケートを書いていると、ほぼ全部の課題とか授業に意味があることに改めて実感さ

せられる。これを書くことはもちろん今後の授業に生かすという利点があるけれど、生徒がどういう力をつけるためにやるのかという目的を再確認する機会になるという利点もあると感じる。1つ1つをおろそかにせず、丁寧に目的を意識しつつ取り組んでいこうと思った。これからも頑張ります。

→これをやったらどういう力がつくかなといつも考えて指導しています。ありがとう！

・中学校の頃から基本的な文法を学ぶことはとても大切だと思います。英語の中学の教科書は絵がたくさん載っていて会話文も多いからとっつきやすいけど、適当に理解していたり、あやふやなところをそのままにしていると、高校のときにものすごく苦労するか手に負えなくなってまったく分からない状況になるのではないかと思いました。感覚で理解できる人はどんどん上に楽々と行けることもあるけど、中には何度も人に教えてもらったり、理解するのにとても時間がかかったりする人もいて、そういう人たちが確実に英文法を理解できて高校に進み、受験生になるときに、自分の力でどんどん進んで英語を勉強できるようになれば、英語が嫌いな人も減るのではないかなと思いました。

→文法はよく指摘されますね。前期課程のときも文法は大切にしてきました。ちなみに、マーフィーは難しかったようですが、今見ると役立つと感じると思います。英語は言語なので感覚も大切です。ルールで説明できないところもあります。感覚が育った今、ルールにも目を向け、分析的にとらえられるようにしてみてください。たくさん書いてくれてありがとう！

また、6年生の12月に実施したアンケート調査で書いてくれた言葉を紹介します。

・九段にいるとあまり感じないけど、面接試験で他の人の声が聞こえてきたとき、1文応答とか、だまりこんでいる人が多かった。とりあえず伝えようとする力が知らない間に身についていたと思う。

・ペアワークやグループワークが多く、英語が苦手な私にとっては他の人よりも話せないのが嫌で最初は楽しめなかったが、何年も同じ顔触れなので、そのうち恥ずかしさやできないことに対する悲観的な気持ちが薄れ、完璧な英語を話すというよりも相手に分かりやすく伝えたいという思いで話せるようになった。

・レッスンごとのスピーチやスキットが一番身になった。6年間やっていく中で準備が大変で面倒だなと思ったときもあったが、続けてきたことで、単に話すことだけではなく様々な力が付随して身についたと思う。他の人から良い表現や言い回しをたくさん吸収できた。

・リーディングはいつも授業の First reading でやっているように、入試問題でも、知らない単語の意味を推測して読むことが前よりできるようになった。

・アクティブ・ラーニングのような形式が私にとって「普通」になっており、そのすごさに気づいていなかったが、最近になって、他校の友達と話をしている中で、九段の英語のレベルの高さや文法だけに縛られないスピーチなどの将来役に立つであろう経験がいかに貴重であったかが分かった。

28 ティーム・ティーチング

1 ティーム・ティーチングの長所

　一人で授業を行っていると、もう一人教師がいたらなあと思うときがあります。たとえば、

・対話のモデルを示したいとき
・活動のやり方のモデルを示したいとき（特にやり方を実演したいとき）
・生徒が「書くこと」の言語活動に取り組んでいる際の机間支援
・個々の生徒の発音をチェックしているとき
・生徒をいくつかのグループに分けて活動させているとき
・クラスを2つに分けて別の活動をさせたいとき

などです。逆から考えれば、ティーム・ティーチング（以下、ＴＴ）の利点は上記のことができることです。一人で行うには時間がかかることでも二人で行えば半分の時間で済みます。また、教師一人ではできない活動をすることもできます。さらに学習形態も、教師一人では一斉授業が基本となりますが、ＴＴではクラスを2つに分けて、それぞれの教師が別のことを教えて、途中で交代することもできます。つまり可能性が広がるということです。

　ＴＴといっても、英語母語話者の外国語指導助手（以下、ALT）とのものや日本人とのものが考えられます。また、最近ではＴＡ（Teaching Assistant）を採用している授業も見られます。このうち、ALTとのＴＴではさらに次の長所が加わります。

・外国人と英語でコミュニケーションをとることができる（日本人と話すのとでは生徒の気持ちが異なる）
・母語話者の発音を聞くことができる
・外国の文化について学ぶことができる（講師に話してもらう）
・生徒の話す英語を直してもらえる（日本人教師でも直せるが、微妙なところを教えてもらえるという点で）

　外国人の先生に教えてもらえるということだけでも生徒にとっては大きな動機付けとなります。ただし、ＴＴには短所もあります。一般的に空き時間が少ない中で、指導計画を書いたり打ち合わせを行ったりするために時間が取られることです。また、一緒に授業を行う教師との相性もあるでしょう。指導法が自分のとは異なる場合には感情的な衝突が起こる場合もあります。これについては心を静めて話し合うしかありません。

2 ティーム・ティーチングの授業で取り入れたい活動

　1で述べたＴＴの長所を積極的に取り入れることがＴＴの授業のコツであると言ってもいいでしょう。ＴＴでは、どちらかの教師が中心になって授業を進めていく場合もあれば、漫才のように二人が息を合わせて対等の立場で授業を進めていく場合もあります。いずれにせよ、ＴＴの長所を取り入れた活動を念頭に置いて、授業計画を立てるようにします。ＴＴならではの基本的なやり方を4つ紹介します。

（1）ドリル活動や発音チェック

　個々の生徒がしっかり発話できるか、また発音できるかチェックを行うことがよくありますが、教師一人で全員をチェックすると時間がかかり、私語や他のことをする生徒が出てくることがあります。二人であれば生徒の座席の左半分と右半分に分担して半分の時間で指導できます。再び2つに分けて行うときは教師が入れ替わるようにします。

（2）教師同士の会話

　あいさつのあとで、教師同士で簡単な会話を行います。たとえば好きなスポーツの話を二人でしたあとで生徒に話を振ったりします。既習の言語材料は再び触れなければ忘れてしまいますが、このように聞く機会があることで定着していくものです。そのためにも、生徒の既習事項を意識的に入れながら会話をしたいものです。ALT が使った表現をわざと、What does XX mean? と尋ねたりすることで生徒が新しい表現を得たりもできます。また、教師同士で英語を使って打ち合わせを行いながら授業を進めることも生徒の英語力を向上させる有効な方法です。事前に打ち合わせをしたとしても、Could you check each student's pronunciation, Kevin? のように、わざと生徒に聞かせるように話します。なお、ALT とのＴＴの場合、打ち合わせの時間が取れないことがあり、授業中に打ち合わせをしなければならないこともあるでしょう。そんなときも小さな声で話すのではなく、生徒に聞こえるように大きな声で話します。

（3）教師との対話

　What are you going to do this evening? を相互に聞き合うようなインタビュー活動を行うのなら、生徒同士で行うだけでなく、どちらかの教師にも話しかけるよう指示します。個々の生徒の発話について確認できる長所があります。ALT とのＴＴの場合では、なるべく全員の生徒が ALT とちょっとでも会話ができる時間を設定したいものです。

（4）二人の教師が必要な活動

　ALT が活動のやり方を説明し、そのモデルを日本人教師（以下、JTE）と二人で示し、あとの時間は生徒同士が活動して授業が終わってしまうことがよくあります。「外国人の先生の時間におもしろいゲームをやった」と生徒に思わせるだけでも効果はあったとも考えられますが、せっかく教師が二人いるので、複数の教師がいるからこそ可能な活動をときどきは実施したいものです。こうした活動は、多くの場合、インフォメーション・ギャップを利用した活動となります。たとえば、生徒同士をペアにし、片方が JTE のところに話を聞きにいき、もう一方が ALT のところに話を聞きにいき、それぞれの話の共通点や相違点を見つける活動などが考えられます。

🟥 ALT とのティーム・ティーチング

　ALT とのＴＴが導入されたかなり以前のことになりますが、ALT が用意した活動をよく行いました。Hang Man（教師が頭に描いた単語を生徒が1文字ずつ当てていくクイズで、当てられなかったら首をつる人物の絵が完成する）や Chinese Whisper（列対抗で英文を正確に伝言していくゲーム）などはか

なり広く行われていたと記憶しています。しかし、Hang Man で用いる次第に首をつって死んでしまうイラストは学校教育の現場で使うべきでないし、Chinese Whisper もその名称は使うべきではありません。ALT の中には日本の学校事情を知らない人もいるので、ALT の持ってくる活動やイラスト、さらには ALT の教室内での言動には日本人の教師が注意を払うべきです。机の上に座る、ガムを噛みながら授業を行うなど、生徒に悪影響が出るような行為には、You shouldn't sit on the desk, please. We teachers always tell the students not to do so. などと説明します。

　ALT とのＴＴでは、教師のどちらかが授業をリードするのではなく、JTE と ALT の二人が協同で授業を進めるようにします。つまり、二人ともが教卓の前に立ち、指示もお互いが出すようにするのが理想です。最初のうちはうまく息が合わないかもしれませんが、Could you give directions to the students? とか Could you explain how to play the next game to the students? などと生徒への指示を頼むようにしながら次第に役割分担を決めていきます。

　教科書を進めなければいけない場合もあると思います。そんなときはオーラル・イントロダクションや生徒の音読チェックを二人で行ったりすることでＴＴの長所を活かすようにします。また、スキットやロールプレイを行う際、ALT に飛び入り参加をしてもらい、状況に合わせた発話をしてもらうとおもしろい活動になります。生徒はアドリブで切り抜けなければならないので良い経験となります。他にも、生徒がスピーチをしたときに質問をしてもらったり、ディスカッションをした後に感想を言ってもらったりなどいろいろと考えられます。

　これ以外にも ALT とのＴＴではさまざまなことが可能です。4名くらいの少人数グループをつくり、1つのグループにつき数分間を与え、ALT と別の部屋で会話をさせることも有効な授業形式です。日本人の教師がいない環境で ALT と接することで、何とかしようとする気持ちが起こるはずです。

　では、私が実際に中学生対象に ALT とのＴＴを行ったときの略案（ALT と作成したもの）を紹介します。

＜ALT とのＴＴにおける指導案＞

（1）Self-introduction

　Honda stays in the hallway.　After Graham's introduction, Honda asks Ss about Graham.

　（ALT とのＴＴの初日には、ALT が自己紹介を行い、生徒は情報をメモする活動をよく行います。しかし、この授業のときは ALT だけが教室に入り、自己紹介をしてもらいました。自己紹介が終わったときに私が教室に入り、ALT が自己紹介した内容について What is your new teacher's name? などと質問をしながら確認をしました。ときどき ALT に Is that right? などと確認しながら、また、私から ALT に関連した質問をしながら生徒と ALT との会話を行いました。）

（2）Drilling of "reporting"

　Ss listen to Graham and tell Honda about it

　　EX.　I am from Scotland.

　　No. 1　I am 35 years old.

　　No. 2　I like Japan.

No. 3　I have a brother.

No. 4　I watched TV with my friends.

No. 5　I often play soccer with my friends.

No. 6　My friend lives near my house.

No. 7　I live in Mitaka.　I like my town.

No. 8　My hobby is watching movies.　I went to the movies with my friends last Sunday.

No. 9　I have a good friend.　We play soccer.

No.10　I have a good friend in Scotland.　Her name is ---.　We sometimes had lunch together.

（この授業では自分が聞いた情報を他の人に知らせるレポーティングの活動を行いました。はじめにALT が言ったことを私に正確に伝える練習をしました。まず例を示し、I am from Scotland. と言ったのなら Graham［He］is from Scotland. とレポートすることを指導しました。これが次の活動を成功させるための練習となります。ちなみに、ALT が話しているとき、私は耳をふさいでレポートする必然性を演出しました。なお、レポーティングのやり方に慣れている場合には、この（2）の練習は不要です。）

(3) Reporting

Make Ss pairs. One student of each pair goes to Graham and the other goes to Honda.

Graham and Honda talk about summer vacation.

Before giving information, Honda asks Graham what kind of information Ss have to remember.

（生徒同士をペアにし、ペアの一方が ALT へ、もう一方が私のところに来て夏休みのことについて述べます。そのあとペアが一緒になり、お互いの情報をレポーティングし合う活動です。具体的には次のようなやりとりを行っています。）

H：Did you have a good summer vacation, Graham?

G：Yes, I had a great time.　How about you, Mr. Honda?

H：I had a great time, too.　Graham, let's tell the students about our summer vacation.

G：Sounds nice.

H：Now, everyone.　Make pairs.　You are A.　You are B.

　　Who's A?　Raise your hand.　Go to Graham.　He will tell you about his summer vacation. Who's B?　Raise your hand.　Please come to me.　I'll tell you my summer vacation.　But later, you have to report to each other, so remember the information.　What kind of information do they need to remember, Graham?

G：Where（did I go）?　When（did I go）?　Who with?　How（did I go）?　What（did we do there）?

H：（writes them down on the board）

　　Now A, go to Graham, and B, come to me.

　　（Graham will tell them in the classroom, and Honda will tell them in the hallway.）

For the first Reporting Activity （Honda）

I went to Yokohama with my family on July 28. We went there by bus. We did some shopping. I bought some food in China Town. And then, we had lunch there. I ate ramen. It was delicious. We went to the Land Mark Tower, too. We had a good time. （51 words）

For the first Reporting Activity （Graham）

I went to Chiba with my friends on July 25. We went there by car. We went swimming in the sea in the morning. I saw some fish in the sea. We ate some onigiri for lunch. After lunch, I went surfing. I love surfing. I want to go there again. （51 words）

H： Now report to each other in pairs.

H： Tell me about Graham.
　　 Where did he go?

Ss： Chiba. （H writes "Chiba"）

H： When did he go there?

Ss： On July 25. （H writes "July 25"）

H： Who did he go there with?

Ss： With his friends. （H writes "family"）

H： How did they go there?

Ss： By car. （H writes "car"）

H： What did they do in Yokohama?

Ss： （answers）

H： What else did they do? Was this all? OK, Graham, you went to Chiba on July 25. You went there with your friends by car. You ---. Is this all right?

G： Perfect. Now please tell me the information about Mr. Honda?
　　（今度は ALT が A の生徒から情報を引き出す。）

<blackboard>

Mr. Honda	Graham
Write the information from Ss	*Write the information from Ss*

　また、ALT に生徒の作品やパフォーマンスについて評価してもらうことで、JTE の感覚だけでない評価が得られるのと、やり方によっては生徒にとって良い機会となるはずです。ALT に評価してもらう例をいくつか紹介します。

①音読テスト
　個々の生徒が ALT の前で音読を行い、発音やイントネーションなどを評価してもらいます。単に評価の結果を点数で書くだけでなく、個々の生徒にアドバイスを与えてくれるように頼んでおきます。音読時間を 30 秒とすれば、アドバイスも含めて生徒一人あたり 1 分間程度で終えられます。キッチンタイマーを用いて、生徒一人あたりの時間が多過ぎないようにします。

②生徒の自由英作文

　　生徒の書いた英作文やスピーチ原稿を評価してもらいます。契約の関係で授業時間外での英作文の添削や評価は頼めないことがあるので、授業時間に一人ずつ生徒がALTと面接方式で作文の添削とアドバイスをもらうようにします。クラスサイズによりますが、生徒一人当たりにあまり時間はかけられないので、あまり長い英作文は不向きです。なお、この場合の評価は数字で表すのではなく、口頭による評価となります。

③スピーチなどの発表の評価

　　生徒が行ったスキットやスピーチなどの評価を口頭でしてもらうことも考えられます。また、クラス内スピーチコンテストを開いて、ALTにジャッジをしてもらうことも考えられます。

④スピーキングテスト

　　生徒の話すことの評価をしてもらいます。Q&A、チャット、ロールプレイなど、さまざまなタスクが考えられます。

⑤リスニングテスト

　　機器を使ってリスニングテストを実施するのではなく、ALTの肉声で実施します。機器を使ってのリスニングテストと異なり、生徒はALTを見ながら聞くことになるので、ALTの表情やジェスチャーなどがヒントになります。ALTが話したことを英語や日本語でまとめさせるテスト（概要を捉える）、ALTの悩みについての解決策を書かせるテスト（領域統合型のテスト）などが考えられます。

29 授業改善のポイント

1 研究授業

　初任者研修、校内研修会、地域の研修会などの研究授業で他の先生の授業を見る機会があると思います。他の先生の授業から的確に学べるようになるには、ある程度の授業力が必要です。見る側に指導技術や観察力がないと「すごい」と思うだけで、授業者の工夫、仕掛け、ちょっとした生徒への働きかけまでは気づかないものです。つまり感覚的にしか捉えられません。私自身が初任者のときの話をします。当時の私は授業よりも他の校務のことで精一杯でした。地区の研究会でせっかく他の先生の授業を見に行く機会があっても、ただ会場の教室にいるだけで、何かを得てやろうなどという気持ちはありませんでした。参観するならまだマシで、「生活指導で忙しいのだから他の先生の授業なんて見に行かなくてもいいよ」とさぼっていた記憶が残っています。私の気持ちの中で、授業というのは生活指導や部活動やクラス経営よりも優先順位が低かったのです。今振り返ると、教師になってからのはじめの２、３年間は他の先生の授業を見た記憶がありません。見ていたはずなのに記憶がありません。自分自身の授業さえ振り返らない（振り返るだけの力がない、何が良くて何が悪いのか判断できない）、自分の授業を何とか向上させようとも考えなかった（授業が教師の仕事の中で最も大切だということに気づかなかった）ダメ教師だったので、おそらく授業を見た記憶がないのです。遅ればせながら、ようやく授業の大切さに気付いた私は３年目くらいから授業に目を向け始めました。そんなとき、当時導入が始まったＴＴ（ティーム・ティーチング）の授業を拝見する機会があり、ＴＴの授業のやり方が分からない私は「どんなふうにＴＴの授業をするのだろう」という気持ちをもって授業を参観しました。このときの授業がはじめて私の記憶に残るものでした。「すごい」と感じました。今、何がすごかったのかは説明できません。おそらく、授業を見る目がなかった私には、「○○がすごい」と見極めることはできずに、授業の雰囲気や英語で進めている授業に驚いたのだと思います。

　過去の私のように、地区の研究会や研修会でわざわざ授業を見に行っても、義務だから行くという気持ちでは得られることが半減してしまうでしょう。「どんな指導過程なのか」「教師がどんな言葉掛けをしているか」「自分の授業に活かせる活動はあるか」など、学ぶ気持ちをもって授業を参観すれば、得るものも大きいはずです。たとえ、あまりよいと感じない授業であっても、「何を変えればよくなるのだろう」と考えることで授業力はついてくるものです。ちなみにあなたは教室のどの位置で参観しますか。もし、教室のうしろのいすに座って参観しているのならもったいないことです。私は常に教室の横で授業者と生徒の顔が見られる位置で立ったまま授業を見るようにしています。生徒の動き、顔の表情、教師の机間支援のときの個々の生徒への働きかけがよく観察できるからです。座ったまま授業を見るのは授業者に失礼な気持ちにもなります。

　月並みなことを言いますが、授業力を向上させるための一番の方法は自分の授業を他の人に見てもらうことです。研究授業をすることです。その理由は単に他の人にアドバイスがもらえるからではありません。最大の理由は、自分の授業を入念に計画・準備し、終わったあとに授業を細かく振り返るからです。よく「人の授業を10回見るよりも研究授業を１回やった方が勉強になる。」と言います。私もそう

思います。自分が研究授業をする際に授業について考える量や時間は他の人の授業で学ぶものとは比較にならないほど多いはずです。

2 授業を観察する際のポイント

授業を観察する際のポイントというと、他の先生の授業を見る際の大切なポイントという感じを受けるかもしれません。確かにそれもありますが、あなた自身の授業を振り返るための視点として捉えながら読んでほしいと思います。

あなた自身の授業を振り返るために、授業を録画してください。研究授業を引き受けたときも必ず録画してください。参観者の意見をあとで映像を見ながら振り返ることができます。そして、映像を見ながら次のことができているか確かめてください。私がこれまでさまざまなところで授業の参観をしたときに特に気になった点であり、授業における基本的なことであり、十分に意識して授業を行わなければならないことです。これらがしっかりできているかチェックし、できていなければ改善する努力をしてください。では、ポイントを示します。

①あいさつのときに生徒の目を見ているか

あいさつの仕方についてはいろいろなやり方があるのでここでは問題にしません。大切なことは生徒と目を合わせているかです。よく、下を向いたままあいさつをしている教師を見かけます。そんな教師の生徒は下を向いたまま授業を受けていることが多いのです。あいさつを見れば、そのあとの授業の良し悪しが予想できるといっても過言ではありません。

②視線をすべての生徒に送っているか

クラスの生徒一人ひとりを大切にしながら授業を行っているかがこのことで分かります。教室に40人の生徒がいるとしても、その一人ひとりと向き合って授業をしているという気持ちがないと、教師からの一方通行的な授業となってしまいます。それぞれの生徒と目を合わせることで、生徒との一体感をもった授業ができます。①と③と連動することですが、生徒と目を合わせながら行っている授業には活気があり、生徒の声がよく出ています。

③生徒とのインタラクションを行っているか

たとえば文法や単語の意味を説明する際も教師がずっと説明するのではなく、生徒から答えを引き出しながら授業を進めているかチェックしてください。教師が生徒に教え込むのではなく、生徒に考えさせ、参加させる姿勢を持っていることが大切です。また、授業中、生徒はいろいろなことを口にします。生徒の声を上手に拾っている授業は活き活きとしています。ただし、拾い方を間違えると授業が横道に逸れてしまいます。

④適切な大きさの声を出しているか

声量は大き過ぎず小さ過ぎず、教室の一番うしろの生徒に話しかけるような大きさが適しています。小さな声よりも大きな声の方がマシですが、大きすぎると生徒に嫌悪感を持たれることがあります。また、いつも同じ声量で話しているのではなく、ときには声を小さくしたり、大きくしたり、また、音調を変えたりなど声に変化をもたせることも必要です。

⑤ICT機器や黒板の使い方は適切か

　教師目線ではなく生徒目線となって確認します。この見せ方で本当に理解できるのか、効果的に示しているかなどを振り返ってください。また、板書する際は、字がうしろの生徒から十分に見える大きさであるか、黒板の下に書いた字がうしろの生徒から見えない状態になっていないか確認してください。また、色の使い方が統一されていることも生徒の誤解を生まないために大切なことです。

⑥生徒の活動をモニターしているか

　生徒が正しくできるようになっているかを観察するのも教師が授業中にやらなければならないことの１つです。生徒を観察して、できていなければ教え直すこともあります。本書の【⑪：音読指導】で、コーラス・リーディングを行っている際、教師は生徒と一緒に音読してはいけないと書きました。生徒の口元を見て正しい口の形をしているか、生徒の声を聞いて正しい音を出しているか確認する必要があるからです。生徒と一緒のことをしてしまうとモニターすべきなのにできなくなってしまいます。これは音読だけでなく、生徒が活動しているいろいろな場面で見られます。

⑦指示は分かりやすいか、はっきりしているか

　指示は簡潔ではっきりしている方がメリハリのある授業になります。また、特に開本と閉本の指示は大切です。閉本してのリスニングなのに教科書を見ている生徒をよく見かけます。これは②の生徒全員を見ながら授業を行っているかにも関係します。指示が明瞭な教師の授業は分かりやすい授業であることが多いです。指示をする際、生徒を静かにさせ、必要なら教師の方を向かせ、ジェスチャーなどを交えながら簡潔に説明しているかをチェックしてみてください。

⑧教師の立ち位置を活動ごとに変えているか

　教師の立ち位置は活動によって変える必要があります。⑥で音読を取り上げたので、コーラス・リーディングのときとバズ・リーディングでの教師の立ち位置を比べてみましょう。コーラス・リーディングでは生徒の口を観察しなければならないので、教室の前ですべての生徒が見える位置に立ちます。バズ・リーディングのときは、生徒の間を歩いて、一人ひとりが正しい音読をしているか確認します。同じ音読でもまったく異なります。生徒に実物などを手に取って見せるときはすべての生徒がよく見られる位置に立ち、スピーチやスキットの発表のときは聞き手と話し手を同時に観察できる教室の横かうしろに立ちます。ペアワークをする際、生徒数が奇数で教師が生徒とペアを組まなければならない場合には、なるべく他の生徒が観察できる位置を選びます。それぞれの活動において教師がどの位置に立つのがよいのか考えてみてください。

⑨適切な机間支援を行っているか

　「書くこと」の言語活動やプリント学習をさせているときなど、机間支援を行う必要があります。その際、生徒との接し方も大切な要素です。生徒の誤りに気付いたとき、それがたいしたことでなければその箇所を指さすだけの場合もあるでしょう。しかし、少し説明や添削が必要なときには生徒の机の横にさっと座って、生徒の目線と同じ高さで指導しているかをチェックしてください。生徒の側からすると、立ったまま指導してもらうのと、座って指導してもらうのでは印象が違ってきます。

⑩授業規律がしっかり守られているか

　生徒との年齢が近い若い教師は、生徒からしてみると話しかけやすいと思います。これはプラスにも働きますが、マイナスにも働きます。生徒の言葉遣いが「友だち言葉」になっていても平気で応答

していたり、教師に接する態度ではないのに注意を与えなかったりしているとクラス経営や授業に悪影響が出てきます。まっすぐ起立しているか、教科書を両手に持って音読しているか、姿勢を正して聞いているか、足を組んでいないか、私語をしていないか、などの授業規律を守らせることもよい授業にするための大切な要素です。ただし、注意の仕方も大切なので、【⑳：よい授業をつくるための基本】を参考にしてください。

⑪すべての生徒に発言する機会を設けているか

　1回の授業ですべての生徒が発言したり個人で声を出す機会を与えているかをチェックしてください。一部の積極的な生徒だけが発言をしていて、あとの生徒は静かにしている授業は、すべての生徒が参加しているとは言えません。挙手をさせたり、指名をしたり、自由に発言させたりなど、状況に応じて発言のさせ方を変えて、すべての生徒を授業に巻き込む工夫をすることが大切です。

⑫どの生徒とも明るく接しているか

　どの生徒とも明るく穏やかな表情で接しているか、教師の顔や態度をチェックしてみてください。もし、生徒によって教師の見せる顔の表情や態度が違っていたとしたら生徒はそれを敏感に感じ取ります。

⑬指導過程が理に適っているか

　⑫までのことは次の授業からでも改善できることです。しかし、これ以降のことは容易には改善できません。前述したように、授業力が備わってきて初めて理解できる、実行できることもあります。本書を再度読んでいただき、指導過程が適切であるかチェックしてみてください。あなた自身が授業を行うときは、活動と活動の間に関連性を持たせるようにしてください。たとえば、英文や単語の意味が分かった段階で復唱させているか、本文の理解が済んでから音読をさせているか、など基本的な指導手順は押さえるようにしてください。

⑭分かりやすい導入や説明をしているか

　文法や教科書本文の導入で生徒を惹きつけ、なおかつ分かりやすいものであるか、また、文法事項や教科書本文の説明が簡潔で分かりやすいものであるかを生徒の立場に立って見てください。何も知らない生徒が導入や説明を聞くことが前提です。塾などですでに予習してきた生徒の発言に惑わされ、理解させたつもりでいないか判断してください。しかし、導入や説明が授業で一番難しいことかもしれません。これらが上手になるにはかなりの経験と研修が必要です。その他にどんな工夫ができるのか考えるだけでもよい授業の振り返りになるはずです。

⑮生徒の理解の状況に合わせた指導をしているか

　学習指導案を書いたとしても予定した時間配分のとおりにならないのは当たり前です。生徒の状況に合わせて口頭ドリルの量を増減したり、音読の回数を増減したりしなければなりません。あらかじめ計画したすべての活動をこなそうとして、生徒の理解が不十分だったり、しっかりとできなかったりするのに次の活動に進んでいないかチェックしてみてください。臨機応変という言葉がありますが、授業では事前に決めたあらすじに沿って、細かなところはアドリブで対処しなければなりません。そのアドリブをあとで振り返り、もっと良い指導方法や言葉がなかったのかを考えてください。「こう言えばもっと理解が深まったはずだ」と考えついたものはあなたの財産となります。

⑯日本語と英語の使用バランス

　もし日本語だけで授業を行っているのなら、英語での授業の仕方を教わっていないのだと思います。本書の【05：授業で用いる英語】のクラスルームイングリッシュから徐々に英語の使用頻度を高めていってください。もし英語の指示をしたあとに日本語で指示をし直しているなら、まだ教師が英語の授業に慣れていないのだと思います。生徒も慣れてくれば英語だけで理解できます。日本語を併用しないように心がけてください。もし英語だけで授業を行っているなら、生徒の理解が十分であるか観察してみてください。日本語と英語の使用バランスはよく研修会などで話題になりますが、英語で行うことを基本としながらも、日本語の方が生徒に確実に理解させられる場合には日本語を使用します。指導過程の中では、教科書本文を導入したあとの「説明」が日本語を使用するのに適したところになります。また、複雑な活動のやり方を説明する際も日本語が適しています。もちろん、すべて英語で理解させられるのならそれに越したことはありません。

❸ 授業進度から省みる授業の改善

　ここでは授業進度から授業設計について振り返ってみましょう。授業の進み具合によっても授業で改善しなければならないことがあります。授業進度が極端に進んでいたり遅れたりしている場合には、【01：学習指導要領で求められている授業】【02：授業への準備】、【03：年間指導評価計画の作成】を再度読み、改善の仕方を考えてみてください。また、以下に考えられる原因を載せますので、該当するところがあれば改善するよう努めてください。

　授業進度が遅れている場合、次のことに該当しているかどうかチェックしてみてください。

ア　どの単元もおなじような指導手順で教えている。
　　　　→計画の段階で、教科書の単元により軽重をつける。

イ　教科書の隅から隅まで取り上げて指導している。
　　　　→生徒の状況によって、十分に習熟させられたなら行わないところもある。

ウ　ゲームなどの活動にかなりの時間を費やすことがある。
　　　　→もっと短い時間で同じような効果のある活動を考える。

エ　おもしろいという理由だけで取り入れている活動がある。
　　　　→たまにならよいが、頻繁に行う価値があるか考える。

オ　授業の最初にウォーム・アップとしていくつかの活動を入れている。
　　　　→どれも生徒に役立つ活動だとしても思い切って活動数を絞る。

カ　同じような目的をもった活動を連続して行うことがよくある。
　　　　→どちらか1つの活動に絞る。

キ　生徒を一人ずつ指名し、1文ずつ和訳を言わせている。
　　　　→全文について和訳を言わせる意義を考え、時間がかからない他の方法を探す。

ク　板書したことを必ずノートに写させている。
　　　　→板書させた方がよいものとプリントを配付した方がよいものとを区別する。

ケ　チャイムが鳴ってから教室に向かうことがよくある。

　　　→チャイムの前に教室に行き、チャイムと同時に始め、チャイムと同時に終える。
コ　練習問題の答え合わせを常に全員で行っている。
　　　→自分で答えを確認すればよいものはプリントに答えを載せておいたり、答えをあとから配付
　　　　したりする。

教科書が指導書に載っている時期よりも早く進んでいる場合、次のことに該当しているかどうか
チェックしてみてください。
ア　教科書を使用しないで、文法や構文指導を行うことが多い。
　　　→文法や構文を教えることだけが授業を行う目的ではない。
イ　教科書の話す活動や書く活動をほとんど行わない。
　　　→産出活動をさせないと自分で使えるようにはならない。
ウ　音読指導に時間を取らない。
　　　→中学の段階では、1度くらい復唱させたくらいでは正しく音声化できない。また、高校でも
　　　　音読は大切である。
エ　スピーチややりとりなどのコミュニケーション活動をあまり取り入れていない。
　　　→教室内で英語を使わせる機会を設けることで言語材料は定着していく。
オ　授業が日本語による講義形式になることが多い。
　　　→ Classroom English を使ったり、5領域の言語活動を取り入れたりする。
カ　教科書のリーディング教材は行わないか、軽く扱う。
　　　→読む力を育てるためにはリーディング教材を一気に読ませる方法もある。
キ　文法事項のドリル練習をほとんど行わない。
　　　→口頭ドリルとプリントによる練習問題をすることで文法事項に慣れさせる。
ク　視聴覚教具（ICT 機器）をほとんど使わない。
　　　→視聴覚教材（ICT 機器）に慣れている生徒にはつまらない授業となる。また、ICT 機器を
　　　　活用した言語活動を行う。
ケ　「話すこと」の評価をするためのパフォーマンステストをあまり行わない。
　　　→観点別学習状況の評価を行うための目的だけではなく、パフォーマンステストを行うことで
　　　　学習の良い動機付けにもなる。

よい授業をつくるための基本

1 よい授業とよくない授業

　授業を終えたあとに、「今日の授業はうまくいった」とか「よい授業ができた」と言うことがあります。「うまくいく」とか「よい」というのはあいまいな表現です。「何が」の部分がないのですが、これについては教師によっても違うでしょうし、同じ教師でも日々の授業で異なるでしょう。生徒が座席について教師の話に少しでも耳を傾けていればよしとする状況のときもあるでしょう。この低いレベルから、教師が目標としていたことを生徒に理解させることができ、生徒の英語力を高められ、生徒を惹きつけ、自信をつけさせ、教師が充実感や達成感をもつことができるレベルまで、「よい授業」「うまくいった授業」の捉え方は異なります。事前に計画したことが1つでも授業で成功したり、いつもは態度の悪い生徒が教師の働きかけによって態度を少し変えたりしても、「今日の授業は良かった」と感じるかもしれません。教師の仕事がおもしろいのはこうした思いを多くもつことができるからかもしれません。逆から考えると、だから大変で、悩みが尽きないのかもしれません。

　「よくない授業」「うまくいかなかった授業」も「何が」の部分は教師によったり、そのときどきの授業により異なったりします。しかし、原因を把握し、対処方法が適切にできるようになれば、より良い授業にできるはずです。うまくいかなかったのにはそれなりに原因があるはずです。うまくいかなかった原因として考えられるものの中から、よくある3つを挙げてみます。なお、生徒との関係でうまくいかなかったケースへの対処方法については、後の「**2 生徒との人間関係**」で取り上げます。

（1）授業への準備不足

　うまくいかなかった原因のほとんどが授業への準備不足です。単に授業の流れを頭に描いただけで授業に臨んだら、どんな教師でも納得のいく授業はできないでしょう。授業を組み立てる際に授業のいくつかの場面を頭に描き、「こんなときにはこう指導しよう」「こんな質問が出たらこう答えよう」などとシミュレーションをすることが大切です。また、このシミュレーションをすることが教材研究を深めたり、指導方法のバリエーションを増やしたりすることにつながります。口頭導入や本文の説明など自分自身の練習が必要と感じたら実際に声を出してリハーサルをするとよいでしょう。また、文法や語法など生徒が疑問に思うことをあらかじめ予想し、辞書やTM（ティーチャーズ・マニュアル）で確認したり、調べておいたりしなければなりません。発音についても同様です。シミュレーションやリハーサルをしっかり行えば、各活動の時間配分についてもあまり狂いは生じないはずです。授業準備には相当な時間がかかり、いつも入念な準備ができるとは限りません。しかし、複数あるクラスのうちの最初に教えるクラスが練習台にならないように十分な準備をして授業に臨みたいものです。

（2）指導手順

　何かができるようになるためには細かな手順を踏み、継続的に取り組む必要があります。たとえば「Lesson 5の内容を自分の言葉で話してみなさい」と急に言っても生徒は戸惑うばかりでしょう。リ

テリングをさせるなら、それができる英語力まで高めた上で、どの生徒でも発表できるように指導しなければなりません。インタビュー活動をさせるなら、その前にターゲットとなる英文を復唱させたり暗唱させたりする指導が必要です。どんな活動にもそれを成功させるための指導手順があります。しかし、この指導手順は常に同じとは限りません。生徒の学習段階やレベルによって変えなければならないときもあります。「ちょっと強引だったかな」と思ったのなら、どんな指導を加えるべきなのかを考えてみてください。

（3）難易度

　よくあるのが背伸びをした授業です。教材が難しかったり、到達目標を高く設定し過ぎたりして無理をすると、生徒に「分からない」「私にはムリ」といった気持ちが芽生え、授業の雰囲気が悪くなることがあります。生徒の学習状況に適した教材や指導を心掛けましょう。しかし、逆にスローラーナーに授業の難易度を合わせてしまっては平均以上の生徒を伸ばせなかったり、学力の高い生徒が教師に対して不信感をもったりする恐れもあります。クラスの中にはいろいろな学力の生徒が混在しています。どの生徒の学力にも合わせたワークシートを作成したり、早く終わった生徒のために指示を出したりなど、すべての生徒のレベルに合わせた指導を事前に考えて授業に臨みたいものです。

❷ 生徒との人間関係

　よい授業を行えるようになるには、いくつかの要件があります。教師のもつ指導技術、英語力、情熱、教材作成力、演技力、授業構成力、運営力、臨機応変に対応する力、などなどです。しかし、生徒との人間関係、信頼関係がよくなければ、指導技術のある教師でもよい授業はできません。生徒との信頼関係を築くには授業中や他の場面での生徒との接し方にかかっています。これまであなた自身が中学や高校で好きだった先生、信頼できる先生とはどういう先生でしたか。生徒にとって信頼できる、人気のある教師の条件とは何でしょうか。よく言われていることを以下に挙げてみます。

　　ア　自分の話を真剣に聞いてくれる
　　イ　どの生徒も平等に扱っている
　　ウ　分かりやすい授業をしてくれる
　　エ　分からないところを丁寧に教えてくれる
　　オ　話しやすい
　　カ　生徒のことをバカにしない
　　キ　嘘をつかない
　　ク　成績などで脅さない
　　ケ　一生懸命さが伝わってくる
　　コ　他の生徒やクラスと比べない
　　サ　すぐに怒らない
　　シ　悪いことをしたときには叱ってくれる

　おそらく生徒の立場に立てばいくらでも挙げられると思います。教師も人間なので、これらすべてに

完璧な人はそう多くないと思います。ときには生徒に誤解を与える言動をしてしまうこともあるでしょう。しかし、心がけることはできるはずです。

　生徒との良い人間関係を築くには教師から頻繁に声かけをすることが重要です。授業中に元気がない生徒がいたらそばによって「元気ないね。どうしたの」と声をかけ、姿勢が悪い生徒がいたらそばによって「背筋を伸ばして聞いてごらん。どうかしたの」と声をかけます。授業で私語が多い生徒がいたらそばによって「今日はちょっと私語が多いね。どうしたの」と声をかけます。そばによることが基本で、皆の前で叱るのはなるべく避けます。私はまだ経験が浅い頃、「何やってるんだ！」とすぐに一喝しましたが、生徒にも生徒なりの理由があったり、こちらの勘違いもあったりするので、現在はすぐに怒鳴らないで、理由を聞いた上で静かに諭すようにしています。

　生徒に声かけをするためには生徒をよく観察しておく必要があります。些細なことでも覚えておき、生徒に話しかける際のネタにして、毎日多くの生徒に声をかけるようにしてみてください。先生が自分に話しかけてくれるのはうれしいものです。特にほめられれば悪い気持ちになる人はいません。こうした人間関係の積み重ねがよい授業の1つの土台になることは間違いありません。

❸ 授業で気をつけること

　これまで述べたこと以外で、授業で留意すべき点を3つ挙げます。

（1）生徒の座席

　少人数の展開授業で教室に来た順に自由に座らせている授業を見たことがありますが、「授業がうまくいくのかな」という感想をもちました。その教師は生徒をどこに座わらせても授業がうまくいく自信があるのだと思いますが、ふつうはうまくいきません。悪気があるなしに関わらず、友だちが隣にいれば話してしまう生徒がいるものです。生徒の座席配置は落ち着いた授業をするための大切な要素です。少人数展開授業などで教室の座席と異なる場合は、生徒の状況を考えて教師が座席を決めるべきだと私は考えます。また、いろいろな座席配置が見られます。生徒の人数にもよりますが、コの字型であったり、弓型であったり、円卓方式であったり、グループごとで座らせたりなどです。それぞれの座席配置には一長一短があります。生徒同士が向かい合っていると集中しなくなる場合もあります。まず、授業がしっかり行えるように環境を整えることが基本です。いろいろと試すことは良い経験になりますが、十分に配慮して行ってください。

（2）生徒への一言

　生徒から発言を引き出す場面、静かにワークシートなどに取り組ませる場面、歌を楽しみながら歌う場面など、さまざまな場面が授業にはあります。どんどん発言してもらいたいときの教師の雰囲気と、黙って活動をしてほしいときの教師の雰囲気は意識的に変えなければなりません。せっかく静かに活動しているのに、教師が「次の土曜日は運動会だから来週までにやってこよう」などと余計や一言を挟んだためにそれまで集中していた生徒が急におしゃべりし始めることがあります。メリハリをつけさせることもよい授業をつくる大切な要素です。「今は静かに個々でやる時間だよ」などと一言声をかけて、活動によって気持ちを切り替えさせるように働きかけてみてください。

（3）マナー

　身体が横を向いている、机にうつ伏してしまうなど、姿勢の気になる生徒がどのクラスにもいるものです。こうした姿勢は習慣となっていたり、授業への意欲と関わっていたりします。理由はいろいろだと思います。いずれにせよ、こうした姿勢を許していると同じような姿勢の生徒が増えてくることがあります。また、教師の許可を得ないでゴミを捨てに行く、忘れ物をロッカーに取りに行く、などの行動を悪気なく行う生徒も見られます。こういうときはしっかりと「教える」ようにします。「叱る」のではありません。「ゴミは休み時間に捨てにいくようにしよう」「何か困ったことがあったらまず先生に言うように」など、クラス全体にも授業中のマナーやルールについて説明するとよいでしょう。しかし、一度教えたことがすぐにできるようになるのなら苦労はないはずです。習慣となった行動は一度や二度注意したからといってすぐに直るものではありません。同じようなことが見られたら、「○○さん、どうするのだっけ？」と注意したり、姿勢の悪い生徒のそばによって軽く注意をしたりします。授業中のしつけをはじめのうちからしっかり行わないと授業が成り立たなくなることがあります。しつけは初任者であっても自信をもってやってください。しかし、いつも大きな声で注意すると授業の雰囲気が悪くなり、「教師 対 生徒」の構図になってしまうので注意が必要です。

4 生徒に力をつけさせる授業の１０の要素

　よい授業とは英語力をバランスよく身に付けることのできる授業とも言えるでしょう。１回の授業で身に付けさせられることもあれば継続的に指導していくことで身に付けさせられることもあります。私がこれまで見てきた授業の中で、生徒に英語力を確実に身に付けさせていると感じる教師が何人かいます。こうした教師の指導上の共通点をまとめてみました。これらは本書ですでに述べたことと重複しますが、まとめとして読んでください。それぞれの項目をあなた自身の指導の目標としてほしいと思います。

その１：産出活動を行っている

　話すことや書くことの活動を取り入れることによって、これまで習った単語や文法を使う機会を設けています。即興で話せるようになったり、まとまった文章が書けるようになったりすることで生徒が英語に自信をもっています。

その２：活動を吟味し、最もその目的に合ったものを行っている

　１年間の授業時数は公立学校であるなら学校によって大きく異なることはありません。つまり、指導できる時間はどの教師が教えても同じだということです。その限られた時間を有効に使っている教師の方が生徒に力を付けさせられるのは当たり前です。生徒に力を付けられるということは目標を達成するために有効な活動を行っているということです。指導過程の中で、同じ目的をもつ活動を重複して行ったり、時間がかかる割に練習量が少ない活動を行わせたりしていれば時間を有効に使っているとは言えません。力のある教師はそれぞれの活動を吟味し、目的に合った一番有効な活動を選びます。

その３：理にかなった手順となっている

　易から難への組み立て、活動間の連接、授業の指導目標に向けての組み立てなど、指導手順が理にかなっています。生徒自身も授業の中で自分のできることが増えていく、理解が深まっていくことが実感

できる授業となっています。

その4：系統的・計画的な指導をしている

　1回の授業だけを考えているのではなく、1ヶ月先、1年先のことを考えた指導を行っています。年間の、あるいは3年間の到達目標がしっかり設けられていて、それに向けての指導が系統的に行われています。さまざまな活動が行われていたとしても、それらがすべて到達目標を達成するためのものとなっています。経験を積まなければこの域には達しません。

その5：英語を使う・使わせている

　生徒が英語を使う時間が教師の話す時間より多くなっています。教師主導の授業ではなく生徒主体の授業となっています。ペアワークやグループワークが取り入れられており、英語力を身に付けさせるための多くの練習量が確保されています。

その6：音読を徹底して行っている

　音声指導や音読指導に時間を取っています。また、音読から暗唱、スキット、リテリングなどの活動に発展させることが多く、教科書の本文を徹底的に覚えさせ、それをもとにして、時には他の教材の英文を加えて自己表現できるようにさせています。

その7：個々の生徒をよく観察している

　教師が与えた課題や目標とする活動をやり遂げさせるために、個々の生徒に合わせて励ましの言葉をかけ、指導を行っています。たとえば、英語の得意な生徒には新たな課題を、英語が苦手な生徒にはさっとヒントを与えています。これができるためには、個々の生徒を十分に観察し、理解している必要があります。また、声のかけ方や支援の仕方が上手であることで、難しい活動を行わせても生徒が教師についてきます。

その8：指導と評価が一体化している

　指導していることを適切に評価できなければ生徒は教師についてきません。個々の生徒の発表や活動に対して適切なフィードバックを与え、次のステップを指し示すことで生徒を伸ばそうとしています。指導ばかりが上手で、テストづくりが下手な教師はプロとは言えません。

その9：文章の意味をしっかり考えさせている

　教師自身が教科書本文の意味を深く理解しており、本文内容について考えるポイントが生徒にとっておもしろい切り口となっています。その結果、生徒が教科書の題材や英文に興味をもち、英文の意味を深く理解しようという姿勢になっています。「なぜこういうことを言うのか」「なぜこんな行動をとるのか」など、表面的な意味だけでなく行間を読もうとします。

その10：自分で学習するための力と習慣をつけている

　力を付けさせるためには自学自習ができるようにしなければなりません。そのための学習方法を生徒に考えさせています。辞書指導もその1つです。また、家庭学習の習慣を確実に身に付けさせています。

よくある悩みとその対処法

❶ 授業に関すること

　授業を日々行っていれば予想もしていなかったことが起こります。昨日は雰囲気の良かったクラスが今日は雰囲気が悪くなっていることもよくあります。生徒の意欲や状態も一日のうちの時間帯、行事の有無、他の授業との関係などで変化します。「こうすればよかった」「こう言えばよかった」「なぜうまくいかないのだろう」と毎日のように思います。教師の悩みは尽きません。かなり大きなことから小さなことまで、若い教師が経験すると思えることについて、その対処法の例を示したいと思います。その前に念のため付け加えます。こうした対処をしたからといって必ずしもうまくいくとは限りません。教師の仕事は、感情をもつ人間を相手にしているので、「この薬を飲んだから明日には治る」というものはありません。徐々に快方に向かえば良い方だと思ってください。ちょっとした生徒の変化が見られればよしとして、完璧さを求めてはいけません。では、まず授業に関することについてです。なお、一部の項目については、私が2013年度と2014年度に雑誌『英語教育』（大修館書店）で連載していた「ため息からの授業改善　ポイントはこれだ！」の記事を基にして書いています。

（1）生徒が居眠りしてしまう

　授業中に寝ている生徒がいると、昔なら「居眠りするなら出て行け！」と怒られたものです。これで「ハッ」と気付き、すぐに授業に集中してくれるならよいのですが、そんなに単純なものではありません。そういえば教師も研修会で寝ている人を見かけます。季節や体調によってはどうしてもウトウトしてしまうことは誰にでもあることです。寝ている生徒を叱ることで何とか教師に向かせようとすることは理解できますが、叱ることは一時的に効果があったとしても、常にうまくいく方法ではありません。ときには該当の生徒に近づいて声をかける、ときには周りの生徒に起こすよう合図を送るなどいろいろな方法を試してください。

　生徒の集中力が切れるのはどんなときか、自身の授業を観察し、突き止めてください。集中力が切れていると感じているところがあれば、そこが授業改善のポイントとなります。しかし、50分間のすべてが緊張したままの授業はどうかと思います。授業の中にやま場をつくるなどしてメリハリをつけることが大切です。私の経験から次の場合に集中力が切れるようです。

・話しの内容が難し過ぎて理解できない。

・単調に話している。

・話すテンポが極端に速すぎる、または遅すぎる。

・声が大きすぎる。

・考えさせたり作業をさせたりする時間がなく、教師の話が続く。

・興味をもたせる話し方や工夫をしていない。

　説明を10分もしていると集中力が欠け始める生徒を見かけます。このことが分かっているのなら、説明を10分以内に終わらせる工夫をすればよいのです。また、教師の話を聞いているときは寝ている

生徒がいても、生徒同士で話しているときはふつう寝ていません。ペアワークやグループワークを取り入れた指導を考えてください。

（2）宿題をやってこない

　宿題と言ってもいろいろなタイプがあると思いますが、すべての宿題について教師の意図や目的があるはずです。その意図を生徒が理解しているかどうかによって宿題の提出率が異なります。それを行うことで身に付けられることを丁寧に説明するとよいでしょう。また、宿題を出したときには必ず確認してください。もし確認していないと、生徒は「せっかくやってきたのに見てくれないのかあ」と思います。そうなると宿題を行ってくる気がなくなる生徒も出てきます。また、宿題の内容は定期考査の出題内容と関連付けたりして、行わなければならないように工夫するとよいでしょう。【㉗：生徒が選ぶ英語力を向上させた活動】で紹介したように、宿題を含んだ各活動についての調査を実施し、生徒の評価から宿題のやり方を変えることもあり得ます。

（3）音読の声がでない

　研究授業などで生徒が大きな声を出しているとつい自分の生徒と比べて「うちの生徒は声が出ないな」と思うことがあるかもしれません。中学に入学したばかりの頃は大きな声を出していたのに、徐々に声が小さくなっていくこともあります。これは生徒の意欲や授業への慣れ、生徒の成長段階とも関係があるでしょう。声が小さいときの対処ですが、一番いけないのは「声を出せ」と教師が大きな声で言ってしまうことです。これをやると一気に声が出なくなります。まず、声を出すことの重要性について以下のことを説明してみてください。

- ・教師が声を聞いて発音を確かめるために教師に聞こえる声を出す。
- ・英語特有の音を出すためには口の形などに気をつけなければならない。そのためにはしっかり音を出す必要がある。
- ・声に出すと、話すことや聞くことの練習にもなる。

　あとは下を向いて読ませるのではなく、教科書を手に持たせて教師の方向に声を出させるように指導します。リード・アンド・ルックアップ（Read and look up）を【⑪：音読指導】で紹介しましたが、顔を上げると声が出るものです。また、状況や学習段階によっては音読テストを授業で取り入れると声を出してしっかり練習するようになります。なお、音読テストのとき、教師が生徒より遠くに立ち、「先生に聞こえる声で読みなさい」と声量の目標をクラス全体に示すとよいです。一時的に声を出させるなら、ペアリーディングで机の離れた生徒同士を組ませて一斉に練習させると、大きな声を出さざるを得ない状況になります。しかし、適切な声の大きさというものがあります。大きな声を出すことが必ずしもよいとは限りません。生徒がしっかり口を開いて声を出して音読練習しているのなら、あまり声の大きさにこだわる必要はないと私は考えています。ただし、生徒が発音に自信がもてないために声を出せないとしたら、教師に責任があります。音読指導を適切に行い、前より良くなったところを褒め、生徒に少しずつ自信をつけさせることが声を出させることにつながります。

（4）発言が少ない

　教師の問いかけに対して黙っている生徒が多かったり、一部の生徒しか答えなかったりするクラスを
よく見かけます。理想は全員が教師の問いかけに反応してくれる状態ですが、なかなかうまくいかない
のがふつうです。まず、黙っている生徒が多い場合ですが、教師の問いかけに直接答えさせるのではな
く、4人以下のグループやペアで答えを確認させ合ったり、自分の意見を述べ合わせたりすると活発に
発言するようになります。自分の答えに自信がないとなかなか発言できませんが、発表する前に他の人
と話し合うことで自信をつけさせることができます。さらに、全員に発言させる機会を持たせることが
できるので、クラスの状況がどうであれ、ときどき取り入れてみてください。一部の生徒しか発言しな
い場合には、生徒の指名の方法をいろいろと変えてみるとよいでしょう。一般的に教師の問いかけに対
して答えさせる方法は、

　ア　全員に自由に言わせる

　イ　挙手させた上で指名する

　ウ　教師が指名する

の3つが基本となります。この3つを使い分け、クラスのすべての生徒が発言する機会を持たせます。
ウの教師が指名するときの注意点ですが、教師が発問をしてからしばらく間を置いて生徒を指名するよ
うにします。この手順が逆になると指名された生徒だけが答えを考えればよいことになってしまいます。
また、個人やグループで練習問題や活動をさせてから発表させるときは、机間支援の最中に良い答えや
パフォーマンスをしている生徒を見つけ、「あとで発表してね」とあらかじめ伝えておくと「エー」な
どの反応がなく、しっかりと発表してくれます。

（5）授業の雰囲気が悪い

　昨日の授業はとても意欲的だったのに今日はやる気が低下している。以前は楽しそうに授業を受けて
いたのに、ある時点から急にシラッとした雰囲気になった。このようなことは中高生を相手にしていれ
ば必ず経験します。ある1回の授業の雰囲気が良くないとしても、その原因が分かり、次の授業では元
に戻ることが期待できるのであれば、さほど大きな問題ではないでしょう。しかし、好ましくない状
態が続いているのなら、何らかの改善策を講じなければなりません。まず、原因を探る必要がありま
す。信頼関係のできている生徒に「最近、授業中にみんなの元気がないようだけど、理由が分かる？」
などと尋ねるのもよいですし、同僚に相談してみるのもよいでしょう。もしかしたら、他教科の授業で
も同じような状態かもしれません。何か気になることがある場合、一人で悩むより、生徒や同僚に聞く
ことで道が開けることもあります。学級の生徒間の人間関係がうまくいっていない、教師への不満があ
る、学習へのあきらめの気持ちが広がっている、などいろいろな原因が考えられます。また、SNSの
普及により、誰かの発信した一言が多くの生徒を巻き込み、一斉に同じような感情を抱かせることもあ
ります。たとえば、「授業つまんないよな」に対し、「そうだよな」と同意する者が複数いれば、この
やりとりを読んだ生徒もそう感じてしまうかもしれません。いじめのケースと同じで、生徒たちが一斉に
教師にそっぽを向く可能性さえあります。生活指導の基本は生徒をよく観察し、理解することであると
よく言われますが、授業においても生徒観察や生徒理解がとても大切です。一人ひとりの生徒をよく見
て、小さな変化をキャッチできるアンテナを持ちたいものです。

一部の生徒の態度が悪いために授業の雰囲気が悪くなることもあります。こんなとき、最も避けたいことは、クラス全体を叱ることで、次の授業ではもっと悪化し、そして再び叱ることでクラス全体が無気力になる、といった悪循環に陥ることです。改善を期待して指導したのに、対応を間違えるとかえって悪化させてしまうことがあります。また、授業に前向きに取り組まない生徒がいるとそっちに意識が向きがちです。その生徒のことばかり気にすると、いつの間にか険しい顔で授業をするようになり、注意する回数も増えてしまいます。声を荒げて何度も注意するようになっては授業の雰囲気が悪くなってしまいます。クラスの中には一生懸命に授業に取り組んでいる生徒もいるはずです。こうした生徒たちに、教師の指導に対する嫌悪感をもたせないようにしなければなりません。私の初任のときですが、勤務校の生徒の状況がよくなく、授業に行きたくないと思ったことが何回もありました。そんなとき、私の方を向いて授業を受けてくれる大部分の生徒のことを思い、プラス志向で考え、心に余裕をもって授業に臨んだ方がうまくいくと感じたことがあります。

　気になる生徒がいる場合、全員の前で叱ったり話をしたりするのではなく、休み時間など授業以外で声かけをしてください。声をかけるときの言葉は「ちゃんとしなさい」からではなく、「どうしたの？」という質問から入ります。また、授業でがんばった生徒を廊下などで見かけたら、「今日の英語の授業で○○をがんばっていたね」と具体的に褒めることも大事です。

（6）異性と活動をやりたがらない

　自由に立ち歩かせてインタビュー活動をさせると、男子同士、女子同士で固まってしまうことがよく見られます。成長段階から特に中学1年生や中学2年生によく見られます。教師によって考え方は異なるかもしれませんが、私はクラスに男女がいるのだから仲良く活動してほしい、クラスの半分（同性同士）と活動するより全員（男女関係なく）と活動する方が生徒同士で得るものが大きいと考えています。したがって、男女で普通に活動できるようにクラスの雰囲気をつくることを心がけています。一番良いのは、4月の最初の授業から男子と女子で話させる機会を頻繁に持たせ、男子と女子のペアが基本であるようにすると男女関係なく活動するようになります。たとえば座席も、男女が隣同士になっていれば隣同士でのペアワークは必ず男女になります。つまり、男女で活動することが座席の配置で当たり前だと思わせるのです。それでもうまくいかない場合には、ワークシートに男子枠、女子枠を作っておき、それを埋めたら終わりのようにする方法もあります。クラスで、あまり男女の仲が良くない状況ではこのようなワークシートを作っても同性同士で固まり、教師の言うことを聞かない場合があります。こうした場合には男子列と女子列を組ませて、座席を1つずつスライドさせながら全員と活動させたあとで、同じ列の男子、女子と活動をさせる方法もあります。

（7）予定していたことが終わりそうもない

　授業でやろうとしていたことが途中で時間切れになってできなくなることがあります。しかし休み時間に入ってまで続けても学習効果はあまり期待できません。チャイムが鳴ったと同時に生徒の集中力は切れるからです。授業はチャイムと同時に始め、チャイムと同時に終えるように心がけてください。チャイムと同時に終えるためには、少し余裕のある授業案にしておく必要があります。それでも思いがけずに時間がかかったり、逆に時間が短く済んだりすることがあります。時間をうまく使うためにも終了時

刻の 10 〜 20 分前くらいに残り時間を確認する習慣をつけてください。指導すべきことの優先順位や今後の授業予定などを考えて、残りの時間で行うことを組み立て直します。計画していたものを無理やり行っても十分な学習効果は得られません。教師の都合ではなく生徒の身になって指導を行うべきです。残り時間によっては区切りのよいところで止めて、重要なところを確認したり書かせたり、本文を音読させたりなど、それまでの時間で教えたことを定着させる活動を入れる方が効果的です。

　次に年間の授業進度が大幅に遅れてしまった場合についての対処方法です。これについては授業の組み立て方や計画の立て方に問題があります。常に年間指導評価計画を見直すようにすることがその予防になります。対処方法については【㉙：**授業改善のポイント**】を参照してください。第1に考えることは、時間を無駄にしない指導方法を工夫するということです。くれぐれも指導や活動の優先順位を間違わないようにしてください。授業が遅れているからといって音読や教科書本文に関連する言語活動など定着に大きく関わる活動を省略してはいけません。

（8）文法用語をどこまで使用していいのか分からない

　これについては特に多くの中学校教師が悩んでいることだと思います。「これが最善！」というのはありませんので、私の指導方法や文法用語（特に品詞名）を使い始める時期を紹介します。

　「主語」や「動詞」は中学1年生の最初から使用します。「be 動詞」や「一般動詞」も最初に指導します。夏休みまでには「目的語」について教えますが、「like という動詞なら好きなものや人を動詞 like の直後に置く。これを目的語と呼ぶ」のような説明をします。「補語」については2年生になって説明します。「助動詞」は生徒にとって比較的分かりやすい用語だと思うので、1年生から使い始めます。「前置詞」は、以前は2年生になってから教えていましたが、最近は1年生の後半では使用しています。「名詞の前に置いて、名詞と一緒に使う」と説明し、on, at, in, from, of, with など既習の前置詞を示します。特に生徒にとって難しいのは副詞のようです。比較を導入する際に副詞について教えることが多いのですが、「形容詞はその日本語訳（訳語）が『もの』に、副詞はその日本語訳が『する』にかかるものです。たとえば、beautiful『美しい』なら『美しいもの』、large『大きい』なら『大きいもの』となるから形容詞、soon『すぐに』なら『すぐにする』、always『いつも』なら『いつもする』のようになるので副詞です」のように説明し、形容詞か副詞か当てさせる練習を行います。3年生では残りの品詞名のほとんどを説明しますが、品詞名や文法用語を多用して授業を行うことは絶対にしません。文法用語を多用すると時間は短縮できますが、生徒が理解していないことがあるからです。文法用語を使うときはなるべくその意味を確認しながら使うようにしています。参考書には文法用語が多用されています。紙面が限られているので、文法用語を使ってまとめる必要がありますが、授業では文法用語を多用しなくても説明はできるはずです。しかし、まったく使わないと、生徒が参考書を読むときに戸惑ったり、高校での指導に慣れるのが遅くなったりします。ここらへんが悩ましいところです。

　高校でも文法用語を多用して説明を行うのは避けるべきです。文法を教える目的は、文法を基にして理解したり表現したりすることです。文法を難しく教えるよりも、教えた後に生徒が文法を使えることを目指してください。また、例外的な使い方や表現に時間をかけるのではなく、よく見かける文法の使い方や表現の指導に注力してください。

② 授業そのものではないこと

　授業とは関連しているものの、①で挙げた以外の悩みも多いと思います。私が今まで経験したり相談を受けたりした中からいくつかのケースを挙げてその対処法の例を紹介します。

（1）学年や学級が荒れている

　クラスの状況が落ち着かなければ毎日の授業自体が成立しません。私語が多く、授業妨害や授業抜け出しなどがあって、まともな授業ができない状況が続く場合もあるでしょう。こうしたケースは深刻です。教師一人の力で何とかできるものではありません。学年や学校で取り組まなければならないことです。生徒の状況を良いことも含めて学級担任や学年に知らせたり、頻繁に生徒への声かけを行ったり、授業や部活動を一生懸命やったりなど、あなたができることをするしかありません。あなたが努力している姿を一部の生徒でも認めてくれればすばらしいことです。悩み過ぎるのは禁物です。また、チャイムが鳴る前に教室に入って生徒とコミュニケーションを取るようにしてください。チャイムが鳴る20秒前に「チャイムが鳴るよ。席に着こう！」と一言声をかけるだけでも雰囲気は異なってきます。また、ずっと続けていればチャイムが鳴る前に座る生徒も出てくるはずです。全員に効き目があるとは限りませんが、一部の生徒でもしっかりやろうとする態度が見られれば、この輪が広がっていきます。

　指導が困難なときでも特定の教師の授業だけは成り立っている場合があります。その教師の生徒への働きかけや授業自体に秘密があるのかもしれません。ぜひ指導がうまくいっている先生の授業を見せてもらってください。他教科でもかまいません。どんな言葉を生徒に投げかけているのか、生徒の言動に対してどんな指導をしているのか、どんな授業を行っているのか、きっと何らかのヒントをもらえるはずです。

（2）生徒に非難される

　若い先生には思っていることが言いやすいのか、「先生、ひいきだ」のように非難めいたことを言われることがあるかもしれません。心当たりがなるのなら今後気をつければよいですし、心当たりがないのであれば「なんで？　どのこと？」と聞いたりしてもよいでしょう。本当に嫌いな教師なら話しかけたりはしないでしょうから、自分のことを見てほしい、かまってほしいというサインとなっていることもあります。こうした非難の言葉に対して怒鳴ったり、まったく無視したりすることが人間関係を壊すこともあります。該当生徒と話をして理由を聞くのがよいと思います。

　余談ですが、私が最初に勤務した学校はとても荒れていました。教師に対する感情をすぐに言動で表してきました。暴力事故も毎日のように起きました。私のもとに「先生、なんであんなこと言うんだ！」と乗り込んできた生徒もいました。その当時は生活指導に追われて苦しかったのですが、今ではその学校に勤務できたことに感謝しています。生徒が言ってくれたことで初めて気付かされたことがたくさんあったからです。私の言い方や態度により生徒を傷つけたことを今でもいくつか思い出します。教師は生徒から学びながら成長していくものだと心から思います。

（3）授業の準備をする時間が足りない

　授業を週20時間担当しているとしても、授業そのものは教師のすべての仕事量の半分にもならないでしょう。クラスのこと、分掌の仕事、部活動、会議、研修、諸帳簿の記入、などさまざまな仕事をこなさなければなりません。突発的なことが起きたり仕事が重なったりして翌日の授業の準備をする時間がなくなることもあるでしょう。私たち教師が優先しなければならないことは生徒と関わることであり、その中でも授業は一番に優先させるべきことです。もし、あなたが期限ギリギリまで動かないタイプであれば、「授業で使う教材は3日前までに仕上げる」のような自分自身のルールを決めるとよいかもしれません。私は朝早く学校に行って仕事をするようにしていますが、最初にすることが仕事の段取りです。この先数週間でしなければならないことを、週案、年間指導評価計画、手帳などで確認しています。いつ、どこで、何をするのか（できるのか）を把握し、仕事の段取りを組むことで、時間を計画的かつ有効に使えるからです。授業の内容、使用する教材、行事や学活の内容などを頭に描きながら、先のことを把握すれば、たとえば数週間先の授業で使う教材を作成することもできます。

　教師として経験が浅いうちは、手際よく仕事ができないのは当たり前です。授業計画や教材作成に時間がかかるのも当たり前です。しかし、忙しい中でも授業の略案は毎回作成し、教材もファイルしておきましょう。次に同じところを教えるときに、経験として積み上げたところからスタートできます。指導案や教材はコンピュータで作成し、修正可能なファイルとして残しておくことで、次回の時間短縮につながります。急がば回れということです。

　生徒と接する仕事なので心と体の健康が大事です。夜遅くまで働き続けて疲れが出ると心に余裕がなくなってしまいます。生徒から言われたことにいつもは笑って対処できたことでも、イライラしたり怒ってしまったりするかもしれません。これでは仕事をしたことがかえってマイナスになってしまいます。ある程度のところで区切りをつけることもときには必要です。遅くまで学校に残ることが当たり前の生活にならないようにしてください。

（4）同僚と意見が合わない

　同じ学級や学年を複数の教員で教える場合、同僚の教師と進度や教え方を合わせなければならないことがあります。同僚の教師が年配者であると自分の意見を言いづらいものです。また、指導方法がまったく異なる場合、かなりのストレスになってしまうこともあるでしょう。話し合ってより良い授業を目指すのが最善の方法ですが、うまくいかないことも多いと思います。そんなときには次の方法を試してみてください。

・あなたが作ったワークシートや指導案を見せて指導をお願いする。指導してもらったものを共通に使用する。

・レッスンにより授業案を交代して作成する。たとえば、レッスン3はA先生、レッスン4はB先生のように。

　ちなみに私が勤務している学校では1つの学年の授業を複数の教師で指導していますが、そのうちの一人が責任者となって共通指導案と教材を作成し、人数分印刷し、授業の2日前までには渡すようにしています。指導案には英語によるティーチャートークも含めて書くようにしています。

（5）保護者からのクレーム

　定期考査の内容や採点の仕方、評定、指導方法、教師の発音などに対するクレームがよくあります。クレームがないように注意することが基本ですが、完璧にはいかないものです。生徒とのちょっとしたトラブルがクレームのもとになっていることが多いと思います。特に定期考査や評定などにおいては生徒が納得するように採点基準や評定の付け方について説明することが大切です。また、教科通信を発行して、指導方針、授業の様子、授業で行っている各活動の内容や目的などを生徒と保護者に理解してもらうのもよいでしょう。保護者と直接話をするときは、まず何に対して不満であるのかをよく聞いてから説明するようにします。また、どの親も自分の子どもが教師によく思われていないと感じると協力的にはならないので注意してください。

　横道に逸れますが、問題行動などで保護者と生徒を学校に呼ぶときの私のやり方を説明します。保護者と生徒を初めから一緒に同席させて説明したり生徒を指導したりするのではなく、私はまず保護者だけと話をします。「Aさんは○○をしました。そこで、○○の指導をしました。今日お母（父）様をお呼びしたのはAさんが次の一歩を踏み出せるように一緒に見守ってほしいからです。これから○○の指導をAさんにします。ぜひAさんのためにご協力をお願いします」のようにです。こうした指導は該当生徒のためにするものです。しかし、学校に呼ばれた保護者の中には学校や教師の指導方針や対応に不満を持っていたり、自分の子どもが攻撃されていると誤解したりして、指導中にもめてしまうことがあります。これでは、せっかくの指導が生徒に悪い影響を与えてしまいます。こうならないためにも、また、教師が該当生徒のためを思って指導していることを知ってもらうためにも事前の説明が必要なのです。

　いくつかの事例を書きましたが、いろいろと経験を積むことで適切に対処できるようになっていくものです。失敗は誰にでもあります。失敗を繰り返して学習するのは教師も生徒も同じです。ただ、失敗をしないようにさまざまなことに配慮することも必要です。

32　授業力を向上させるために

1　英語教師としての資質

　古くから「教師は学者、医者、役者、芸者、易者の五者であれ」と言われています。簡単に言うと、教科の勉強を教師自ら続け、生徒のカウンセリングを行い、ときには役者のように振る舞い、生徒を楽しませることができ、進路指導をしっかり行える教師であれという意味です。言い換えると、教師の仕事は幅広く専門性が高いということです。最近の校務や授業のことを考えると、私はこれらに設計者、指揮者、ＩＴ技術者などの要素が加わると思っています。とにかくいろいろな役割をこなさなければならなくなっています。だからこそ、教師の仕事はおもしろいのかもしれません。しかし、五者の役割をはじめからすべて完璧にこなせる教師はいません。もし、これらが完璧であることが教師としての条件なら、教師の数は今の十分の一以下に減ってしまうかもしれません。どれか１つに秀でていればよい方です。教師としてまず目指すところは五者のそれぞれの基本レベルをクリアするように努力することです。基本レベルというのは「秀でてはいないが苦手ではない」程度です。いろいろな役割の基本レベルをクリアしていなければ、さまざまなことが起こる授業で適切に指導できるはずはないからです。人は皆違った性格をしています。ふだんは物静かな人もいると思います。しかし、ときにはテンションを上げて生徒と接しなければならないときもあるでしょう。英語の授業を行うには特に役者や芸者の要素が求められます。もしかしたらこれらは英語教師の資質で最も大切なものかもしれません。また、学者としての英語の専門性も当然必要です。発音、文法、語彙、指導理論など、さまざまな知識が必要ですが、知識だけでは不十分です。発音なら正しい発音のモデルを自ら生徒に示せること、文法なら生徒の状況に合わせて分かりやすく指導できること、など実際にそれらを使って教えることができなければなりません。教師には定年を迎える日まで研修しようとする気持ちが必要です。教師自身が何か新しいことを覚えようとしなければ、英語力や指導力を高める努力をしなければ、よい指導ができるはずはありません。生徒にとって有効な指導方法はないか、使える教材や教具はないかなど、常に追い求める姿勢が授業力を向上させ、教師としての資質を高めていくのだと思います。

2　知識だけでなく自分のものに

　本書をここまで読んでいただいた方にはかなりの知識があるはずです。しかし、見聞きしたことは実際にやってみないと自分のものにはなりません。他の先生や書籍から覚えたことを自分なりに工夫して授業に取り入れてみてください。その結果、もしかしたら失敗するかもしれません。そのとき何が原因で失敗したのかを考えることが大事な経験や学習になるのです。新しい活動や指導方法を取り入れたときの私の手順を図に示してみます。

| やってみたい活動や指導方法が見つかる、思いつく |

| その目的、長所、短所を考える |

| 自分の生徒に行う場面を想像しながら具体的な方法を考える |

| 授業で使ってみる |

| 数名の生徒に感想を聞いてみる |

| 改善する（その後しばらく行わない場合には改善したことを記録しておく） |

3 さまざまな研修方法

研修方法にはさまざまあると思います。私が有効だと感じるものをいくつか紹介します。

（1）理想とする教師の真似

授業を自分ですることが一番の研修だということは【㉙：授業改善のポイント】で述べました。英語以外の授業も含めて多くの授業を見ることも良い研修となります。もし、あなたが授業の基本を根本的に学びたいときは、自分が良いと思った教師の映像を見て、教師の言葉や動きを完全に真似する方法もあります。一人芝居のようになりますが、映像を少しずつ見ながら生徒への指示の出し方、口頭導入や口頭ドリルのやり方などを真似ます。何かをつかめるかもしれません。ただし、なるべく本書で紹介いたような基本的な授業を行う教師を選ぶとよいと思います。職人芸を持つ教師の真似は誰にもできないからです。

（2）研修会への参加

地区の研修会や講演会などが年に数回あると思います。また、さまざまな学会や研究会が主催する研修会やワークショップなどもよく開かれています。こうした研修会では新しいことを学ぶチャンスです。もしかしたら「私にはできない」とか「生徒が優秀だから」と思ってしまうかもしれません。しかし、講師の先生も失敗を繰り返して現在の指導法や活動にたどり着いたはずです。講師の話を自分だったらどうするかという視点で聞くようにしてください。ひらめきは「自分だったらどうするか」と思うところから起こります。また、夏季休業中には参加者が模擬授業をするタイプの研修会が東京や大阪な

どで開かれています。聴衆として聞くだけの研修会ではなく、体験型の研修会の方が得るものが大きいのでぜひ参加してみてください。たとえば、ＥＬＥＣ同友会英語教育学会が主催しているサマーワークショップなどで実施しています。

（3）教師同士の会話

教師同士で英語の授業について語り合う中で、アイディアをもらったり思いついたりすることがあります。私がこれまで考えついた活動や指導方法のアイディアのいくつかは教師同士の会話の中から生まれたものです。一人で考えていては浮かばないものも、複数でいろいろと話し合っているうちに思いつくこともあります。地域の先生方と研究グループをつくるのが一番良い方法ですが、そこまでしなくても一緒に語り合う機会をつくることでも多くのことを学習し合えます。

（4）ビデオによる授業研究

自分の授業をビデオに撮って省みることについては【㉙：授業改善のポイント】で触れましたが、撮った動画を同じ職場の先生方（英語科と限らず）や近隣の学校の先生方に見てもらうと、自分では気づかないところを指摘してくれます。知り合いの教師と定期的に動画を見せ合う会をつくるのもよいかもしれません。授業をしている時間帯は忙しいのでなかなか授業を見に行ったり、見に来たりしてもらえませんが、動画なら放課後や休業日など都合のよいときに見ることができます。オンラインで実施してもよいでしょう。

（5）英語の研修

英語の研修も継続的に行わなければなりません。しかし、大学受験や教員採用試験の勉強とは異なります。私は最初に行った研究授業で「授業の中で英語を使うことで上手になりなさい」と指導されました。オーラル・イントロダクションを組み立てたり、教科書の英文を細かく調べたりすることが結構勉強になるものです。ALTと会話をしたり、いろいろなことを質問することで英語の学習にもなります。英語を勉強するための方法はいくらでもあるので、どれか自分に合った方法を選んで継続していくのがよいと思います。

４ プロの教師として

最近は若い教師でも教育実習生を担当したり、新規採用の教員の指導をしたりする機会があります。生徒に英語力を身に付けさせる責任があるのと同時に、将来の英語教育を担っていく責任もあるのです。私は東京教師道場やＥＬＥＣ同友会英語教育学会で先生方の指導を行うとき、次のことを伝えました。

100点満点の授業などない。改善するところが絶対にあるはずだ。助言をする立場の人とそうでない人との違いは、前者は常に80点の授業ができる。後者はときに80点の授業ができる。前者はいろいろな指導方法を知っていてその中から最良のものを選んで行っている。後者は知っていることのみを行っている。

授業を点数化すること自体がふさわしくないですが、分かりやすく表現するために点数で表しています。全国にはカリスマと呼ばれる英語教師が何人もいます。こうした教師に陶酔している先生方をときどき見かけますが、その教師のすることすべてが100％正しい訳ではありません。本書に書かれてあることも100％正しいとは言えないかもしれません。自分で判断する力をつけるためにも研修は欠かせません。

授業改善をすれば生徒の英語力をもっと伸ばせるはずです。私たちはこの目的で授業改善を日々行っています。それが結果として見えにくいかもしれません。しかし、努力しようとすること自体が大切なのです。カリスマ教師と同じ授業ができるようになる必要はありません。80点の授業が常にできるような教師を目指して授業改善をしていってほしいと思います。そのために本書を活用していただければ幸いです。

最後に授業を通して教えていることについて、旧版（「若手英語教師のためのよい授業をつくる30章」）に載せていたことを再掲します。

私たち教師は学校におけるすべての教育活動を通して生徒を育てています。

また、私たち英語の教師は英語の授業を通して生徒を育ててもいます。ある授業では文章を読ませてその題材について考えさせます。ある授業では自分のことを友だちに知ってもらう活動をさせます。ある授業ではグループごとにディスカッションをさせます。授業で行うすべての活動、教師の言葉や姿勢、友だちの言動、授業で目にする耳にするすべてのことを通して生徒はさまざまなことを学んでいきます。これらが成長するための栄養素となるのです。

英語の教師は英語力だけを身に付けさせようとしているのではありません。「英語を通して何かを教えたい！」「授業を通して生徒に何かを伝えたい！」

その「何か」は教師によって異なっていてかまいません。変わっていってかまいません。いくつかあってかまいません。

私は「コミュニケーションの幅が広がる喜びを知ってもらいたい」と思っています。「幅が広がる」とは「いろいろなことができるようになる」と言ってもいいでしょう。「生徒自身のもつ可能性が広がる」と言ってもいいかもしれません。

英語を学ぶことで、もっと多くの人と話せるようになる。
英語を学ぶことで、英語でメールのやりとりができるようになる。
英語を学ぶことで、英語で書かれた本を読むことができるようになる。
英語を学ぶことで、・・・

4月の授業では、生徒に将来の自分を想像させます。母語以外の言葉を学ぶことで、コミュニケーションの幅が広がっていくことを理解してもらうためです。個々の生徒に英語を学ぶ目的を持ってもらいたいと思っています。

あなたは、なぜ英語の教師になろうとしたのですか？
生徒に教えたいことは何ですか？
生徒に伝えたいことは何ですか？
どのような生徒を育てたいですか？

英語の教師としての土台づくりはこの思いから始まります。
授業に向けての第一歩はここから始まります。

著者略歴

本 多 敏 幸 （ほんだ としゆき）

　1959 年東京都生まれ。武蔵大学卒業。東京学芸大学
大学院教育学研究科英語教育専攻修士課程修了。千代
田区立九段中等教育学校講師、都留文科大学・文教大
学非常勤講師。ＥＬＥＣ同友会英語教育学会会長、Ｅ
ＬＥＣ同友会英語教育学会実践研究部会部長、英語授
業研究学会理事、NHK ラジオ「中学生の基礎英語レベ
ル 1」講師。

　文部科学省「外国語教育における『CAN-DO リスト』
の形での学習到達目標設定に関する検討会議」、「中央
教育審議会中等教育分科会教育課題部会外国語ワーキ
ンググループ」、「学習指導要領等の改善に関わる検討に必要な専門的作業等（中学
校外国語）」、国立教育政策研究所「全国学力・学習状況調査問題作成・分析委員会」
委員を務める。

　主な著書に、『中学校外国語　新３観点の学習評価完全ガイドブック』（単著、明
治図書）、『中学校新学習指導要領　英語の授業づくり』（単著、明治図書）、『小学
英語パーフェクト・レッスン』（単著、NHK 出版）、『即興スピーキング！』（単著、
アルク）、『主体的な学びをめざす小学校英語教育』（編著、教育出版）、『中学校新
学習指導要領の展開』（共著、明治図書）、『英語力がぐんぐん伸びる！コミュニケ
ーション・タイム－ 13 の帯活動＆ワークシート－』（単著、明治図書）、『本多式中
学英語マスター　短文英単語』（単著、文藝春秋）、『本多式中学英語マスター　速
読長文』（単著、文藝春秋）、『本多式マスター　反復基礎』（単著、文藝春秋）、『中
学生からの勉強法』（共著、文藝春秋）、『中学校・高校　段階的スピーキング活動
42』（共著、三省堂）、検定教科書『ONE WORLD English Course』（共著、教育出
版）、検定教科書『ONE WORLD Smiles』（共著、教育出版）などがある。

　東京都教育委員会、東京教師道場、ＥＬＥＣ同友会英語教育学会、英語授業研究
学会などで、教員研修プログラムや研究会の運営・講師等を多数行っている。平成
19 年度に文部科学大臣優秀教員表彰を受ける。

　『若手英語教師のためのよい授業をつくる 30 章』が財団法人語学教育研究所「2011
年度外国語教育研究賞」を受賞。

新・若手英語教師のためのよい授業をつくる 32 章

2022 年 6 月 23 日　初版第 1 刷発行
2023 年 12 月 8 日　初版第 2 刷発行

著　者	本 多　敏 幸
発行者	伊 東　千 尋
発行所	教 育 出 版 株 式 会 社

〒 135-0063　東京都江東区有明 3-4-10　TFT ビル西館

電話 03-5579-6725　振替　00190-1-107340

印刷　藤原印刷
製本　上島製本

ISBN 978-4-316-80505-4